DIE SCHLESWIG-HOLSTEINER

ERICH MALETZKE

# DIE SCHLESWIG-HOLSTEINER

Unterhaltsam beschrieben von A-Z

Wachholtz

ISBN 3-529-02600-X



Taschenbuch Ausgabe 2005
Wachholtz Verlag

Auch Standardwerke wie „Die Schleswig-Holsteiner" brauchen eine Verjüngungskur. Fast 10 Jahre sind seit dem Druck der ersten Ausgabe vergangen, und in dieser Zeit haben sich die „Nordlichter" kräftig verändert. Zwar nicht grundsätzlich, aber doch in erstaunlich vielen Einzelheiten. Denn die Wissenschaft ist hellwach, entdeckt ständig neue Spuren. Es erhielten daher nicht nur die übernommenen Kapitel eine kräftige Auffrischung, sondern neue kamen hinzu. Über ein Wunderkind, über einen berühmten Mohren, über Abenteurer und Erfinder, über den Gottorfer Globus. Auch für die neuen Texte gilt wieder der Grundsatz: Die Beschreibung von Land und Leuten muss nicht langweilig, sondern darf durchaus unterhaltsam sein.

Ziel dieses Nachschlagewerkes soll es sein, Gästen die Besonderheiten der Nordlichter vorzuführen und gleichzeitig den Einheimischen Vertrautes und gewiss manches Unbekannte zu bieten.

Erich Maletzke

# INHALT

## Q



## R



## S



## T



## U



## V



## W

# A

## ANFÄNGE – SIE REICHEN 20 000 JAHRE ZURÜCK

Sind sie nun besonders streitsüchtig, oder warum haben die Schleswig-Holsteiner vor ihrer Übernahme durch die Preußen Anno 1867 immer nur durch Kriege von sich reden gemacht?

In jeder Schule gibt es Prügelknaben, die der Lehrer bei der Suche nach Schuldigen für die blutige Nase oder die zerbrochenen Scheiben mit sicherem Griff aus dem Pulk der angeblich Unschuldigen herauszieht. Und ist der ewige Ruhestörer auch wirklich nicht der Übeltäter, dann hat er eben Pech gehabt. Einer muss schließlich den Sündenbock spielen.

Nein, Streithähne sind die Schleswig-Holsteiner nicht, und sie waren es auch nie. Jedenfalls keine größeren als die Bayern, die Franken oder die Hamburger. Aber man weiß, dass eine schlechte Wohngegend Konflikte geradezu heraufbeschwört. Schon ein flüchtiger Blick auf die Landkarte lässt erkennen, was gemeint ist. Wer von Süden nach Norden will, der muss immer mitten durch Schleswig-Holstein hindurch. Oder, wenn er den Wasserweg wählt, an der Ost- oder Nordseeküste vorbei. Und mit wem legt man sich erfahrungsgemäss besonders schnell an? Natürlich mit dem Pförtner oder dem Zöllner, der wissen will, wohin es gehe, warum so spät, was man da mit sich trage und ob das Licht auch ordnungsgemäß ausgeschaltet sei.

In neuerer Zeit läuft dieser Nord-Südverkehr normalerweise gesittet, und die Karambolagen beschränken sich auf die Verkehrsmittel. Doch als die Wikinger vom Norden in den Süden wollten, da gab es schon gewaltigen Streit, und als Karl der Große von Süden kam, um die Sachsen zu zivilisieren, da verlief auch dieses Unternehmen nicht reibungslos.

Später waren die Schleswig-Holsteiner dann der Strang, an dem im Norden die Dänen und im Süden die Preußen und andere deutsche Artgenossen zogen.

Gemessen an dieser nun wirklich verzwickten Lage ist die Geschichte der Schleswig-Holsteiner noch ausgesprochen vorbildlich verlaufen. Zudem sind die Nordlichter erst ziemlich spät in die Schlagzeilen der Weltgeschichte geraten, denn den Schleswig-Holsteiner gibt es erst seit etwa 20 000 Jahren (zum Vergleich: der berühmte Neandertaler soll vor 75 000 Jahren gelebt haben), und damals stimmte sogar noch das bis heute verbreitete Klischee, demzufolge nördlich der Elbe das grönländische Eis beginnt.

Man kann sich vorstellen, was da im Norden an Aufräumungsarbeit zu leisten war, während die Südvölker in wärmender Sonne ihre Kultur pflegen konnten. Von dieser erfolgreichen Aufholjagd der Nordlichter spricht heute keiner mehr.

Und als man im 5. nachchristlichen Jahrhundert etwas erreicht hatte, musste den Engländern vom gegenüberliegenden Ufer erst einmal personelle Hilfe gebracht werden. Öde und leer sei das Land der Angeln und Sachsen danach gewesen, berichtet der ehrenwerte Chronist Beda Venerabilis. Ob es nun wirklich so war, das ist allerdings eine ganz andere Frage.

Natürlich wäre die schleswig-holsteinische Geschichte völlig anders verlaufen, wenn das Wasser nicht gestiegen und England somit auch nicht verlorengegangen wäre (etwa vor 5000 Jahren).

Wenn man den Zukunftsforschern Glauben schenken darf, dann soll der Wasserspiegel sogar weiter ansteigen. Das hätte noch weniger Schleswig-Holstein zur Folge, die Brücke zwischen Skandinavien und Südeuropa wäre noch schmaler, der Wächter an dieser Stelle noch wichtiger.

Woraus man die Prognose wagen kann, dass Schleswig-Holstein eine bedeutende Zukunft hat.

## ANGELN UND SACHSEN – WIE ENGLAND EROBERT WURDE

Zugegeben, ein wenig unfair ist es schon, einem Engländer zu sagen, dass es ihn ohne die Schleswig-Holsteiner gar nicht gäbe. Doch auch wenn diese Behauptung reichlich überspitzt ist, völlig falsch ist sie deshalb aber nicht. Schließlich waren es die gesitteten Angeln, Sachsen und Jüten und nicht wilde Hunnen oder dunkelhäutige Afrikaner, die vor 1500 Jahren den ausgemergelten Briten die so dringend benötigte Blutauffrischung brachten.

Andererseits war es natürlich selbstverständlich, dass in der Stunde der Not die Nachbarn einsprangen. Wäre alles einige Jahrtausende früher passiert, die Ur-Nordlichter hätten sogar zu Fuß auswandern können, statt sich auf schaukelnden Booten vom Typ Nydam, wie es im Schleswiger Landesmuseum zu besichtigen ist, den Meereswellen anzuvertrauen.

Somit wurde im 5. und 6. Jahrhundert so etwas ähnliches wie eine Wiedervereinigung der durch den gestiegenen Nordseespiegel getrennten Ländereien England und Angeln-Sachsen-Jütland vollzogen.

Diese These ist sicher etwas gewagt, da aber die Wissenschaft über diesen Teil der Völkerwanderung ohnehin mehr spekuliert als sie weiß, sollte es auf eine Theorie mehr oder weniger nicht ankommen.

Und da wir schon einmal beim Sagenhaften sind, sei an dieser Stelle noch erzählt, dass sich kurz vor Aufbruch der Angeln und Sachsen nach England auf einer Eiderinsel bei Rendsburg ein Duell zwischen zwei Königskindern abgespielt haben soll.

Ehe jedoch die Schwerter klirren, noch ein Wort zur Ausgangslage. Nördlich der Eider wohnten die Angeln, im Süden die Sachsen. Und wie es bei Nachbarn oft ist, gab es zwischen den Herrschern Meinungsverschiedenheiten. Heute würde man das Bundesverfassungsgericht anrufen, das dann nach zwei oder drei Jahren Beratung eine Entscheidung träfe. Damals löste man solche Probleme mit dem Schwert. Im vorliegenden Fall war das insofern eine ungerechte Lösung, weil der König der Angeln sehr alt und bereits erblindet war,

Wo einst die Schwerter klirrten. Ein Denkmal an der Eider erinnert an die Offa-Sage

was den Amtskollegen vom Sachsenstamm nicht hinderte, den Greis mit Spott einzudecken.

Der auf diese Weise Gedemütigte hatte einen Sohn mit Namen Offa, der zwar groß an Gestalt war, aber weder körperliche noch geistige Stärken besaß. Kurzum, bis zum Zweikampf auf der Eiderinsel war er ein Versager. Durch die ungerechte Behandlung des Vaters aber wuchs Offa plötzlich über sich hinaus, prüfte mehrere Schwerter, die sogleich alle zerbrachen, nahm schließlich die Waffe des Vaters und besiegte den Herausforderer. Nach diesem Schlüsselerlebnis soll Offa den Chronisten zufolge ein mächtiger König eines mächtigen Reiches geworden sein.

Wer aber kommt auf den Gedanken, in unbekannte Ferne auszuwandern, wenn daheim alles zum Besten steht? Und dass Angeln eine liebliche Landschaft ist, lässt sich auch heute nicht bestreiten. Warum also machten sich die Bewohner dieser Gegend auf die gefährliche Reise über das Meer? „Eine seltsame Unruhe" haben die Angeln plötzlich verspürt, will der Schriftsteller Ernst von Salomon erkannt haben, weshalb sie erst nach Wenningstedt auf der Insel Sylt gerudert seien und von dort England ansteuerten.

Gerade englische Wissenschaftler haben sich in dicken Büchern angestrengt, um zu ergründen, warum zwei oder drei Volksstämme ausgerechnet aus dem Gebiet des heutigen Schleswig-Holstein, beziehungsweise aus dem nördlichen Niedersachsen, England besiedelt haben. Dafür, dass dieser Auszug anderthalb Jahrtausende her ist, sind erstaunlich viele Einzelheiten ermittelt worden. Fasst man die zusammen und reichert sie mit etwas Phantasie an, dann ergibt sich folgende Erklärung:

Schleswig-Holstein wird in politischen Festreden mit Vorliebe als Brücke zwischen dem Norden und dem Süden bezeichnet. Auf einer Brücke aber kann es schnell eng werden. Jedenfalls lebten auf der so genannten Cimbrischen Halbinsel zwischen Nord- und Ostsee zur Zeit von König Offa und seinen Nachfolgern relativ viele Menschen. Vielleicht weil der Boden so gut oder das Klima so angenehm war.

Die Enge brachte Bewegung. Die Sachsen zum Beispiel rückten weiter nach Süden in das Gebiet zwischen Elbe und Weser vor, später sogar bis zur Rheinmündung, kleinere Gruppen wohl auch bis ins heutige Holland.

Auch wenn es noch keine Fährverbindungen gab, der eine oder andere wird davon gehört haben, dass in gar nicht so weiter Ferne ein interessantes Land liegen solle. Zu Reichtümern könne man dort mühelos kommen, wollten die Gerüchte wissen, man müsse sich nur bei der römischen Besatzung als Söldner verdingen.

Einige ganz Mutige wagten die Überfahrt, und wer lebend zurückkehrte, erzählte tolle Geschichten. Zusätzlich sprach sich herum, dass es mit der Herrschaft der Römer bergab ging und die Urbevölkerung nicht in der Lage sei, das entstehende Machtvakuum zu füllen, da die einheimischen Herrscher moralisch verkommen seien.

Vieles kam da wohl zusammen, und vielleicht brach dann wirklich so etwas wie ein Goldrausch unter den dynamischen norddeutschen Küstenbewohnern aus. Und so setzten sie über nach Britannien, in kleineren und größeren Gruppen und wahrscheinlich über Jahrzehnte verteilt.

Natürlich stand drüben am Ufer keiner und breitete mit einem „Welcome in merry old England" die Arme aus. Im Gegenteil, die meisten Neuankömmlinge mussten sich den Zugang zur Insel erobern. Von grausamen Begebenheiten berichten die frühen Chronisten. Einige Einwanderer ließen sich wohl auch friedlich als Bauern nieder oder heirateten in eine alteingesessene Familie ein. Von der Ost- oder Südküste, wo sie angekommen waren, zogen sie langsam in die übrigen Landesteile weiter. Wiederum teils friedlich, teils unter viel Blutvergießen.

Woher wir das alles wissen? Die Archäologen betätigten sich als Detektive. Vor allem Gräber lieferten Beweismaterial in Hülle und Fülle, und auch der Schmuck half – ein Hoch auf die Eitelkeit der Menschen. Ein Vergleich von besonders charakteristischen Broschen, die in Angeln und später in England gefunden wurden, bekräftigte beispielsweise den Verdacht, dass es sich bei den Trägern um Angehörige eines Stammes handelte.

Auf den offiziellen Gegenbesuch der modernen Angelsachsen mussten die Schleswig-Holsteiner allerdings 1500 Jahre warten. Und als die „Verwandtschaft" schließlich als Besatzungsmacht anreiste, da war sie nicht einmal erwünscht.

Aber über diese dunkle Kriegs- und Nachkriegszeit an anderer Stelle mehr.

Völker und Stämme im hohen Mittelalter

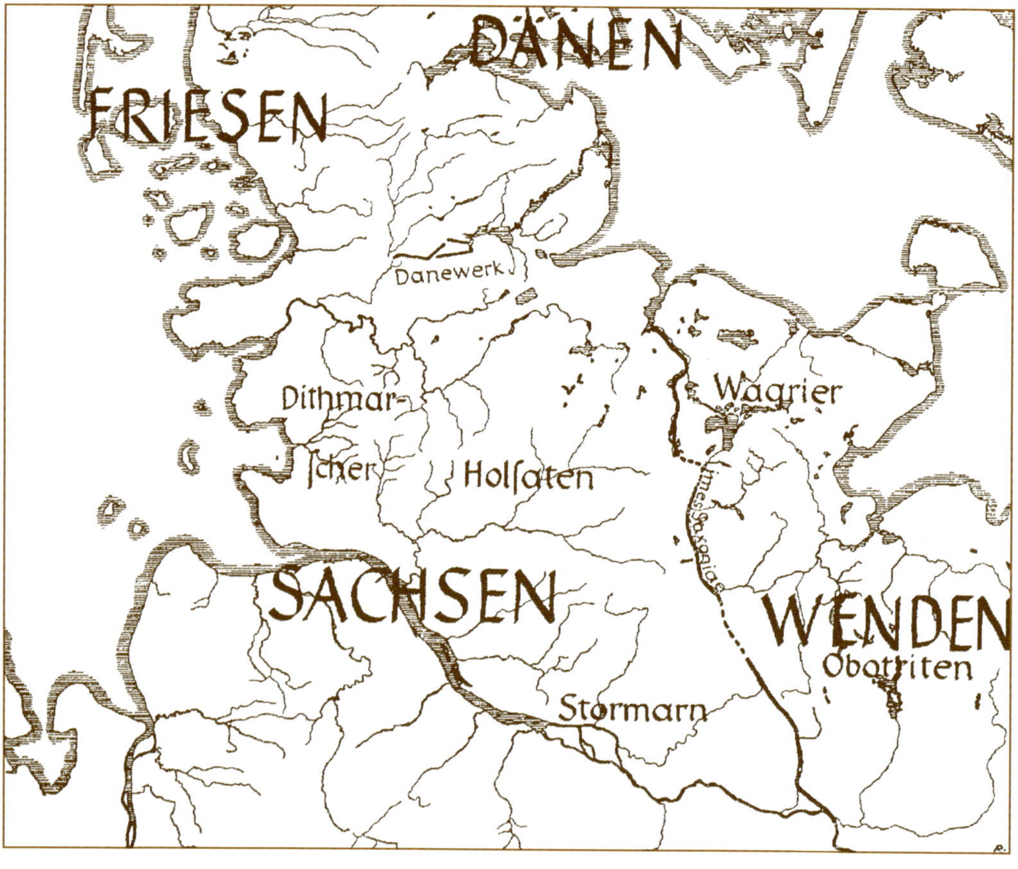

## ATLANTIS – BEI HELGOLAND VERSUNKEN?

Es war einmal ... ein reicher Kaufmann, der hieß Heinrich Schliemann. Er setzte sich in den Kopf, das goldene Troja zu finden.

Ein armer Irrer sei da am Werk, sagten die gelehrtesten Wissenschaftler. Die sagenumwobene Stadt des Agamemnon habe es nie gegeben. Und auch als der Laienforscher schließlich das Gegenteil bewiesen hatte, wurde dennoch bis über seinen Tod hinaus behauptet, er sei ein Schwindler.

Irrte der große Platon?

Nicht viel besser erging es dem norwegischen Wissenschaftler Thor Heyerdahl, der behauptete, mehrere Südseeinseln seien schon in frühester Zeit von Südamerika aus besiedelt worden. Selbst nachdem er mit der Expedition auf dem Kon-Tiki-Floß seine These untermauert hatte, strafte ihn die Wissenschaft mit Spott.

Der einst in Bordelum bei Bredstedt lebende Pastor Jürgen Spanuth hätte somit ahnen können, was ihm bevorstand, als er mit der Behauptung in die Öffentlichkeit trat, er habe festgestellt, dass die sagenhafte, im Meer versunkene Insel Atlantis vor der schleswig-holsteinischen Küste östlich von Helgoland gelegen habe.

Hätte Spanuth behauptet, er sei gerade von einer Reise zum Mond zurückgekehrt und solle vor allem die Professoren der Kieler Universität von den Kollegen aus dem All schön grüßen, die Ehrendoktorwürde wäre dem tüchtigen Autodidakten wohl sicher gewesen. Doch einfach etwas zu finden, was kein geringerer als der große griechische Philosoph Platon vage beschrieben hatte und seither Generationen von Gelehrten vergeblich gesucht haben, das musste Ärger bringen.

Ob Atlantis mit seiner wundersamen Königsinsel „Basileia" wirklich vor der schleswig-holsteinischen Westküste gelegen hat, darf durchaus bezweifelt werden. Es gibt schließlich prominente Konkurrenten. Die Kanarischen Inseln wurden lange als heißer Tipp gehandelt, auch Kreta oder Tartessos an der Mündung des Guadalquivir. Das sind schließlich klangvollere Namen als Eidermündung oder Tönning, wo man sich selbst mit sehr viel Phantasie nicht den Glanz des Inselreiches vorzustellen vermag, den Platon auf der angeblichen – oder wirklichen – Grundlage ägyptischer Quellen beschrieben hat. Und nicht genug damit. Auch der große Homer ließ seinen Weltenbummler Odysseus nach Atlantis fahren.

Buntsandstein als Baumaterial? Die Lange Anna nimmt ab

Es könnte die Insel oder die Inselgruppe also schon gegeben haben, und wenn sich Platon etwas genauer ausgedrückt hätte, wäre die Suche sehr viel einfacher gewesen. Aber der griechische Denker hat leider auch nichts Genaueres gewusst, sondern nur etwas von einem gehört, der seinerseits wieder etwas von einem anderen gehört hatte: Die Königsinsel „Basileia" habe einen Durchmesser von etwa zwanzig Kilometer gehabt, auf der prächtigen Burg habe ein König residiert, der zehn Unterkönige beaufsichtigte. Eine große Königsflotte und ein riesiges Heer werden erwähnt, von Elefanten ist die Rede und von edlen Metallen. Ein furchtbares Gottesgericht in Form von Erdbeben und Überflutungen sei auf das Inselreich niedergegangen und die ganze Pracht schließlich im Meer versunken. Daraufhin seien die Völker aus dem Norden auf der Suche nach neuem Lebensraum bis nach Ägypten vorgedrungen, wo sie vom dritten Ramses aber zurückgeschlagen worden seien. Vor 8000 oder 9000 Jahren habe sich dies ereignet, vermeldet Platon.

Und da behauptet ein Pastor (der allerdings auch „Altertum" studiert hat), diese umwälzenden Ereignisse hätten in der düsteren Nordsee stattgefunden. Alles „Blödsinn", beschied dann auch der zuständige Experte an der Kieler Universität. Doch mit diesem Urteil war das Thema keineswegs vom Tisch, denn Jürgen Spanuth legte 1953 ein mächtiges Buch vor, das von angesehenen Wissenschaftlern in den höchsten Tönen gelobt und von der Öffentlichkeit stark beachtet wurde.

Odysseus in Schleswig-Holstein? Das war der Stoff, aus dem man Schlagzeilen macht. Jetzt galt es nur noch, ausreichendes Beweisma-

terial vorzulegen: Konnte es einst wirklich Elefanten auf einer Nordseeinsel gegeben haben? Und was bedeutete das in der Nähe der Königsburg gefundene Gestein „Oreichalkos", das von feurigem Glanz und fast so wertvoll wie Gold gewesen sein soll? Und woher könnten die schwarzen, weißen und roten Steine gekommen sein, mit denen die Burg nach Platons Bericht geschmückt gewesen war? Und dann die unerklärlich lange Zeitspanne von 8000 Jahren, die schon zu Platons Lebzeiten seit dem Untergang von Atlantis vergangen sein soll?

Jürgen Spanuth mit einem Kupferstück vom Meeresboden vor Helgoland

Da saßen die führenden Wissenschaftler des Landes im Schloss Gottorf höhnend in der ersten Reihe, während am Rednerpult der Pastor aus Bordelum seine Thesen verteidigte. Streitbar und offenbar allwissend hatte er auf alle Einwände durchaus überzeugende Antworten. Die 8000 Jahre seien ein Versehen, auch große Männer wie Platon könnten irren, die in Ägypten übliche Zeitmessung in Monaten sei gemeint gewesen, und daher sei Atlantis im Jahre 1220 v. Chr. versunken. Und dass es in dieser Zeit einige weltweite Naturkatastrophen gab, galt in der Wissenschaft als bewiesen.

Und nichts sei von der „Goldenen Insel" übrig geblieben?

Aber gewiss doch, versicherte Pastor Spanuth. Östlich von Helgoland liege alles, oder jedenfalls noch einiges auf dem Meeresgrund, und er ließ Taucher hinabsteigen, die von Ruinenresten berichteten und auch offensichtlich von Menschenhand bearbeitete Steine an die Oberfläche brachten.

Und was es mit dem rätselhaften „Gold" auf sich habe?

Spanuths Antwort war ebenso genial wie einfach: Damit sei natürlich der früher in riesigen Mengen gefundene Bernstein gemeint, der sich mit Hitze und Öl verflüssigen und als goldglänzende Glasur verwenden ließ.

Und die bunten Steinwälle der Burg? Nichts leichter als das, versicherte Spanuth und erinnerte daran, dass es auf Helgoland schon immer Buntsandsteine gab und bis ins 18. Jahrhundert auch ein weißes Kliff.

Und was sei mit den Kriegszügen der Atlantiker bis Ägypten? Die Auskunft, dass es sich dabei um die Überlebenden der Naturkatastrophe im Norden gehandelt haben könnte, klingt zunächst etwas konstruiert. Bewiesen ist allerdings, dass im betreffenden Zeitraum Seevölker bis Ägypten vordrangen und von Ramses III. abgewehrt wurden. Es gibt von diesen Schlachten sogar in Stein geschlagene Bilder. Blieben noch die von Platon erwähnten Elefanten, die man sich auf einer nordfriesischen Insel ja nun wirklich schlecht vorstellen kann. Schon deshalb nicht, weil sie infolge ihres Gewichts stets bis zum Hals im weichen Boden stecken müssten. Für den Vater der schleswig-holsteinischen Atlantis-Lösung war die Aufklärung dieses Rätsels allerdings von der leichtesten Art. Spanuth konnte nämlich gleich mehrere durchaus plausible Lösungen anbieten:

Vielleicht habe Platon sich verschrieben: Elephas heißt im Griechischen Elefant, aber elaphos bedeutet Hirsch. Oder es wurde vom Elfenbeinzahn automatisch auf Elefanten geschlossen, obwohl es sich doch auch um Walrösser gehandelt haben könnte. Und dann hatte Jürgen Spanuth auch noch Glück. Seine Taucher brachten vor Helgoland einen richtigen Elefantenstoßzahn an die Oberfläche, der bis heute im Inselmuseum aufbewahrt wird.

Wer Pastor Spanuths dicke Bücher über Atlantis liest, der findet noch mehr Argumente für die These, dass die sagenhafte Königsinsel Basileia wirklich nur östlich von Helgoland, schräg gegenüber von Tönning, gelegen haben kann.

Und bis zum Beweis des eindeutigen Gegenteils sollten die Schleswig-Holsteiner schon allein zwecks Ankurbelung des Fremdenverkehrs eisern an dieser Version festhalten.

## AUFSTAND – KIELER MATROSEN ALS VORREITER

Der Altrevolutionär Lenin hatte für die deutschen Umstürzler und damit auch für die Schleswig-Holsteiner nur Spott übrig. Sie würden keinen Bahnhof besetzen, ohne zuvor ordnungsgemäß eine Bahnsteigkarte zu kaufen. Die Kieler Revolutionäre, die 1918 den Funken unter das Pulverfass legten, dessen Explosion das Kaiserreich zersprengte, setzten den Spott in die Wirklichkeit um: Viele der meuternden Matrosen fuhren mit der Straßenbahn zur entscheidenden Demonstration.

Dass ausgerechnet in der schleswig-holsteinischen Landeshauptstadt so etwas wie Weltgeschichte passieren würde, hätte in den letzten Kriegstagen gewiss niemand erwartet. Außerhalb der berühmten Kieler Woche ging es in der Stadt schon damals beschaulich zu, um nicht zu sagen bieder. Für Revolution hatte keiner Zeit, denn auf den kaiserlichen Werften, wo die Mehrheit der arbeitenden Bevölkerung tätig war, begann der Dienst früh und endete spät. Gute Schiffe wollte Majestät bauen lassen, und gleichzeitig sollte niemand auf dumme Gedanken kommen.

Mitbürger!

Unsere Stadt durchlebt ernste Tage.
Unser aller Pflicht ist es, Ruhe und Besonnenheit zu bewahren und zu betätigen.
Darum:
Meidet alle Ansammlungen!
Glaubt und verbreitet keine Gerüchte.
Wer Freiheit will, muß Ordnung halten!

Lindemann, Dr Gradenwitz, Dr. L. Ahlmann, Ed. Adler,

Aufruf zur Vermeidung von Gewalttätigkeiten, 1918

Und dann war im November des Jahres 1918 in Kiel plötzlich der Teufel los. Ausgerechnet in seiner Marinestadt meuterten die Matrosen. Majestät Wilhelm Zwo waren empört, ja sogar persönlich gekränkt. Hatte er nicht gerade der schwimmenden Wehr sein Herzblut vermacht und beinahe jeden Wunsch erfüllt? Und als Dank jetzt offene Rebellion.

Genau genommen begannen die Unruhen schon in Wilhelmshaven. Dort lag bereits seit längerer Zeit ein Teil der deutschen Flotte ziemlich tatenlos vor Anker. Als sich der Krieg seinem für das Kaiserreich ruhmlosen Ende neigte, wollte die traditionsbeladene Admiralität nicht feige kapitulieren und strebte einen glorreichen „Endkampf" an. Der Befehl für das letzte Gefecht war schon erteilt, doch die von ihren Vorgesetzten ohnehin schikanierten Mannschaften verspürten nicht die geringste Neigung, ihr eigenes Leben für den Ruhm anderer zu opfern. Ohne uns, sagten die Matrosen und nahmen die Kohlen aus den Kesseln.

Wir werden schon sehen, wer hier der Stärkere ist, antwortete die Führung und schickte, um den Brandherd in Wilhelmshaven zu verkleinern, das dritte Geschwader nach Kiel. Während der Fahrt legten die Offiziere die etwa vierzig Rädelsführer in Ketten, und nach dem Einlaufen in Kiel steckte man sie in die örtlichen Arrestanstalten. Die rund 5000 Mann zählende, vermeintlich nicht revolutionär infizierte übrige Besatzung erhielt Landgang.

Und der bringt einen von Entbehrungen gezeichneten Seelord normalerweise auch schnell auf andere Gedanken. Diesmal allerdings stürzten sich die Matrosen wider Erwarten nicht ins – bis heute – mäßige Kieler Nachtleben, sondern sie marschierten zum großen Exerzierplatz in der Innenstadt und erhoben lautstark zwei Forderungen: erstens die sofortige Freilassung der inhaftierten Kameraden und zweitens ein schnelles Ende des sinnlosen Krieges. Und da man schon einmal so zahlreich beisammen war, beschlossen die 5000, Punkt eins der Forderungen sogleich zu erledigen. „Auf zu den Gefängnissen", hieß die Parole.

Meuternde Matrosen in Kiel. Im Hintergrund die alte Marineakademie, die heute Sitz von Landtag und Landesregierung ist

Wie kopflos die noch Regierenden bereits waren, zeigte sich daran, dass der Stadtkommandant zunächst die Feuerwehr alarmierte. Über ihren Einsatz ist allerdings nichts bekannt. Die ebenfalls herbeigerufenen loyalen Truppen dagegen hinterließen eine Blutspur: Acht Tote und neunundzwanzig Verletzte lagen auf dem Pflaster.

Man habe den Aufstand voll im Griff, verkündete der Gouverneur und ließ die aus Berlin angeforderte Hilfe wieder zurückschicken. Das allerdings war erneut eine völlige Fehleinschätzung der Lage. Unter den Opfern der tödlichen Salven befanden sich nämlich auch die alten Autoritäten, obwohl sie es selbst noch nicht merken wollten.

Immerhin schien die Reichsregierung erkannt zu haben, dass der Aufstand in Kiel von anderer Qualität war als die Meuterei in Wilhelmshaven. Um die Ruhe wiederherzustellen, wurde der SPD-Wehrexperte Gustav Noske an die Förde entsandt. Aus dem Schiedsrichter aber wurde innerhalb kürzester Zeit der wichtigste „Mitspieler". Obwohl der spätere Kriegsminister nach eigenem Bekunden die Kieler Ereignisse „aufs Schärfste" verurteilte, bestimmten ihn die revolutionären Räte zum neuen Gouverneur.

Bleibt die Frage, welche Rolle die „halbe" Kieler Revolution für das Zustandekommen der „richtigen" Revolution in Berlin gespielt hat. Auch wenn die Tage des Kaisers ohnehin gezählt waren, gab Kiel sozusagen das Signal für den Umsturz in Deutschland. Zum Beispiel dadurch, dass zum ersten Mal „Räte" und damit eine für Revolutionen des 20. Jahrhunderts typische Institution geschaffen wurden.

Nach diesem „wichtigen" Beitrag zur deutschen Geschichte lehnten sich die Kieler erschöpft zurück, setzten die Prinz-Heinrich-Mützen auf und gingen am (späteren) Hindenburgufer spazieren ...

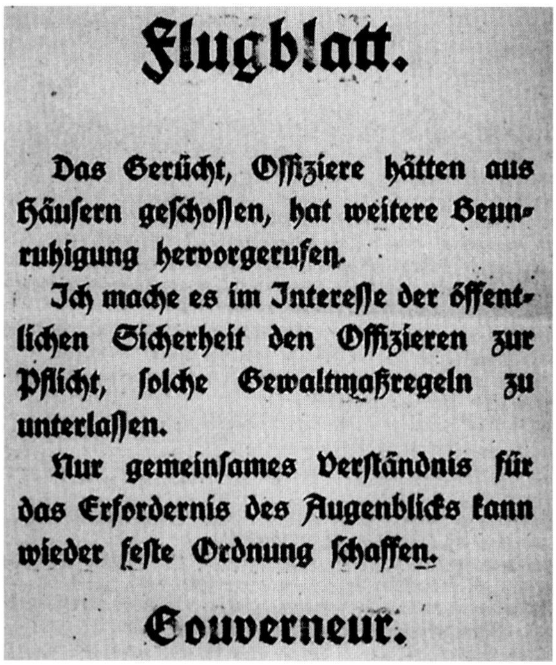

Flugblatt.

Das Gerücht, Offiziere hätten aus Häusern geschossen, hat weitere Beunruhigung hervorgerufen.

Ich mache es im Interesse der öffentlichen Sicherheit den Offizieren zur Pflicht, solche Gewaltmaßregeln zu unterlassen.

Nur gemeinsames Verständnis für das Erfordernis des Augenblicks kann wieder feste Ordnung schaffen.

Gouverneur.

Flugblatt des Gouverneurs vom 15.11.1918

B

## BERGE – IM NORDEN ETWAS KLEINER

Es ist wahrlich kein Kunststück, etwas einigermaßen Gescheites über Bayerns Berge aufzuschreiben. Schließlich herrscht dort an Erhebungen jeder Art keinerlei Mangel.

Über Schleswig-Holsteins Bergwelt zu berichten, gleicht dagegen einem Wagnis. Ein wenigstens bescheidener Erfolg ist auch nur dann möglich, wenn man die herkömmliche Definition für einen Berg sehr tief ansetzt. Behaupten wir also einfach, alles was sich ohne Beeinflussung des Menschen höher als 30 Meter aus der Erdoberfläche erhebt, gilt als Berg. Jedenfalls in Schleswig-Holstein.

Da man unangenehme Dinge am besten durch ein schnelles Geständnis aus der Welt schafft, sei eingeräumt, dass der höchste Berg in Schleswig-Holstein leider nur ganze 168 Meter misst und damit 2795 Meter niedriger ist als die Zugspitze. Aber auch der ostholsteinische Bungsberg hat einen Skilift, und zwar den nördlichsten in Deutschland. Und das ist schließlich auch ein Rekord.

Wenn die schleswig-holsteinischen Berge nicht ganz so hoch wie in südlicheren Gegenden ausgefallen sind, dann liegt das an der besonderen Form ihrer Geburt. Sie entstanden nämlich vorwiegend dadurch, dass während der Eiszeit Gletscher wie riesige Raupenbagger durchs Land schürften, hier einen See oder eine Furche aus der Erde kratzten und dafür beim Abschmelzen an anderer Stelle das mitgeführte Geröll als Berg liegen ließen. Gebilde vom Umfang der Alpen konnten mit dieser Bergbaumethode natürlich nicht entstehen.

Ein anderes Verfahren wandte die Natur bei der Herstellung des berühmten Segeberger Gipshügels an. Das war schon deshalb erforderlich, weil hier die jährlichen Karl-May-Spiele stattfinden sollten, und dafür wurde ein ordentlicher Kletterfelsen benötigt. Viel hätte allerdings nicht gefehlt, und die aus dem Erdinnern emporgequollenen Salzmassen, die sich auf ihrer Wanderung ans Licht in Gips verwandelten, wären von Menschenhand schon wieder abgebaut worden. Etwa 30 Meter hatten die alten Segeberger von ihrem einst 120 Meter hohen „Kalkberg" bereits als Baumaterial verscherbelt, ehe die restlichen 90 Meter im Jahre 1930 unter Naturschutz gestellt wurden. Inzwischen hat sich herausgestellt, dass es einträglicher ist, die Menschen zum Berg zu holen, als den Berg klein gehackt an den Mann zu bringen.

Dass gerade Flachlandbewohner bei der wirtschaftlichen Nutzung von Bergen auf ungewöhnliche Ideen kommen, zeigt sich am Weinberg in Geesthacht an der Elbe. Obwohl er nur 66 Meter misst, wird er als Wasserkraftwerk genutzt. Auf der Bergkuppe ist ein über drei Millionen Kubikmeter großes Bassin installiert worden. Dorthinein wird auf elektrischem Wege Elbwasser gepumpt, und wenn es auf gleichem Wege in die Tiefe stürzt, entsteht wieder Strom. Was auf den ersten Blick sinnlos erscheint, zeigt bei näherem Hinsehen doch Logik: Das Wasserbecken ist eine Art Spardose für Strom. Wenn er reichlich vorhanden ist, wird Wasser hochgepumpt, benötigt man dringend Elektrizität, kann sie in Minutenschnelle vom Berg geholt werden.

Die Schleswig-Holsteiner brauchen ihre Bergwelt aber auch noch aus anderen Gründen, zum Beispiel um ihren prominentesten Mitbürger Otto von Bismarck zu ehren. Es gibt nämlich kaum eine Anhöhe von nennenswerter Qualität, die nicht als Denkmal für den Reichsgründer Verwendung gefunden hat. Mal ist es eine 13 Meter hohe steinerne Gedenksäule wie auf dem Pariner Berg (72 Meter) vor den Toren Lübecks, mal ein Turm wie auf dem Scheersberg (71 Meter) in Angeln mit dem Bismarck-Spruch: „Wir sind nicht auf dieser Welt, um glücklich zu sein und zu genießen, sondern um unsere Schuldigkeit zu tun". War die Verehrung für den „Eisernen Kanzler" in einer Region besonders groß, wurde ein überdimensionales Standbild auf den Berg geschleppt. Das größte Exemplar steht mit sieben Meter Höhe auf dem Aschberg (98 Meter) im Kreis Rendsburg-Eckernförde.

Das 1901 auf dem heute dänischen Knivsberg eingeweihte Bismarck-Monument. Die eingebaute Statue des Reichsgründers wurde 1919 auf den Aschberg bei Eckernförde gebracht, die Reste des Turmes sprengte man 1945

Es gehört natürlich schon eine gehörige Portion Geschäftssinn dazu, die Mini-Bergwelt im Osten des Landes als „Holsteinische Schweiz" anzupreisen, wie es ein Eutiner Kaufmann und Hotelbesitzer bereits Ende des vergangenen Jahrhunderts mit Erfolg getan hat. Inzwischen ist diese im wörtlichen Sinne „Hochstapelei" zum festen Bestandteil der ostholsteinischen Fremdenverkehrswerbung geworden. Und fragt ein erstmals angereister Urlauber, wo denn eigentlich die im Prospekt angepriesenen Gipfel lägen, dann wird er freundlich aber bestimmt darüber aufgeklärt, dass es zwar keine Berge wie in der richtigen Schweiz gebe, doch sei es im holsteinischen Ableger bestimmt genau so schön. Dieser Logik hat noch niemand ernsthaft widersprochen.

Sollte nach dieser Würdigung der schleswig-holsteinischen Bergwelt wirklich noch jemand nicht beeindruckt sein, gegen den wird jetzt die Trumpfkarte ausgespielt: Wenn schon nicht mit dem höchsten deutschen Berg aufgewartet werden kann, dann aber stattdessen mit der tiefsten Landstelle. In der Wilstermarsch bei Neuendorf gibt es einen Punkt, der 3,54 Meter unter dem Meeresspiegel liegt. Ist das etwa keine Rekordmarke?

Der Segeberger Gipsberg als ihn noch eine Burg „krönte“

## BERNSTEIN – DAS BRENNBARE GOLD

Es war einmal eine kleine Mücke, die lebte vor 35 Millionen Jahren in einem Wald, der heute auf dem Grund der Ostsee liegt. An einem sonnigen Tag setzte sie sich auf einen duftenden Harztropfen, der aus einer Kiefer quoll und hatte sich damit unsterblich gemacht. Jetzt schmückt sie in ihrem goldgelben Gefängnis den Hals einer schönen Frau oder ruht seit Jahrtausenden eingeschlossen in einem Glück bringenden Talisman.

Schon die Wikinger verarbeiteten das „Gold“ zu Schmuck

Bernstein hat schon immer die Phantasie der Menschen angeregt, und in früheren Zeiten war das „Gold des Nordens“ wertvoll wie richtiges Gold. Für eine winzige Figur aus dem erhärteten Baumharz konnte man jedenfalls einen Sklaven kaufen. Kein Wunder also, wenn die Nordmänner diesen einzigen edlen Schatz, den ihnen die Natur geschenkt hat, stets gründlich vermarktet haben.

Bis in den Mittelmeerraum wurden die brennbaren Steine (daher der Name Bernstein) exportiert. Zuweilen in mächtigen Stücken. Den größten bekannt gewordenen Klumpen mit einem Gewicht von 11,5 Kilogramm zog ein dänischer Fischer vor der schwedischen Westküste vom Meeresgrund, und 1936 wurde beim Bau der schlesischen Autobahn in der Nähe von Breslau ein alter Bernstein-Umschlagplatz mit einem Lagerbestand von siebzehn Zentnern Rohware entdeckt.

Auch wenn es keine genauen Beweise mehr gibt, so spricht einiges dafür, dass an der friesischen Küste im Altertum ein wichtiges Handelszentrum für den begehrten Schmuckstein lag, der sicherlich auch deshalb so gefragt war, weil er nur dort gefunden wurde, wo ihn die aus Skandinavien aufgebrochenen Gletscher ausgeschmolzen hatten. Bis nach Russland, bis zu den deutschen Mittelgebirgen und bis zur britischen Küste drangen die Eismassen und damit die goldgelben Steine.

Von den vielen Geschichten, die sich um das in Millionen Jahren hartgepresste Baumharz ranken, ist die von dem sagenumwobenen

Bernstein-Zimmer besonders geheimnisvoll. Sie führt zurück auf den ersten preußischen König Friedrich I., dessen berühmter Baumeister Andreas Schlüter auf Anregung des dänischen Königs Christian V. rund 55 Quadratmeter Zimmerwände im neuen Berliner Schloss mit Bernstein-Mosaiken pflasterte.

Von einem achten Weltwunder sprach man, und es war das einzige, das mehrfach seinen Standort wechselte. Zunächst fand Zar Peter der Große Gefallen an den „Goldwänden", er bekam sie sogleich als Geschenk und schickte dafür dem König Friedrich Wilhelm I. als Gegengabe fünfundfünfzig Zwei-Meter-Männer für dessen „Lange Garde". Nach dem Angriff auf die Sowjetunion holten deutsche Soldaten 1941 den tonnenschweren Wandschmuck nach Königsberg zurück, und dort verlor sich die Spur des in zwei Dutzend Kisten verpackten Schatzes.

In kleineren Mengen und unverpackt lässt sich der Bernstein an der schleswig-holsteinischen Nord- und Ostseeküste noch immer finden. Am erfolgreichsten ist die Suche nach Sturm und Flut, wenn die leichten, im Salzwasser fast schwimmenden „Harzklumpen" an den Strand gespült werden.

Urlaubsgäste, die zum ersten Mal an die Küste kommen, mögen sich wundern, warum die Einheimischen bei ihrer Strandwanderung mit gesenktem Kopf, dem Prinzen Hamlet ähnelnd, in vermeintlich tiefe Gedanken versunken daherschreiten. Der Schein trügt: Der Blick geht nicht nach innen, sondern ist auf der Suche nach dem „Gold des Nordens".

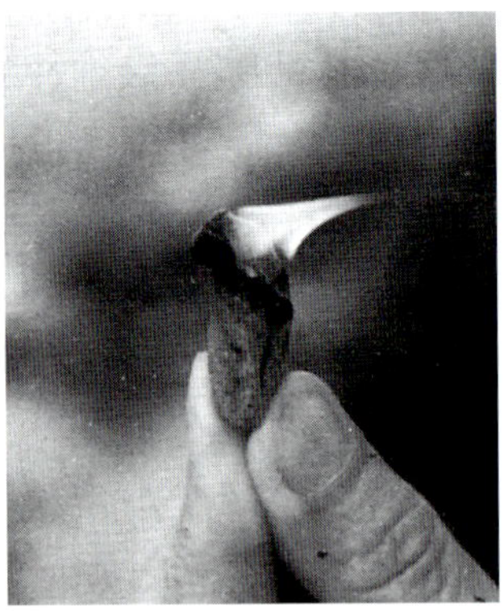

Bernstein – der brennbare Stein

## BILDUNG – AUF GOTTORF IM SONDERANGEBOT

Warum geht der Mensch ins Kino? Um sich zu amüsieren. Warum geht er ins Museum? Um sich zu bilden.

Und warum streifen an einem Sonnabend im Januar nur zwei Dutzend Besucher durch das Landesmuseum Schloss Gottorf, während sich an einem Tag im Juni oder September Tausende drängen? Gleich zwei Wachhabende bestätigen, dass der Januar immer schlecht sei. Eine Dissertation ist daher dringend erforderlich, auf dass die Frage geklärt werde: Warum verzichtet der Bildungswillige ausgerechnet in dem Monat, an dessen Beginn die meisten guten Vorsätze gefasst werden, auf den Museumsbesuch?

Sollte das Publikum bewusst ausbleiben, um dem Personal vor dem Besucheransturm noch einmal eine Erholungspause zu gönnen, dann ist die gute Absicht fehl am Platz: Ein leeres Haus mache viel mehr Arbeit als ein volles, verrät ein Bewacher. Und was zunächst unlogisch klingt, macht bald Sinn. In der Menge kontrolliert jeder jeden. Der Einzelgänger dagegen ist verdächtig. Er muss beobachtet werden, aber so geschickt, dass er sich unbeobachtet fühlt.

Keine Gefahr droht bei den historisch unhandlichen Standuhren und bei den Gobelins von der Größe einer Sozialwohnung. Höchste Aufmerksamkeit dagegen verlangt der zentnerschwere Barockschrank. Würden zum Abtransport auch zehn Muskelpakete benötigt, die Kleinkriminalität verursacht bekanntlich die größten Schäden. Leichtfertig nämlich hat der Holzschnitzer eine Schrankfigur mit ausgestreckter Hand geschaffen. Vielleicht war das wertvolle Möbelstück für den Export in ein Land bestimmt, in dem die Sitte des Händeschüttelns nicht derart ausgeprägt ist wie in Deutschland?

Obwohl der für den Schrank zuständige Bewacher etwa die Hälfte der für seine ganze Abteilung zuständige Aufmerksamkeit der winzigen hölzernen Hand widmet, ist das Zerstörungswerk deprimierend. Vier Fingerlein sind bereits abgebrochen, der übrig

Schloss Gottorf als Bildungsstätte

gebliebene Stumpf ist geschwärzt wie eine von Gläubigen tausendfach berührte Ikone.

Dem persönlich gekränkten Bewacher ist anzusehen, was er gerne machen würde: Den Giftzahn einer Kobra im hölzernen Handballen verbergen und sich, in der Wanduhr versteckt, am letzten Röcheln des Übeltäters ergötzen.

Freunde des Museums sind freiheitsliebende Menschen. „Was meinen Sie, wie oft die Absperrkordel ausgeklingt wird?" fragt betrübt über den zunehmenden Sittenverfall ein Aufseher. „Und dann will es keiner gewesen sein".

Sammelte Kuriositäten – Friedrich III.

Oder in der historischen Lübecker Weinstube, da setzen sich die Besucher auf die mit Leder bezogenen Stühle, obwohl es ausdrücklich verboten ist. Aber hier folgt die gerechte Strafe auf dem Fuße, genauer gesagt auf dem Hosenboden. Weil die alten Sitze nämlich abfärben, kann man nach dem Aufstehen ganz genau erkennen, wer widerrechtlich gesessen hat. In der Stimme des Bewachers klingt an dieser Stelle Genugtuung.

Museale Bildung scheint eine ernste Angelegenheit zu sein, und wohl deshalb herrscht in Museen kirchlicher Flüsterton. Wo es lauter wird, da tritt meistens ein Fachmann auf, der erklärt, warum die Nolde-Bilder so tief hängen: Damit sie beim Sitzen auf der Ruhebank noch in Augenhöhe zu bestaunen sind.

Apropos ernst. Auf die Frage, ob es in Gottorf irgendein Porträt gebe, auf dem ein Mensch mit einem Lächeln abgebildet ist, erinnert sich die Führung dunkel, dass sie einmal einen Mann mit lächelnden Augen gesehen habe. Aufspüren lässt sich der Beweis nicht. Finster, drohend oder dumm blicken vor allem Herrscher aus ihren goldenen Rahmen. Selbst diejenigen, die sich als gebildet und als Förderer von Kunst und Wissenschaft erwiesen haben.

Friedrich III. zum Beispiel, der in der Gottorfer Kunstkammer Schätze und Kuriositäten aus aller Welt sammelte und der im

Frühe Gottorfer Ansicht

Lustgarten seiner Residenz 100 lebensgroße Figuren aller römischen Herrscher aufstellte. Auf dem Gemälde aber steht er wie Falstaff breitbeinig und bräsig, ohne eine Miene zu verziehen.

Auch hier fehlt zwar noch der wissenschaftliche Nachweis, aber alles spricht dafür, dass erst die Demokratie die Herrscher zum Lächeln gebracht hat. Jedenfalls auf Bildern. Was nicht verwundern kann, denn wer sein Amt erbte wie die Gottorfer Friedrichs und Adolphs, der hatte es nicht nötig, mit aufgesetzter Freundlichkeit um die Gunst des Volkes zu buhlen. Der konnte es sich sogar leisten, wie es Friedrich III. tat, seinen Lieblingshund „Allard" auf Staatskosten abmalen zu lassen, auf dass Herr und Hund 350 Jahre später Seite an Seite im Museum hängen dürfen.

Was zu der Frage führt, welche Bedeutung die auch in Gottorf reichlich gezeigten Herrscher-Porträts für die Bildung haben. Doch das ist ein weites Feld, bei dessen Bestellung unbedingt geklärt werden sollte, ob die ebenfalls reichlich abgebildeten Gemahlinnen und Gespielinnen in Wirklichkeit ähnlich schafsäugig in die Welt blickten, wie es die Maler überliefert haben. Von den puppenartigen Kindern ganz zu schweigen.

Sollte an dieser Stelle der Verdacht aufkeimen, Museen vermitteln vielleicht gar keine Bildung, sondern doch nur Unterhaltung, der Zweifel kann abgebaut werden: Wie viele Begriffe hat die Sprache der Samen für das Rentier? Etwa zehn oder gar 87? Völlig falsch geschätzt. Man glaubt es nicht: 300 wäre richtig.

Oder was weiß der Besucher vor dem Betreten des Archäologischen Museums über das Geweih eines Rentiers? Doch bestenfalls,

Schwierige Schuh-Suche – Diether Kressels Gemälde „Gespräch"

dass es am Kopf sitzt. Wer ahnt schon, dass es nach sieben Jahren seine maximale Größe erreicht hat und nach 13 Jahren wieder kleiner wird.

Sollte jemand den Standpunkt vertreten, das alles sei überflüssiges Wissen, gut, darüber lässt sich streiten. Das ältere Ehepaar jedenfalls, das mit Rucksack und Wanderschuhen gekommen ist, lässt keine Schautafel aus und keine Erklärung, studiert die Kernbeile ebenso gründlich wie die Scheibenbeile und die Karte mit den roten Punkten, die anzeigt, wo im Norden die Federmesser-Kultur ihre Schwerpunkte hatte.

Zwei Stunden später, bei der Wanderung durch die Abteilung moderne Kunst, da haben die beiden ihre Rucksäcke am Eingang ablegen müssen. Sicher ist sicher, wenngleich Barlachs „Schwebender Engel" keine leichte Beute wäre und Schmidt-Rottluffs oft kopiertes Gemälde „Landschaft im Mondschein" könnte ja in der Gottorfer Fassung echt und damit begehrt sein.

Aber davon einmal abgesehen, trägt man in diesem Ambiente ohnehin eher Pumps als Wanderstiefel. Hier werden die Ausstellungsstücke auch weniger gründlich erklärt als im volkskundlichen Teil auf dem benachbarten Heesterberg.

Warum eigentlich, das müsste ebenfalls grundsätzlich in Form einer Dissertation erläutert werden. Und zwar unter besonderer Berücksichtigung der Frage, ob Beobachter von modernen Kunstwerken wirklich so schlau sind, wie sie immer wirken.

Ob alle Betrachter wissen, wie lange der Maler Diether Kressel in den einschlägigen Zuhältergeschäften der Hamburger Reeperbahn gesucht hat, bis er die schwarz-weißen Schuhe fand, die er als Modell für sein Bild „Gespräch" benötigte? Oder wissen sie, warum August Macke bei seinem „Großen Fischfang" drei der Fischer bekleidet und einen nackt malte? Entweder ist allen warm oder keinem.

## BISMARCK – DER „ALTE VOM SACHSENWALD"

Da einigermaßen unwidersprochen feststeht, dass Otto von Bismarck ein Preuße war, erübrigt sich eigentlich die Frage, ob er auch als „Nordlicht" eingestuft werden darf. Es bestehen keine Bedenken, denn der „Eiserne Kanzler" hat schließlich fast achtundzwanzig Jahre in Schleswig-Holstein gelebt und dortselbst seine letzte Ruhe gefunden.

Auch wer den Reichsgründer nicht als schleswig-holsteinischen Landsmann bezeichnen möchte, hat dafür gute Argumente, denn es ist ausreichend bekannt, wie widerwillig Bismarck sich von seinem ungeliebten Kaiser Wilhelm II. nach Friedrichsruh in den Sachsenwald abschieben ließ, und wie er die ihm verliehene Lauenburger Herzogwürde mit der Bemerkung verhöhnte, nur wenn er inkognito reise, werde er diesen Titel führen.

Otto von Bismarck

Trotz der vielen Bismarck-Statuen im Lande stieg die Popularitätskurve des Geehrten erst sehr spät. Zu viele Schleswig-Holsteiner haben dem Kanzler nie verziehen, dass er sie 1866 ziemlich trickreich zu Preußen gemacht hat. Eine große Mehrheit der Bevölkerung hätte lieber mit dem „Augustenburger" Friedrich VIII. einen eigenen Herzog gehabt. Dieser Zustand wäre zwar auch nicht lange zu halten gewesen, aber wer träumt nicht gerne von einer besseren Zukunft.

Heute ist der Sachsenwald fast eine Hamburger Grünanlage, dazu eine begehrte Wohngegend. Für den Reichsgründer jedoch war Friedrichsruh neben den beiden Gütern Schönhausen und Varzin nur eine von drei „Zweitwohnungen", und sein Hauptarbeitsplatz lag ohnehin in Berlin. Erst als die Nachkommen Bismarcks nach kriegsbedingtem Verlust der beiden Güter in der ehemaligen DDR und in Hinterpommern ihren Lebensschwerpunkt in den Sachsenwald verlagerten, wurden die Träger des mit Blut, Eisen und Ruhm verbundenen großen Namen doch noch zu echten Schleswig-Holsteinern.

Das verdanken sie einem Zufall; denn der Eiserne Kanzler war schließlich nicht freiwillig Norddeutscher geworden, sondern nur deshalb, weil ihm sein verehrter Kaiser Wilhelm I. Anno 1871 ein kleines Geschenk in Form des immerhin 7500 Hektar großen Sachsenwaldes gemacht hatte. So etwas war in guter alter Zeit noch üblich, und es war auch nicht das erste Präsent dieser Größenordnung. Schon vier Jahre vorher hatte der Reichstag dem Kanzler für seine Verdienste um Preußen die gewaltige Summe von 400 000 Reichstalern überreicht. Mit dem guten Rat, sich dafür Immobilien in Form eines Landgutes zu kaufen. Damals entschloss sich Bismarck, vor allem seiner Frau Johanna zuliebe, für den Erwerb des Gutes Varzin in Hinterpommern.

Otto von Bismarck als Pensionär im Sachsenwald

Auch diesen Zugewinn verdankte Bismarck zumindest indirekt den Schleswig-Holsteinern. Staatsgeschenke gab es nämlich immer nur nach gewonnenen Kriegen, auch wenn das von den edlen Spendern nie so deutlich gesagt wurde. Das stattliche Rittergut Varzin zum Beispiel war der offizielle Dank des Vaterlandes dafür, dass die Österreicher 1866 besiegt wurden und ganz Schleswig-Holstein damit endgültig Preußen angegliedert werden konnte.

Nach dem Erfolg gegen den Erzfeind Frankreich Anno 1871 musste das Geschenk für den Kanzler natürlich noch würdiger ausfallen als das vorangegangene Präsent. Diesmal kam es sogar vom Kaiser selbst. Zunächst in Form des Fürstentitels, bei dessen Annahme Bismarck sich ziemlich zierte, und dann folgte das Handfeste, nämlich der schleswig-holsteinische Sachsenwald, der eine Million Taler wert und doppelt so groß wie Varzin war. Beim Kaiser bedankte sich Bismarck überschwänglich für die Schenkung und äußerte die Hoffnung, „daß im Sachsenwald Generationen treuer Brandenburgischer Herzöge nach mir leben werden". Dem älteren Bruder Bernhard gegenüber äußerte er sich zurückhaltender und beklagte die zusätzlichen Ausgaben. Sie entstanden durch den Kauf des Dor-

Der Hausherr hält Hof (1895) – Bismarcks Fan-Gemeinde war riesig

fes Aumühle und eines Stückchen Land, das mitten im Geschenk lag, aber nicht dazugehörte. Weitere Ausgaben ließen sich nicht vermeiden, denn Friedrichsruh war ein Geschenk ohne Dach. Wenn Bismarck seinen Besitz inspizierte, musste er im Hotel wohnen. Das gefiel ihm auf Dauer verständlicherweise nicht. Deshalb kaufte er das Gasthaus, in dem Hamburger Kaufleute nach der Jagd zu logieren pflegten und baute es zu einem mäßig eleganten Herrensitz aus.

Nachdem Friedrichsruh einen so prominenten Besucher erhalten hatte, wurde das verschlafene Nest am Waldesrand bald das, was für den amerikanischen Präsidenten Camp David ist. Mit dem Unterschied, dass sich Bismarck nicht nur übers Wochenende oder wenige Urlaubstage auf seinem Landsitz aufhielt, sondern viele Wochen im Jahr. Für den in die dunkle Provinz geratenen Reichskanzler wurden sogar ein repräsentatives Bahnhofsgebäude sowie ein Postamt errichtet, um jederzeit den schnellen Kontakt zur Berliner Regierungszentrale zu sichern.

Wo sich vor dem Einzug des prominenten Preußen noch Fuchs und Hase gute Nacht gesagt hatten, gaben sich plötzlich die ganz Großen dieser Welt ein Stelldichein. Der chinesische Vizekaiser zum Beispiel reiste an, auch der ungeliebte Wilhelm II.. Viel Komfort wurde den Gästen in Friedrichsruh nicht geboten, denn das ausgebaute Hotel war mit den Berliner Schlössern nicht zu vergleichen. Fast wäre allerdings auch Bismarck noch Eigentümer einer königlichen Residenz geworden. Als nämlich das nahe gelegene Schloss Reinbek versteigert werden sollte, machte er sich mit festen Kaufabsichten (so jedenfalls versichert sein Urenkel Ferdinand) auf den Weg zur Auktion. Wie stets in Begleitung seiner beiden riesigen Doggen. Unterwegs soll einer der Hunde im Wald verschwunden sein, und Bismarck musste den Ausreißer suchen. Durch diese Verzögerung erreichte er die Versteigerung erst, als der Hammer schon gefallen war und Reinbek einen anderen neuen Besitzer hatte.

Ob diese Geschichte stimmt, lässt sich nicht mehr klären. Nicht auszuschließen ist allerdings, dass sich der für seine Sparsamkeit bekannte Reichskanzler den Kauf eines Schlosses im letzten Augenblick doch noch überlegt hatte und für den Rückzieher einen Vorwand in Form der entlaufenen Dogge brauchte.

Hätte der Kanzler seinerzeit wirklich das Schloss gekauft, es wäre wahrscheinlich gleichzeitig dessen Todesurteil gewesen. Unmittelbar vor Ende des Zweiten Weltkrieges nämlich legten britische Bomber das Bismarcksche Anwesen in Schutt und Asche: Der Londoner Geheimdienst hatte vermutet, Heinrich Himmler halte sich dort auf. Tatsächlich aber hatten der schwedische Gesandte, das Rote Kreuz und der Schweizer Konsul in Friedrichsruh Zuflucht gesucht.

Das Bismarck-Museum in Friedrichsruh

Als Bismarcks Enkel schon ein neues, repräsentatives Schloss auf das alte Fundament gesetzt hatten, kam einer der britischen Piloten, erzählte die Geschichte von dem Missgeschick und bat nachträglich um Entschuldigung. So furchtbar unglücklich waren die Nachfahren aber wohl nicht, hatte doch die „Feindeinwirkung“ für eine gründliche Renovierung des alten Kastens hinter der kilometerlangen Parkmauer gesorgt.

Ein beträchtlicher Teil der Einrichtung und der Erinnerungsstücke konnte glücklicherweise gerettet werden. Eine im renovierten Bahnhof untergebrachte Stiftung betreut die Dokumente. Die mehr handfesten Dinge sind im örtlichen Museum zu besichtigen, auch das Arbeitszimmer, in dem Bismarck seine „Gedanken und Erinnerungen“ verfasst hat. Nur nebenbei sei angemerkt, dass die Memoiren mit den Tatsachen auf Kriegsfuß stehen. Aber man kennt Ähnliches von anderen großen Männern, die die Geschichte in ihren Erinnerungen mit Vorliebe so darstellten, wie sie dem eigenen Nachruhm am dienlichsten ist.

Letzte Ruhestätte – Das Mausoleum

Dass Bismarck schon zu Lebzeiten eine Legende war, wird besonders deutlich an den 450 Ehrenbürgerschaften, die ihm deutsche Städte antrugen. Und was an Geschenken aus aller Welt, vor allem zum 80. Geburtstag, nach Friedrichsruh geschleppt wurde, übertrifft nicht nur den heutigen Geschmack, sondern auch die Vorstellung, die ein „normaler“ Jubilar von seinem Gabentisch hat.

Es ist müßig, darüber nachzudenken, ob der Lauf der Welt wohl anders ausgegangen wäre, wenn Wilhelm II. seinen immerhin schon 75-jährigen Kanzler nicht 1890, sondern erst einige Jahre später zum Abschied gedrängt hätte. Es gibt kluge Stimmen, die da sagen, in diesem Fall wäre der erste große Krieg ausgeblieben. Was stimmen mag, doch zu beweisen ist es nicht.

Unbestritten ist allerdings, dass es dem Rentner wider Willen unter den Schleswig-Holsteinern allem Gegrummel zum Trotz gefallen haben muss. Vielleicht deshalb, weil sie ihn in mancher Wesensart an die ostelbischen Landsleute erinnerten. Anders jedenfalls ist es nicht zu erklären, dass Bismarck in Friedrichsruh nicht nur als Pensionär leben wollte, sondern dort auch seine letzte Ruhestätte wünschte. In einem Mausoleum, das dem Grabmal des legendären Gotenkönigs Theoderich in Ravenna nachempfunden ist. Da Bismarck die Pläne für den Grabbau persönlich skizziert hatte, ist damit auch gleichzeitig angedeutet, wie er die eigene historische Größe beurteilt wissen wollte.

Der alte Bahnhof von Friedrichsruh. Heute Sitz der Bismarck-Stiftung

## BORNHÖVED – WALDEMAR VERLIERT HITZESCHLACHT

Ob es stimmt, wird sich nie genau feststellen lassen. Aber es spricht wirklich einiges dafür, dass der 22. Juli des Jahres 1227, der Maria-Magdalenentag, für Schleswig-Holstein ein besonders wichtiger, vielleicht der bedeutendste Tag in der nicht gerade langweiligen Landesgeschichte war.

Zu Bornhöved auf der braunen Heide entschied sich an jenem sonnigen Donnerstag nämlich, ob das Gebiet nördlich der Elbe dänisch oder deutsch sein sollte.

König Waldemars Ritt gen Dithmarschen

Um Haaresbreite hätte König Waldemar von Kopenhagen den Sieg davongetragen, doch dann rief der deutsche Adolf himmlischen Beistand an und obsiegte im letzten Augenblick. Allerdings mehr durch die Hilfe der Dithmarscher als durch höhere Mächte. Doch da der Fall Bornhöved von großer „vaterländischer Bedeutung" ist, sei er zunächst erst einmal ordnungsgemäß geschildert: Obwohl das denkwürdige Ereignis ziemlich lange zurückliegt, sind doch erstaunlich viele Einzelheiten überliefert. Es ist zudem eine mächtig aufregende Geschichte. Um sie möglichst schnell „auf den Punkt" zu bringen, lassen wir sie aus dramaturgischen Gründen ziemlich spät beginnen, nämlich bei Adolf III. von der Schauenburg (sie liegt bei Rinteln in Niedersachsen und besteht heute nur noch aus schönen Ruinen).

Besagte Schauenburger waren etwa um 1100 nördlich der Elbe zu Landbesitz gekommen. Doch der dritte Adolf hatte durch widrige Umstände und durch persönliche Fehler das Erbe der Väter an den Dänen Waldemar II. verloren und war danach grollend zur Verwandtschaft auf den heimischen Stammsitz zurückgekehrt.

Das Schleswig-Holstein-Abenteuer der Schauenburger schien somit beendet und die Elbe einschließlich Hamburgs und Lübecks als deutsch-dänische Grenze festgeschrieben – zumal Kaiser Friedrich II., der in Sizilien die Sonne genoss, den Verlust der Nordmark auch noch offiziell anerkannte.

Man stelle sich vor, es wäre bei dieser Linie geblieben, wobei zu berücksichtigen ist, dass die dänische Großmacht auch Mecklenburg nebst Vorpommern besaß. Die später so verworrene Landesgeschichte wäre die einfachste Sache der Welt gewesen, und mehrere Dutzend Waffengänge hätten ausfallen können.

Dass die Langeweile ausblieb und ruhmreiche Feldherren mit dynamischen Politikern in die Geschichte eingehen durften, dafür sorgte Adolf Nr. 4, Sohn der schmählich verjagten Nr. 3.

Adolf IV., der Sieger von Bornhöved: als König geboren ...

Unter nicht näher bekannten Umständen tauchte der junge Mann jedenfalls Anno 1224 im Holsteinischen auf (die einen sagen, eine holde Frau habe ihn geleitet, andere nennen den Bremer Erzbischof). Wie einem Messias jubelten die Holsten ihm zu. Soweit es die urwaldartige Umgebung erlaubte. Und warum der mächtige Waldemar zuließ, dass ein Jüngling über die zugefrorene Elbe marschierte, um sich als Befreier feiern zu lassen?

Wie gerne hätte er den ungebetenen Gast wieder davongejagt, aber er konnte nicht, weil er in einem dunklen Verlies mit vergitterten Fenstern saß. Schon seit Mai 1223. Und das war wie folgt passiert: An einem schönen Frühlingstag war Waldemar mit seinem gleichnamigen Sohn auf der kleinen, waldreichen Insel Lyö zur Jagd aufgebrochen. Mit von der Partie war einer seiner deutschen Vasallen, Graf Heinrich der Schwarze von Schwerin. Ob als offizieller Gast oder versteckt im Wald, darüber gehen die Überlieferungen auseinander. Sicher ist dagegen, dass der Besuch aus Schwerin eine verwegene Tat im Sinne hatte: Er wollte seinen Gastgeber entführen.

Das Motiv hieß „Rache", denn der Schwarze Heinrich hatte nach Rückkehr von einem Kreuzzug sein Schweriner Schloss von Dänen besetzt und den mitregierenden Bruder erschlagen vorgefunden.

Es war sicherlich leichtsinnig vom mächtigen Waldemar, einen derart Verprellten in seine Nähe treten zu lassen, oder vielleicht hatte sich der rebellische Graf wirklich heimlich auf die Insel ge-

... als Mönch gestorben

schlichen, jedenfalls schlug er mit seinen Genossen zu, als sich Vater und Sohn Waldemar im Jagdzelt zur Ruhe begeben hatten. Die Schweriner schleppten die beiden sich heftig wehrenden, königlichen Geiseln auf ihre Schiffe, und ab ging es Richtung Mecklenburg. Nun hätte man glauben können, ein mächtiges Reich wie das damalige Dänemark würde dem kleinen Grafen von Schwerin die fette Beute im Handumdrehen wieder abjagen. Doch obwohl ein gewisser Albrecht von Orlamünde (den Waldemar zum Grafen von Holstein gemacht hatte und der nun in den Mantel des eingekerkerten Königs schlüpfte) Papst und Kaiser einschaltete, um seinen Herrn zu befreien, es nützte nichts. Die Entführten saßen sicher im tiefen Schweriner Schlosskeller.

Dass sie dort zunächst blieben, dafür sorgte der schon erwähnte Messias Adolf Nr. 4, der die von seinem Vater verspielten Besitzungen im Holsteinischen inzwischen zurückerobert hatte.

Als Realist sah Waldemar daraufhin ein, dass er erst einmal verloren hatte. Reumütig akzeptierte er die Unterwerfung und wurde – unter Zahlung eines kräftigen Lösegeldes von 45 000 Mark Silber – freigelassen. Die Schmuckschatulle der Königin, 1000 Ellen flandrischen Scharlachtuchs sowie hundert Pferde für den Schweriner Grafen musste er zusätzlich aufbringen, hinzu kam natürlich der Verzicht auf die eroberten nordelbischen Gebiete einschließlich Mecklenburgs und Pommerns.

Das war es dann wohl, könnte man vermuten. Wer sollte sich eigentlich noch bei Bornhöved die Köpfe und anderes einschlagen?

Außerdem hatte Waldemar ja geschworen, nie wieder das Kriegsbeil auszugraben, um es gegen Holstein zu schwingen.

Aber was tat er? Er ließ sich durch den Papst vom Eid entbinden, sammelte ein Heer und fiel zunächst in Dithmarschen ein. Was trotz des schnellen Sieges ein schwerer Fehler war, wie sich später herausstellte.

Die deutsche Gegenseite mit dem Grafen Adolf an der Spitze stellte daraufhin eine stattliche Kriegerschar auf die Beine, zu der natürlich der Schwarze Heinrich aus Schwerin gehörte, aber auch der Erzbischof von Bremen, und sogar die sparsamen Lübecker und Hamburger schickten Hilfstruppen. Nachdem sich die beiden Kriegsmaschinerien in einigen Scharmützeln warmgearbeitet hatten, traf man sich am 22. Juli 1227 zum letzten Gefecht bei Bornhöved. Voran stürmte der Erzbischof, weil er durch Losentscheid zum Hauptangreifer bestimmt worden war. Das bei Schlachten übliche Gemetzel setzte ein, und gegen Mittag, als die glühende Sonne die Rüstungen kräftig aufgeheizt hatte, schienen die Dänen kurz vor dem Sieg zu stehen.

In diesem entscheidenden Augenblick soll der junge Adolf die psychologische Kriegsführung erfunden haben: Er sprang vom Pferd, kniete nieder und versprach der Heiligen Maria Magdalena für den Fall einer Wende Klöster und Kirchen. Zusätzlich gelobte er, den Königsmantel gegen die Mönchskutte einzutauschen.

Kaum hatte Adolf seine Karriere geopfert, glaubten seine Krieger am Himmel eine sie segnende Frauengestalt zu erblicken. Sie fassten wieder Mut, schlugen kräftiger zu und trugen den Sieg davon. Aber nur deshalb, weil sie zu der himmlischen auch noch eine sehr irdi-

Die Schlacht bei Bornhöved, Miniatur aus der Sächsischen Weltchronik, um 1300

sche Hilfe erhalten hatten. Die von Waldemar besiegten und zum Mitkämpfen gezwungenen Dithmarscher waren nämlich schon immer helle und vorsichtige Köpfe gewesen, weshalb sie auch vor Beginn der Schlacht geheime Verhandlungen mit der deutschen Seite geführt hatten. Unter der Bedingung, dass sie nur den Bremer Erzbischof als ihren Oberherrn anerkennen müssten (der war weit weg und gnädig), zeigten sie sich durchaus geneigt, im geeigneten Augenblick die Seite zu wechseln. Am umgedrehten Schild sollte ihre Wende erkennbar sein.

Und zu diesem Schritt entschlossen sich die Dithmarscher klugerweise in dem Augenblick, als das Kriegsglück dem deutschen Fürsten winkte. Das bedeutete den totalen Sieg für den vierten Adolf, und damit war der Norden etwa bis zum heutigen Nord-Ostsee-Kanal wieder deutsch.

Im Unterschied zu seinem Gegner Waldemar hielt sich Adolf an seinen Schwur, trat zwar nicht sofort, aber nach zwölf Jahren in das von ihm gestiftete Maria-Magdalenen-Kloster zu Hamburg ein und pilgerte später zu Fuß nach Rom. Er stiftete mehrere Klöster und Kirchen und starb 1261 im Kieler Kloster.

Wenige Tage vorher hatten seine beiden Söhne ein ähnliches Erfolgserlebnis wie einst ihr Vater bei Bornhöved. Sie schlugen zwischen Rendsburg und Schleswig auf der Lohheide ein dänisches Heer, wobei die berühmte Königin Margareta mit ihrem Sohn in Gefangenschaft geriet. Anschließend erhielt Adolfs und Waldemars Enkel, Herzog Erich I., den Landesteil Schleswig als Lehen zugesprochen.

Mit dieser Konstellation hätten die deutsch-dänischen Beziehungen eigentlich ins 20. Jahrhundert gehen können. Doch stattdessen schlug man sich noch 700 Jahre lang verbal und tatsächlich die Köpfe ein.

Eine Rückblende ist an dieser Stelle angebracht. Sie betrifft Waldemars Söhne und bekräftigt einmal mehr das Sprichwort, dass der Apfel nicht weit vom Stamm fällt. Erich und Abel hießen die beiden. Sie sind weniger in die Geschichte eingegangen, weil sie Geschichte gemacht haben, sondern vielmehr deshalb, weil sie ein ziemlich schauriges Ende finden sollten, und Shakespeares Hamlet-Aussage vorwegnahmen, dass etwas faul im Staate Dänemark sei.

Das Motiv für die Bluttat war Machtgier: Waldemar, der Verlierer von Bornhöved, übertrug die dänische Königskrone seinem Sohn Erich, dessen Bruder Abel erhielt den Landesteil Schleswig. Beide waren damit versorgt und hätten eigentlich zufrieden sein können.

Aber nein, jeder wollte mehr als er hatte. Zunächst König Erich, der die von seinem Vater bei Bornhöved verlorenen Gebiete (als erstes Holstein) zurückerobern wollte. Und Abel sollte mitmachen. Der aber verweigerte aus durchaus einsichtigen Motiven die Heerfolge.

Adolf IV., der Sieger von Bornhöved und damit Herr von Holstein, hatte nämlich das Heiraten als Machtfaktor erkannt und seine Tochter Mechthild mit Abel vermählt. Der fühlte sich somit für Holstein verantwortlich und widersetzte sich dem geplanten Angriff des Bruder-Königs. Als Erich sich nicht von seinen Eroberungsplänen abhalten ließ, schlugen die beiden Königskinder aufeinander ein, wobei Abel zunächst den Kürzeren zog.

Aber als Mitglieder einer Familie traf man sich, um Geschäftliches und Politisches zu besprechen. So auch im August 1250 zu Schleswig im Hause Abel. Es wurde mehrere Tage lang sehr gut gegessen und getrunken, die Brüder schienen ein Herz und eine Seele zu sein.

Abel aber plante Mörderisches, provozierte einen Streit, in dessen Verlauf er den königlichen Gast festnehmen und in Ketten legen ließ. Anschließend unternahmen einige Ritter mit dem Gefangenen eine Bootspartie auf der Schlei, in deren Verlauf der Dänenkönig seinen Kopf verlor, anschließend im Wasser verschwand und erst zwei Monate später wieder auftauchte. Völlig unschuldig sei er an diesem schrecklichen Unfall, schwor Bruder Abel und wurde zum neuen König gewählt.

Doch zumindest einer war an der Aufklärung des Mordfalls interessiert, und das war der Kölner Erzbischof. Nach Art der Zeit verschaffte er sich zunächst ein Druckmittel, nämlich Abels Sohn Waldemar, der vom Vater auf Bildungsreise nach Frankreich geschickt worden war.

Um den schon zum König ernannten Filius zurückzubekommen, bot Abel ein Lösegeld an, das er von seinen Untertanen eintreiben ließ. Nur die Nordfriesen wollten nicht zahlen. Wir brauchen unser Geld für den Deichbau, sagten sie zu Recht. Denen werde ich zeigen, wer Herr im Hause ist, antwortete Abel und zog mit einer Truppe zur Westküste. Ein mächtiges Gemetzel setzte ein, so ähnlich wie später Anno 1500 bei Hemmingstedt. Die Dänen wurden in die Flucht geschlagen, kehrten später wieder, wurden erneut vertrieben. Und als Abel bei Husum über eine Brücke ritt, sprang der dort verborgene Pellwormer Radmacher Wessel Hummer hervor und schlug den König tot.

Das war am 29. Juni 1252.

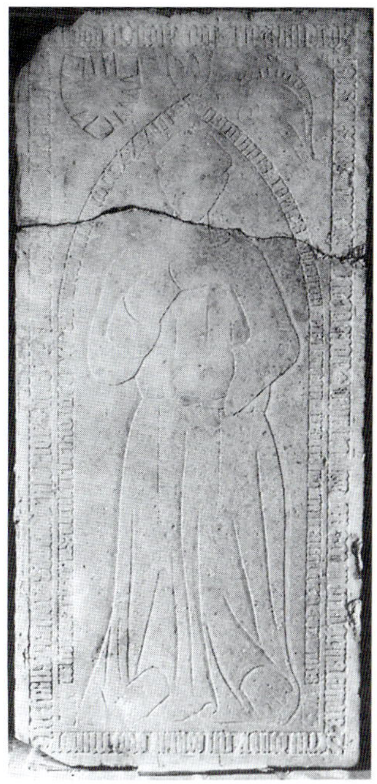

Grabplatte Adolfs IV.
im Kieler Kloster

## BRÄUCHE – MIT PFERD UND SCHWERT

Ein wenig hat die Pflege von alten Bräuchen sicherlich auch damit zu tun, dass in manchem schon reifen Mannsbild das Kind erhalten geblieben ist. Haben wir nicht alle einmal gerne Theater gespielt und uns mit Vaters alter oder gar neuer Garderobe geschmückt?

Nur werden es sich die ehrwürdigen Mitglieder der einst so bedeutenden Gilden energisch verbeten, mit verkleideten Komödianten gleichgestellt zu werden. Recht haben sie. Es ist gute Tradition, wenn sie in Frack und Zylinder mit klingendem Spiel durch die Straßen spazieren. Womöglich noch an einem sehr heißen Sommertag, wenn ihre Mitbürger leicht geschürzt das bunte Schauspiel genießen und vielleicht verstohlen lächelnd flüstern: „Die Pinguine kommen."

Wer als Kind beim Verkleiden mit Vaters altem Gehrock ertappt wurde, kam – wenn die Sache gut ausging – mit einem Abzug vom Taschengeld davon. Wen es beim Gildefest in Form der „Königswürde" meistens nicht ganz zufällig trifft, der muss hingegen sehr tief in die Tasche greifen, um die daraus resultierenden Verpflichtungen zu bezahlen. Das ist in Schleswig-Holstein nicht anders als in Niedersachsen oder in Bayern.

Es gibt im Norden allerdings eine ganze Reihe von „Erwachsenenspielen", sprich Bräuchen, die typisch schleswig-holsteinische sind. Das Eisboßeln zum Beispiel, die sportliche Variante des berühmten Adenauerschen Boccia-Spiels. Jede größere ländliche Gemeinde, die etwas auf sich hält, pflegt auch ihr Schützenfest für die Nicht-mehr-Kinder und das Vogelschießen für die Noch-nicht-Erwachsenen. Nach wie vor beliebt ist auch das Ringreiten, jene zivilisierte Form der alten Ritterkämpfe, bei der es nicht mehr darum geht, den schwer gepanzerten Gegner per Lanzenstich aus dem Sattel zu heben, sondern nur noch darum, im vollen Galopp den an einem Seil hängenden Ring zu durchstechen. Was aus der Fußgängerperspektive wie ein Kinderspiel wirkt, ist aus der Sicht des Reiters eine Werbung für die Optikerinnung.

Das Ringreiten war im Schleswig-Holsteinischen immer ein Volksfest

Dass Brauchtumspflege durchaus mit sportlichen Leistungen verbunden ist, zeigt sich auch bei den Fahnenschwenkern aus Wilster und Krempe. Man versuche einmal, eine große Fahne in die Luft zu schleudern, eine Zitrone hinterher zu werfen, die fallende Südfrucht mit dem Degen zu zerteilen und gleichzeitig daran zu denken, dass der Nebenmann seine Ohren auch weiterhin benötigt.

Die genannten und ungenannten Gilden können auf jahrhundertealte Traditionen zurückgreifen. Ihr Ursprung lag stets in einem guten Zweck. Als es nämlich noch keine Versicherungen gab, waren es die Gilden, die ihre Mitglieder und Mitbürger in Notfällen unterstützten. Bei Brandkatastrophen ebenso wie im Krankheits- oder Todesfall.

Andere Volksfeste haben einen historischen Hintergrund. Dazu gehört das „Früünsbeer", das im Dithmarscher Nordhastedt von den Frauen ausgerichtet wird. Dieses Bierfest mit Musik erinnert an die Schlacht bei Hemmingstedt. Dort retteten die Dithmarscher Anno 1500 ihre Freiheit und gleichzeitig verteidigte, in Abwesenheit der Männer, eine Gruppe mutiger Frauen ihr Dorf gegen angreifende Räuberbanden.

Während bei den erwähnten Festen das Vergnügen im Vordergrund steht und dabei natürlich vor allem gut gegessen und getrunken wird, ist der jährliche Översee-Marsch am 6. Februar eine ernste Angelegenheit. Diese Gedenkveranstaltung erinnert an die Schlacht von 1864, in der sich dänische und deutsch-österreichische Truppen gegenüber standen.

Nach dem Ende der Kämpfe machten sich damals Flensburger Bürger auf den Weg, um auf dem Schlachtfeld den Verwundeten zu helfen. Da der kriegerische Anlass dieses Gedenktages aber schon sehr lange zurückliegt, endet auch dieser Traditionsmarsch wieder mit gutem Essen und Trinken. Eben so, wie es in Schleswig-Holstein „guter Brauch" ist.

# C

## CHARAKTER – TREU UND BEDÄCHTIG

Einen Schleswig-Holsteiner erkennt man eindeutig daran, dass ... ja, woran eigentlich?

Die als typisch geltenden Charakterzüge sind schnell aufgezählt: Einigermaßen wortkarg seien die Nordlichter, zurückhaltend gegenüber Fremden, bedächtig und kühl, der heimischen Scholle verbunden, treu und eher provinziell als weltoffen.

Die Aufzählung dieser vermeintlich sicheren Kennzeichen ließe sich fortsetzen, doch wird die Beweiskraft dadurch nicht stärker.

Gewiss, auf viele Schleswig-Holsteiner treffen die genannten Eigenschaften ganz oder teilweise zu. Für viele andere dagegen sind sie völlig falsch. Schleswig-Holsteiner können mächtig ausgelassen sein, sie können erzählen wie ein Wasserfall, man trifft sie in allen Teilen der Welt, und sie schließen Freundschaften genau so schnell wie ein heißblütiger Südländer.

Dennoch ist es wohl richtig, dass das durchschnittliche „Nordlicht" eher von mäßiger als von ausgelassener Gangart ist und über eine wichtige Entscheidung gerne eine Nacht schläft, den einmal gefassten Entschluss dann aber ungern wieder umstößt. Zutreffend ist ferner, dass einem „Hosianna!" nicht sogleich das „Kreuziget ihn!" folgt, und der Handschlag, mit dem eine Zusage besiegelt wird, ist in der Regel so zuverlässig wie ein vom Notar beglaubigter Vertrag.

Auch stößt der Schleswig-Holsteiner einen Gesprächspartner nicht gerne vor den Kopf, sagt lieber „'mal sehen, was sich machen lässt". Das kann Ja oder auch Nein bedeuten. Der langjährige Kieler Ministerpräsident Helmut Lemke pflegte zu sagen: „Darüber werde ich einmal nachdenken lassen." Was so viel hieß wie: Daraus wird bestimmt nichts. Helmut Lemkes Amtsnachfolger und langjährige Bonner Minister Gerhard Stoltenberg erhielt nicht zu Unrecht den Beinamen „Der kühle Klare aus dem Norden". Womit er das Etikett eines ganzen Volksstammes über die Elbe südwärts in die große weite Welt trug.

Ein Dithmarscher um 1640, wie ihn Peter Sax sah

Wenn sich der typische Schleswig-Holsteiner in destillierter Form bestenfalls im Reagenzglas herstellen, das heißt, nur sehr schwer charakterisieren lässt, so liegt dies sicherlich auch an der Zuwanderung von Flüchtlingen. Fast eine Million Neubürger zog nach 1945 ins Land. Diese Flüchtlinge kamen allerdings vorwiegend aus „artverwandten" Gegenden wie Pommern, Mecklenburg oder Ostpreußen. Wären Rheinländer oder Bayern in gleicher Menge zugewandert, das Bild vom typischen Schleswig-Holsteiner hätte gewiss neue, lebhaftere Farben angenommen.

Da es den Gesamt-Schleswig-Holsteiner wegen der komplizierten historischen Geburt erst seit relativ kurzer Zeit gibt, liegt die Vermutung nahe, dass die Beschäftigung mit älteren Einzelteilen, sprich Volksstämmen, einige einprägsame Charakterzüge zutage bringen können. Doch vor allzu großen Erwartungen sei gewarnt. Natürlich kann man in alten Chroniken nachschlagen, was selbst ernannte Heimatforscher oder frühe Reiseschriftsteller über die Bewohner einzelner Landstriche niedergeschrieben haben. Aber die Herren müssen mächtigen Respekt vor den Opfern ihrer Charakteranalysen gehabt haben, münden die Gesamturteile doch fast ausnahmslos in einen kräftigen Lobgesang.

Das gilt etwa für Peter Sax, den berühmten Chronisten der Westküste. In seinem vor etwa 350 Jahren erschienenen Werk sagt er über die Dithmarscher: „In Ihrem privat Leben sein Sie nüchtern und meßig, leben sparsamlich und dabey fleysig und arbeydtsam ... und wißen allenthalben Ihren Vorteil wohl acht zu nehmen ... . Sie führen hierbey ein Ehrbar, Keusches und Züchtiges Leben. Wan Einer, in alten Tagen, wider Zucht und Ehrbarkeit gehandelt hette, der ward lebendig begraben ..."

Mit dieser reichlich dick aufgetragenen Vorbildlichkeit ist es lange vorbei. Heute gelten die Dithmarscher als die letzten Originale unter den Schleswig-Holsteinern. Entsprechend viele, natürlich völlig wahre Geschichten machen die Runde und besagen mehr über den Charakter der Dithmarscher als die gelehrsamsten soziologischen Untersuchungen.

Ja, reichlich wortkarg können die Bewohner am Rande des Wattenmeeres schon sein. Und man sieht sie dort geradezu sitzen, den Fischer und seine Frau. Sagt sie angesichts des malerischen Sonnenunterganges: „Wat is dat doch vör'n scheunen Abend." Antwortet er nach einstündigem Schweigen: „Dat markt man og, ohne to snacken."

Auch die von Peter Sax gewürdigten moralischen Sitten haben sich natürlich gelockert. Ausgesprochen bösartig ist allerdings die Behauptung, Dithmarscher Mädchen pflegten erst „Nein" zu sagen, wenn sie schon im siebten Monat schwanger sind.

Gültig dagegen sind noch immer die seit Generationen überlieferten Vererbungsweisheiten: Sieht das Kind aus wie der Vater, ist ohnehin alles klar, hat es gewisse Ähnlichkeiten mit dem Nachbarn, dann waren Umwelteinflüsse prägend. Wer bei der Begutachtung des neuen Erdenbürgers kein Risiko eingehen will, der beugt sich über die Wiege und stellt zur allgemeinen Zufriedenheit fest: „Mein Gott, wie sieht das Kind sich ähnlich".

Die von Peter Sax ebenso vorsichtig wie mutig angedeutete Geschäftstüchtigkeit ist den Dithmarschern über Jahrhunderte erhalten geblieben. Dafür steht das Beispiel des fahrenden Gemüsehändlers, der seine Ware mit dem Ausruf ankündigt: „Hüt frische Appelsinen! Stück foffteihn Penn, söß für een Mark". Welche eilige Hausfrau greift da nicht zum vermeintlichen Sonderangebot im Sechserpack.

Wie sich denken lässt, kennen die Dithmarscher über die Friesen, Angeln und den reichen Landadel Ostholsteins ähnliche Geschichten, und dass sich die Lübecker schon wegen ihrer Nähe zur Weltstadt Hamburg als etwas Besonderes fühlen, wird eifrig berichtet, muss aber trotzdem nicht unbedingt wahr sein. Einiges deutet darauf hin, dass die Hanseaten nach dem Fall der hässlichen

Chronist der Dithmarscher – Peter Sax´ Grabstein in Koldenbüttel

Grenzzäune in ihrer unmittelbarsten Nachbarschaft wieder etwas willigere Schleswig-Holsteiner geworden sind, da sie nun ja nicht mehr wie ein lästiger Verwandter in einem Außenbezirk leben müssen.

Genau dort fühlen sich allerdings mehr als 50 Prozent aller Schleswig-Holsteiner ausgesprochen wohl. Sie leben in den am stärksten besiedelten südlichen Landkreisen vor den Toren Hamburgs, und viele von ihnen überschreiten auf dem Weg zur Arbeitsstelle täglich die Grenzlinie. Diese Großstädter, die in ländlicher Umgebung wohnen, fühlen sich keinem der alten Volksstämme zugehörig. Sie passen auch in kein Charakterklischee und sind folglich weder behäbig noch provinziell, weder kühl noch schweigsam.

Woran, um alles in der Welt, soll man denn nun aber den typischen Schleswig-Holsteiner erkennen?

Möge sich jeder, der unbedingt ein echtes Exemplar kennen lernen möchte, persönlich auf die Suche machen. Der Betreffende sollte sich allerdings etwas Zeit nehmen, denn es gibt 2,8 Millionen Kandidaten ...

# D

## DIENSTREISEN – WAS OLEARIUS IN PERSIEN WOLLTE

Man stelle sich vor, die Dienstreisen unserer Politiker nach Moskau oder Teheran dauerten nicht drei Tage, sondern sechs Jahre, und von der Delegation würde ein Drittel die Heimat nicht wiedersehen. Mancher diplomatische Weltenbummler würde sich bei diesen Aussichten hinter dem Schreibtisch verschanzen und nie wieder in die Ferne streben.

Zugegeben, ein wenig hinkt der Vergleich, denn der auf Schloss Gottorf residierende Herzog Friedrich III. von Holstein ist schließ-

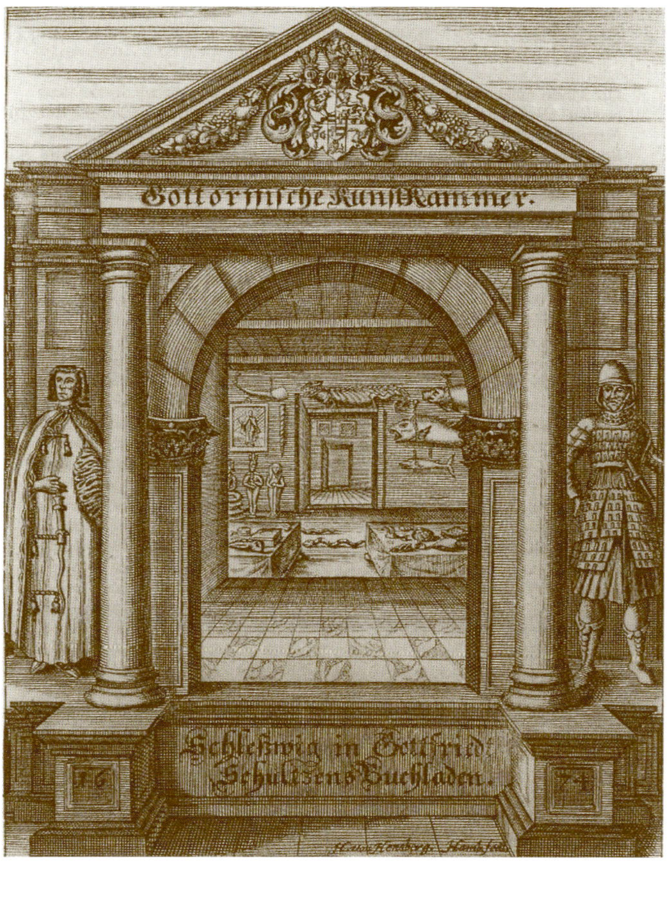


Zeitgenössische Darstellung der von Olearius gefüllten Kunstkammer

Adam Olearius wertete die Persienreise wissenschaftlich aus

lich nicht auf Reisen gegangen, sondern hat eine Delegation geschikkt. Die aber war von 1633 bis 1639 mitten im Dreißigjährigen Krieg tatsächlich sechs Jahre unterwegs und erlebte Abenteuer, die heute nicht nur einen Bestseller, sondern ganze Fernsehserien zur Folge hätten. Wenn wir von dieser denkwürdigen Reise nach Moskau und Persien so viele Einzelheiten wissen, dann deshalb, weil der Gottorfer Herzog mit Adam Olearius seine „Edelfeder" mit in die Ferne entsandt hatte. Eine Art rasender Reporter Marke Egon Erwin Kisch.

Besagter Olearius war nicht nur ein mutiger, sondern auch ein sehr gelehrter Mann mit einem äußerst ausgewogenen Urteil. Die beim Nachlesen zunächst unglaublich klingenden Geschichten, die sich auf der Reise zugetragen haben, sind daher wahrscheinlich eher unter- als übertrieben.

Offt begehrte Beschreibung
Der Newen ORIENTALischen
REJSE/
So durch Gelegenheit einer Holsteinischen
Legation an den König in Persien geschehen.
Worinnen
Derer Orter und Länder/ durch welche die Reise
gangen/ als fürnemblich Rußland/ Tartarien und Persien/ sampt
ihrer Einwohner Natur/ Leben und Wesen fleissig beschrieben/ und mit
vielen Kupfferstücken/ so nach dem Leben gestellet/ gezieret.
Item
Ein Schreiben des WolEdeln rc. Johan Albrecht
Von Mandelslo/ worinnen dessen OstJndianische Reise über den Oceanum enthalten. Zusampt eines kurtzen Berichts von jetzigem
Zustand des eussersten Orientalischen KönigReiches Tsina.
Durch
M. ADAMUM OLEARIUM, Ascanium Saxonem,
Fürstl: Schleßwig-Holsteinischen Hoff-mathemat.
Mit Röm. Käys. Maj. und Churfl. Durchl. zu Sachsen
privilegijs auff 10 Jahr bey Verlust Tausend Thlr. nicht
nachzudrucken.
Schleßwig/ Bey Jacob zur Glocken. Jm Jahr 1647.

Titelblatt der Originalausgabe seiner „Orientalischen Reise"

Der Anlass für diese diplomatische Mission aus dem kleinen Gottorf in die große weite Welt war das, was man heute eine „Schnapsidee" nennen würde. Der wegen seiner Kenntnisse und Bildung gerühmte Herzog war leider kein Finanzgenie; um es deutlicher zu sagen: Er hatte mächtige Schulden angehäuft und sann nun auf neue Einnahmequellen. Was heute der Devisenhandel und das Aktiengeschäft sind, das war damals der Persienhandel. Die Gewinn bringenden Warenströme von und nach Westeuropa flossen aber – betrüblicherweise – um das Kap der Guten Hoffnung und nicht durch Gottorf. Man könnte den Weg um das Vierfache verkürzen, sagte sich Friedrich III. und dachte sich eine Handelsroute aus, die durch Russland über die Ostsee schnurstracks nach Schleswig-Holstein führen sollte.

Um einen hypermodernen Stapelplatz für den Weitertransport gen Westen anbieten zu können, ließ er am Zusammenfluss von Treene und Eider eigens eine neue Stadt anlegen, die natürlich seinen Namen tragen musste. Sicherlich hat bei diesem Vorhaben auch eine

Rolle gespielt, dass wenige Jahre vorher der dänische König Christian IV. am rechten Elbufer etwa 50 Kilometer unterhalb von Hamburg die Stadt Glückstadt errichtet hatte.

Was der kann, das kann ich schon lange, mag sich Friedrich gedacht haben, machte sich die Erfahrungen der Konkurrenz zu Nutzen und verpflichtete ebenfalls Glaubensflüchtlinge aus den Niederlanden für die Ansiedlung in Friedrichsstadt.

Die so genannten Remonstranten, das waren evangelische Christen, die bestimmte Lehren des Calvinismus ablehnten, bauten auch eine sehr schöne Stadt, die jedoch einen entscheidenden Nachteil hatte: Der Persienhandel floss nach wie vor nicht durch Schleswig-Holstein und damit auch nicht durch Friedrichstadt.

Woran das Zustandekommen des „Fernost"-Geschäfts im Einzelnen gescheitert ist, lässt sich nicht mehr ermitteln. Wahrscheinlich hat sich Friedrich III. mit dem Projekt einfach „überhoben".

Der berüchtigte Reiseleiter Otto Brüggemann

Möglicherweise hat er auch die falschen Leute auf die Reise geschickt. Das gilt zumindest für den Delegationsleiter Otto Brüggemann. Der Hamburger Kaufmann benahm sich in der Fremde jedenfalls wie die Axt im Walde, ließ mal totschlagen, dann erschießen und vertrat außerdem mehr die eigenen Interessen als die seines obersten Dienstherrn.

Häufig hatten alle Teilnehmer der diplomatischen Expedition dem Tod ins Auge geblickt, der Gesandte Otto Brüggemann fiel ihm im Augenblick der vermeintlichen Rettung zum Opfer: Wegen Betrugs zum Schaden des Landes ließ ihn sein Arbeitgeber Herzog Friedrich vor Gericht stellen, das Verfahren endete mit dem Todesurteil, das vollstreckt wurde.

Man stelle sich vor, jeder Leiter einer offiziellen Delegation müsste bei der Rückkehr über Erfolg oder Misserfolg Rechenschaft ablegen und gegebenenfalls mit Konsequenzen rechnen – jeden Tag hätte der Henker zu tun.

## DUNKLE JAHRE – „GAU NORDMARK“

Geborene Revolutionäre waren sie nie, die alten und jüngeren Schleswig-Holsteiner. Am liebsten hielten sie sich daher an den ungeschriebenen Artikel der Dithmarscher Landessatzung, der da heißt: „Alles bleibt wie es ist“. Aber wenn sie sich dann einmal für das Neue entschieden haben, wird es auch gleich gründlich unterstützt. Diese konsequente Haltung hat meistens Vorteile, zuweilen aber auch Nachteile.

Zum Beispiel dann, wenn man auf das falsche Pferd gesetzt hat. Diese Erklärung reicht allerdings nicht aus, um eine befriedigende Antwort auf die Frage zu geben, warum die Machthaber des Dritten Reiches gerade in ihrem „Gau Nordmark“ derart schnellen und gründlichen Zuspruch fanden.

Nicht überzeugend ist auch die Behauptung des Historikers Gerhard Stoltenberg, „wandernde Gärtnergehilfen und einzelne Landwirte“ seien bei ihrer Ausbildung in Süddeutschland mit der Hitler-Partei in Kontakt geraten und hätten den braunen Bazillus in den Norden eingeschleppt.

Nein, da hilft kein nachträgliches Sauberwaschen: In Schleswig-Holstein gab es seit Anbruch der auch im Norden nicht sonderlich beliebten Republik von Weimar einen Nährboden für völkisch-nationalistisches Gedankengut. Für die Düngung hatten nicht zuletzt lokale Ereignisse gesorgt. So vor allem die im Versailler Vertrag vorgesehene und Anfang 1920 verwirklichte Volksabstimmung in Nordschleswig. Rund 4000 Quadratkilometer schleswig-holsteinischen Bodens mit 166 000 Bewohnern gingen dabei an Dänemark verloren. Von einem „Raub deutschen Landes durch das Dänentum“ sprachen die Deutsch-Nationalen, und viele ansonsten durchaus besonnene Bürger dachten ähnlich.

Als in diesen politisch bewegten Zeiten zusätzlich der so genannte Kapp-Putsch stattfand, bei dem konservative Militärs unter Führung des ostpreußischen Generallandschaftsdirektors Wolfgang Kapp die neue republikanisch-demokratische Ordnung beseitigen wollten, war es schon fast nicht verwunderlich, dass dieser Umsturzversuch im Norden besondere Resonanz fand. Fast fünfzig Tote forderten die heftigen Kämpfe zwischen Reichswehreinheiten nebst Freiwilligenverbänden auf der einen und Arbeitern auf der anderen Seite.

Das nächste Warnzeichen brachten die Wahlen für das Amt des Reichspräsidenten im Jahre 1925. Für Paul von Hindenburg, den Einheitskandidaten der Rechten, stimmten im zweiten Wahlgang fast 60 Prozent der Schleswig-Holsteiner, während es der legendäre Heerfahrer und „Sieger von Tannenberg" im Reichsdurchschnitt nur auf 48 Prozent brachte.

Selbst in Kiel, der ehemaligen Hochburg des Liberalismus und der Sozialdemokratie, erreichte Hindenburg 59,7 Prozent. Ganz offensichtlich hatte die Sehnsucht nach der guten alten Zeit als kaiserliche

Am Schönberger Strand –
Die neue Bewegung ist überall

Marinestadt mit den damit verbundenen Einnahmen bei der Stimmabgabe eine wichtige Rolle gespielt.

Als sich einige Jahre später dann die NSDAP zur Wahl stellte, konnte auch sie mit den Ergebnissen in ihrem nördlichsten Gau zufrieden sein, jedenfalls bei den wichtigen Reichstagswahlen vom September 1930. Während Hitlers braune Mannschaft auf Reichsebene 18,2 Prozent erreichte, waren es in Schleswig-Holstein immerhin 27 Prozent, das entsprach über 240 000 Stimmen.

Auch nach Kriegsende blühte die unheilvolle alte Saat vor allem im Landesnorden noch kräftig weiter. Ein gutes, besser gesagt erschreckendes Beispiel lieferte Ende der 50er Jahre der Heyde-Sawade-Skandal. Ein Untersuchungsausschuss des Kieler Landtages brachte ans Licht: Mindestens 46 Richter, Staatsanwälte, Minister und hohe Beamte wussten, dass der steckbrieflich wegen Mordes gesuchte Euthanasiearzt Prof. Werner Heyde unter dem Namen Fritz Sawade in Flensburg als Gutachter und Sportarzt tätig war. Aber keiner der Mitwisser lüftete den Schleier des Geheimnisses. Die alten Seilschaften hielten noch.

Das ganze Ausmaß der Vertuschung und der Komplizenschaft wurde erst Ende der 90er Jahre bekannt. Durch gründliche Recherchen und Veröffentlichungen des Itzehoer Richters Klaus-Detlev Godau-Schüttke.

Aufmarsch unter dem Hakenkreuz – Einweihung des Laboer Ehrenmals (1936)

E

## EISENBAHN – KIEL ALS LOKOMOTIVE

Ein ungeschriebener Artikel der schleswig-holsteinischen Landessatzung lautet: Der Fortschritt kommt, aber zuweilen mit Verspätung.

Zu den vielen Beispielen, die diese Aussage untermauern, gehört die Einführung der Eisenbahn. Schon neun Jahre waren seit Inbetriebnahme der berühmten Strecke zwischen Nürnberg und Fürth verstrichen, ehe auch im Norden das erste Dampfungeheuer durch das Land stampfte. Vor allem Kieler Bürger waren es, die auf den Fortschritt drängten und einen Schienenstrang nach Altona und damit eine Verbindung von Nord- und Ostsee wünschten. Am Hamburger Endpunkt war man dagegen an dem Vorhaben überhaupt nicht interessiert, das dann fast auch gescheitert wäre, denn der Kostenvoranschlag sah beinahe sieben Millionen Mark vor, und das hätte die Ausgabe von 18 500 Aktien à 100 Species erforderlich gemacht. Stattdessen konnten zunächst nur 3000 Aktien an den Mann gebracht werden, was nicht gerade für die unternehmerische Weitsicht der früheren Nordlichter spricht.

Nachdem die Städte Kiel und Altona 2000 beziehungsweise 3000 Aktien gezeichnet hatten und der dänische König Christian VIII. 5000 weitere Aktien übernommen hatte (dafür erhielt die Bahnstrecke seinen Namen), konnte dann endlich der erste Spatenstich getan werden.

Als obersten Planer hatte die Bahngesellschaft einen Engländer engagiert, und auch die ersten zehn Lokomotiven sowie viel Zubehör wurden von jenseits des Kanals geholt, wo man mit Eisenbahnen eine lange Erfahrung besaß.

Die zeitweise eingestellten 5000 Arbeiter schafften die Fertigstellung der rund 110 Kilometer langen Strecke in knapp einem Jahr, und an Königs Geburtstag, dem 18. September 1844, erfolgte die offizielle Eröffnung. Natürlich erst, nachdem ein strenges „Betriebs-Reglement" erlassen worden war. Es legte fest, dass in der ersten Klasse das Rauchen grundsätzlich verboten, in der zweiten dagegen teilweise und in der dritten uneingeschränkt erlaubt war. Kranke, Betrunkene und jeder andere, „dessen Gegenwart die Reisenden belä-

Die Bahnhöfe in Kiel (oben) und Altona bei der Eröffnung der „König Christian VIII. Ostseebahn"

stigt", durften die Bahn nicht benutzen, und wer sich über irgendetwas beklagen wollte, der konnte dies in einem an jedem Bahnhof ausliegenden Beschwerdebuch tun. Zu kritisieren gab es aus heutiger Sicht eine Menge.

Nicht nur, dass die Reisenden für die Zweieinhalb-Stunden-Fahrt zuvor ihre mitgeführten Waren verzollen mussten, sie wurden auch praktisch eingeschlossen, denn die Türen der Waggons ließen sich nur von außen öffnen. Beeinträchtigt wurden die frühen Fahrgäste ferner dadurch, dass sie nur eine bestimmte Menge Gepäck mitnehmen konnten; fünfzig Pfund waren im Fahrpreis erhalten, wer mehr mit sich führte, musste einen Zuschlag zahlen. Mit dieser Bestimmung war allerdings schon der erste Schritt vom Bummelzug zum Jet-Set getan.

## EISZEITEN – SIE FORMTEN DAS LAND

Jahrhunderte lang haben skandinavische Herrscher immer wieder versucht, Schleswig-Holstein ihrem Machtbereich anzuschließen. Diese Bestrebungen sind nun endgültig abgewehrt. Da somit keinerlei Gefahr für eine Wiederaufnahme des Grenzkampfes besteht, darf ein Geheimnis verraten werden, das für die Geologen seit etwa hundert Jahren keines mehr ist: Die Schleswig-Holsteiner leben tatsächlich auf skandinavischem Grund und Boden.

Wenn diese wissenschaftliche Tatsache so gut wie unbekannt ist, dann liegt das daran, dass bei der Behandlung des Themas „Eiszeit" in den meisten Schulen das Unwesentliche nicht vom Wesentlichen getrennt wird. Von Urstromtälern und Moränen, von Sandern und Abschmelzen ist die Rede. Die eigentliche Botschaft, die mit der Kälte kam, bleibt dagegen oft verborgen.

Dabei ist die Entstehung Schleswig-Holsteins sehr einfach zu beschreiben: Wir leben auf skandinavischem Schutt.

Schenkt man den Geologen Glauben, und das ist in diesem Fall angebracht, dann würde Schleswig-Holstein ohne die verschiedenen Eiszeiten aus zehn bis fünfzehn kleinen Inseln bestehen, die aus der Nordost-See herausragen. Glücklicherweise aber kamen aus dem Norden die Gletscher und schleppten mit, was immer ihnen im Wege lag: riesige Felsstücke ebenso wie feinsten Ton, Kieselsteine und Sand. Das Ganze in unvorstellbaren Mengen. Und aus diesem Ballast entstand das Land zwischen den Meeren.

Bis zu tausend Meter dick, so wollen die Wissenschaftler ermittelt haben, soll das auf Schleswig-Holstein und Niedersachsen drückende Eis gewesen sein. Und als dieser unglaublich schwere Panzer mit Anbruch eines wärmeren Klimas abtaute, blieben die aus 1 500 Kilometern Entfernung mitgeführten Schuttmassen zurück, beziehungsweise sie wurden von den freiwerdenden Wassermassen in alle Himmelsrichtungen gespült. Der ganze Vorgang dauerte natürlich etwas länger als einen Winter, genauer gesagt einige zehntausend Jahre.

Der „Düwelssteen" bei Großkönigsförde, Schleswig-Holsteins größter Findlingsblock

Sehr lange ist die letzte Eiszeit übrigens noch nicht her. Sie ging erst vor etwa 15 000 Jahren zu Ende und gestaltete vor allem das östliche Hügelland. Schleswig-Holstein gilt daher geologisch gesehen als ein sehr junges Land.

Man erkennt es auch daran, dass noch nicht einmal richtig weggeräumt werden konnte, was aus dem hohen Norden kam: An vielen Stellen liegen riesige Steine, so genannte Findlinge, die von den Gletschern hierher geschleppt wurden. Ein besonders stattliches Exemplar ruht bei Königsförde zwischen Rendsburg und Kiel und wiegt etwa zweihundert Tonnen, was dem Gewicht von fünfundsechzig Elefanten entspricht.

Da das Ungeheuer aus Granit schon an seinem Platz lag, als die Wissenschaft den Transport auf dem Eiswege noch nicht entdeckt hatte, schufen die ersten Journalisten, nämlich die Sagenschreiber, eine nichtwissenschaftliche Erklärung:

Der Teufel habe mit dem Gutsbesitzer von Ahlefeldt einen Vertrag geschlossen, der ihm alle Früchte zusicherte, die über der Erde wuchsen. Der schlaue Herr von Ahlefeld baute daraufhin Rüben an, und der Chef der Hölle ging leer aus. Daraufhin verlangte er für das nächste Erntejahr alles, was in der Erde wuchs, worauf der Landwirt Korn säte. Nach dieser zweiten Schlappe soll Mephisto so erbost gewesen sein, dass er vom Grund der Ostsee den Riesenstein holte und auf das Gutshaus schleuderte, ohne die Wurfbahn richtig zu berechnen. Das Geschoss verfehlte sein Ziel und landete bei Königsförde. Dort liegt der Koloss und ist bis heute als „Düwelssteen" bekannt.

## EMKENDORF – TREFFPUNKT DER „SCHÖNEN SEELEN"

Die Geschichte vom norddeutschen Musenhof zu Emkendorf muss einfach mit dem Finanzgenie Heinrich Carl Schimmelmann beginnen; denn schließlich kommt es nicht alle Tage vor, dass ausgerechnet mit den Einnahmen aus Sklavenhandel und Waffenproduktion ein Treffpunkt von religiösen Schwärmern und Weltverbesserern finanziert wird. Dass aus dem Verdienst mit Unfreien schließlich der Grundstein für die Freiheit der Schleswig-Holsteiner gelegt wurde, macht die Sache noch pikanter.

Doch wie so vieles andere in der schleswig-holsteinischen Geschichte ist auch der etwas skurrile Fall Emkendorf komplizierter als er sein sollte. Was heute vorwiegend komisch wirkt, war vor gut zweihundert Jahren eine leidenschaftlich-dramatische Angelegenheit. Zunächst allerdings spielte das Geld die Hauptrolle. Und das befand sich in den Taschen des erwähnten Heinrich Carl Schimmelmann, der es vorwiegend in seinen überseeischen Besitzungen verdient hatte. Nicht zuletzt durch den besonders Gewinn bringenden Sklavenhandel.

Hat die Zeiten überstanden: Emkendorf heute

Wem der Reichtum in solchen Mengen zufließt, der gibt bestimmt einen guten Finanzminister ab, sagten sich gleich mehrere europäische Potentaten, und ähnlich wie es heute nur noch bei Fußballkünstlern üblich ist, setzte ein heftiges Werben um den Mann von Geld ein.

Der dänische König und der Kollege in Preußen (kein geringerer als der große Friedrich) überboten sich bei ihren Angeboten. Den Zuschlag erhielt schließlich der Kopenhagener Hof.

Mit dem geisteskranken Christian VII. hatte der gewiefte Manager Schimmelmann natürlich wenig Mühe, seine finanziellen Schäfchen ins Trockene zu bringen. So stellte er beispielsweise als Privatmann beim König geschäftliche Anträge, die er anschließend in seiner Eigenschaft als Finanzminister genehmigte. Doch was ihm heute einen Untersuchungsausschuss eingebracht hätte, das brachte damals nur noch mehr Geld. Allerdings muss zur Schimmelmannschen Ehrenrettung gesagt werden, dass er dem König und damit dem Staat nicht nur nahm, sondern auch gab. So soll er des verrückten Königs

Das Herrenhaus Emkendorf als „Weimar des Nordens“

ausgedehnte Europatournee des Jahres 1768 bezahlt haben, und die war nicht gerade preisgünstig.

Die Verbindung von Schimmelmann Senior (Sohn Ernst wurde auch dänischer Finanzminister, denn gute Posten blieben damals in der Familie) zum Gut Emkendorf erfolgte über seine Tochter Julia, die den Erben von Emkendorf, Fritz Reventlow, ehelichte. Er war der Sohn jenes Haustyrannen Detlev Reventlow, der eben jenem König Christian Nr. 7 als Erzieher den letzten Stoß vom Weg der Normalität verpasst hatte.

Nach Vorstellung der beteiligten Personen betreten wir nun, zur Zeit der Französischen Revolution, das zwischen Rendsburg und Kiel gelegene „Weimar des Nordens“. Die inzwischen prächtige Baumallee war gerade gepflanzt, aber ansonsten unterschied sich das Gut Emkendorf des ausgehenden 18. Jahrhunderts mit seiner malerischen Umgebung äußerlich nicht allzu sehr von der heutigen Anlage.

Im Inneren jedoch spielte sich Merkwürdiges ab. Zwar wurde die spätere 1848er Revolution der deutschen Professoren wegen ihrer Biederkeit oft belächelt; im Vergleich zu den Damen und Herren „Aufrührern“ zu Emkendorf waren die Frankfurter und Kieler Honoratioren jedoch geradezu blutrünstige Straßenkämpfer.

Allein die Tatsache, dass in einer Zeit, als alle einigermaßen wichtigen Angelegenheiten Männersache waren, eine Frau das große Wort führte, lässt erste Zweifel an der Schlagkraft der vermeintlichen Verschwörer aufkommen. Bestärkt wurden sie durch den Anblick der Rädelsführerin. Keine Jeanne d'Arc schwang dort das Schwert – nein, Julia Reventlow lag meistens kränkelnd darnieder, hatte hier einen Schmerz und dort ein Zipperlein, so daß sich Familie und Gäste an ihrem Kanapee zu versammeln pflegten, um über den Lauf der Welt im Allgemeinen und die Geschicke der eigenen Heimat im Besonderen zu beraten.

Julia Gräfin Reventlow, die „schöne Seele" von Emkendorf

Und wurde ausnahmsweise einmal nicht diskutiert, schrieb man sich lange Briefe. Nicht selten vierundzwanzig Bogen umfassend. Es sind Seelenergüsse und verbale Tränenströme, angereichert mit inhaltsschweren Gedankenstrichen und Unterstreichungen, die im Zeitalter von Telefon und e-mail sehr rührend und sehr komisch zugleich wirken.

Dabei waren es keineswegs nur romantisch verklärte Aussteiger, die da ihren hehren Gefühlen in Wort und Schrift freien Lauf ließen, sondern durchaus auch gestandene Politiker, die am Kopenhagener Hof verantwortungsvolle Positionen innehatten. Dazu gehörte beispielsweise Julia Reventlows Schwager Cai, aber vor allem ihr Bruder Ernst Schimmelmann, der von seinem Vater nicht nur den Reichtum, sondern auch die wichtigsten Posten geerbt hatte, als da unter anderem waren: Finanzminister, Warenkommerzminister, Chef der Steuerkammerdirektion, Chef der Kreditkasse, Direktor des GrönlandIsland-Färöer-Handels, Direktor der Westindischen Handelsgesellschaft, Direktor der Westindischen Schuldenliquidationskommission und Mitglied der Oberbankdirektion.

Die Hauptbewohner im „Tempel der christlichen Tugend", wie Emkendorf in seinen Glanztagen genannt wurde, waren jedoch Dichter, verspätete Minnesänger und religiöse Eiferer der unterschiedlichsten Glaubensrichtungen. Matthias Claudius, Johann Caspar Lavater, die große Stolberg-Familie und der Dichterfürst Friedrich Gottlieb Klopstock sind nur einige illustre Namen aus dem Gästebuch. Trotz heftiger Werbung gelang es der Hausherrin Julia jedoch nicht, das Traumpaar Goethe/Schiller für ein Gastspiel zu gewinnen. Dem Star von Weimar waren die romantisch-religiösen Weltverbesserer offensichtlich keine ebenbürtigen Gesprächspartner. Mit feiner Ironie ließ Goethe daher bestellen, er wolle nicht als „sündiger Mensch die Zuchtrute der Damen" über sich ergehen lassen. Auch Schiller hätten die Emkendorfer gerne in ihrem Kreis begrüßt, aber man hielt es mit dem Fuchs, dem die Trauben nicht schmecken, weil sie zu hoch hängen. Der geistige Vater des Marquis Posa wurde als nicht ausreichend religiös eingestuft, oder um es mit den Worten der „schönen Seele" Julia zu sagen: Schiller trüge zwar die Menschlichkeit wie eine schöne Blume in der Hand, jedoch das Gefäß mit der nährenden Erde – das Christentum – fehlte leider.

Dies nun soll die Keimzelle einer Revolution gewesen sein? Hier inmitten der vom italienischen Maler Giuseppe Anselmo Pellicias in zehnjähriger Arbeit geschaffenen, teils heiteren, teils schwermütigen Landschaften, spielenden Grazien und olympischen Göttern soll also das „erste Rauschen eines deutschen Nationalgefühls" zu verspüren gewesen sein, wie es der schleswig-holsteinische Haushistoriker Otto Brandt formulierte?

Man muss schon ein besonders hoch entwickeltes Gespür haben, um den leisen Luftzug des Aufruhrs wirklich wahrzunehmen, denn es war eine sehr eigenartige Form von Fortschritt, die da an Julias Bettkante, bei Maskenbällen und beim Spaziergang unter dem Mondlicht betrieben wurde. Der Ruf nach Freiheit, wie ihn der Hausherr Fritz Reventlow verstand, richtete sich zwar gegen den Absolutismus der Herrscher, aber auch gleichzeitig gegen die neuen demokratischen Ideen aus der Mitte des Volkes. Die Französische Revolution war der verklärten Gesellschaft

Finanzminister und Unternehmer
Heinrich Carl Schimmelmann

im ländlichen Arkadien daher ein Gräuel, und wer für sie eintrat, wurde aus dem illustren Kreis ausgeschlossen. Aus Frankreich geflohene Royalisten fanden dagegen auf Emkendorf Asyl und planten hier sogar die Wiederbelebung der Bourbonenherrschaft.

Was Fritz Reventlow anstrebte, lässt sich auf eine schlichte Formel bringen: Er wollte vor allem, dass der Ritterstand, und das war zufällig der eigene, bei wichtigen Entscheidungen des Herrschers wieder ein Mitspracherecht erhielt. Wie sich unschwer erraten lässt, ging es dabei in erster Linie um Geld, nämlich um die Steuererhebung. An dieser Streitfrage entzündete sich eine heftige Fehde zwischen den von Reventlow vertretenen Rittern und dem Kopenhagener Königshof. Der Konflikt führte zu erheblicher Missstimmung im Tempel der schönen Seelen, waren doch einige der Gäste zugleich leitende Angestellte des dänischen Herrscherhauses.

Und wo sind nun eigentlich die Beweise, dass auf Emkendorf so etwas wie die geistige Grundlage für einen deutschen Nationalstaat

Matthias Claudius, einer der prominenten Emkendorfer

oder zumindest für den Aufstand der Schleswig-Holsteiner gegen die dänische Oberherrschaft gelegt wurde?

Sie können doch wohl nicht darin bestehen, dass Fritz Reventlow 1818 wieder als treuer Diener in den deutsch-dänischen Staatsdienst trat, um Geld zu verdienen. Die Gewinn bringende Leibeigenschaft war nämlich abgeschafft worden, und auch die Gewehrfabrik brachte nicht mehr genügend ein, um das angenehme Leben auf dem Lande zu finanzieren.

Es sei gelungen, „langsam eine Brücke zwischen Adel und Bürgertum zu schlagen", behauptete der Doyen der Landeshistoriker, der schon zitierte Otto Brandt, und dieser Ansicht darf nur widersprechen, wer das Gegenteil beweisen kann. Das jedoch ist bisher noch niemandem gelungen.

Aber was immer die Emkendorfer als theoretischen Beitrag für die schleswig-holsteinische Erhebung geleistet haben, ohne die französische 1830er Revolution, ohne Uwe Jens Lornsen, ohne die Kieler liberalen Professoren, die 1848 den Aufstand probten, ohne Dänemarks Würgegriff auf das Herzogtum Schleswig und ohne das generelle nationale Erwachen hätten die Damen und Herren aus dem „Weimar des Nordens" die Abnabelung der „Up ewich Ungedelten" vom nordischen Nachbarn wohl nicht geschafft.

Bleibt nur noch die Antwort auf die immer wieder gestellte Frage, ob Matthias Claudius seinen lyrischen Evergreen „Der Mond ist aufgegangen, die goldnen Sternlein prangen, am Himmel hell und klar..." nun wirklich bei einem Aufenthalt in Emkendorf gedichtet habe.

Selbst auf die Gefahr hin, als vaterlandsloser Geselle eingestuft zu werden, muss mitgeteilt werden: Der neueste Stand der Forschung besagt, die romantischen Verse sind nicht auf Emkendorf entstanden. Einziger Trost bleibt somit, dass wenigstens derselbe Mond besungen wird, der einst auch die Idylle der „Schönen Seelen" beleuchtet hat.

## ERFINDER – EINSTEIN UND ANDERE

Schleswig-Holstein hat viele berühmte Frauen und Männer hervorgebracht. Natürlich auch viele Erfinder. Manche sind vergessen, andere haben Weltruhm erlangt.

Zu den eher kuriosen Erfindungen gehört der Spargel in Dosen, für jeden Feinschmecker ein Albtraum. 1851 aber stellte das Lübecker Unternehmen Heinrich Carstens auf der Weltausstellung in London die neue Art der Konservierung als wichtige Errungenschaft des Fortschritts vor. Gleichzeitig handelte Carstens übrigens mit Lumpen.

Bevor das neue Produkt auf den Markt gebracht wurde, musste es selbstverständlich getestet werden. Daher gab der Firmenchef einem befreundeten Kapitän einige Spargel-Dosen mit auf die Reise nach Shanghai. Als ihn die gute Nachricht erreichte, dass das Experiment gelungen und der Spargel auch nach wochenlanger Seefahrt noch vorzüglich schmeckte, da stellte der hanseatische Kaufmann den Lumpenhandel ein, um sich ganz dem neuen Produktionszweig zu widmen.

In einem Werbetext heißt es: „Es ist eine große Annehmlichkeit und der Gesundheit sehr zuträglich, in jeder Jahreszeit und in jedem Klima frisches Gemüse und andere fertige Speisen zur Hand zu haben, besonders bei Seereisen, Gastmahlen und für genesende und schwache Personen".

Die Firma Carstens gibt es in Lübeck übrigens noch heute, und statt Spargel in Dosen produziert das Unternehmen allerdings – na, was wohl? – natürlich Marzipan.

Zu den in der Öffentlichkeit eher unbekannten Erfindern gehört auch der Kieler Chirurg Professor Friedrich von Esmarch (1823-1908). Er entdeckte etwas, was noch heute fester Bestandteil der ersten Hilfe ist. Nämlich das berühmte Dreieckstuch, in dem ein verletzter Arm seine Stütze findet.

Als „erster Verband auf dem Schlachtfelde" hatte Esmarch sein Leinentuch gedacht. Es war nicht schwarz, wie inzwischen üblich, sondern hell und mit der Darstellung eines Verbandsplatzes verziert,

Eine tolle Erfindung –
Der erste Spargel in Dosen

und es war, gefaltet wie ein Stadtplan, einer umfangreichen Gebrauchsanweisung beigefügt. Eines der letzten Exemplare dieses „Erste-Hilfe-Sets" für die Opfer von Schlachten besitzt die Kieler Landesbibliothek. Das Büchlein enthält eine handschriftliche Notiz, aus der hervorgeht, dass es aus dem Nachlass eines Dr. Ernst Rautenberg stammt, „freiwilliger Krankenträger im Kriege 1870/71." Das Tuch in der Anlage hat noch die Original-Faltung und ist somit nie benutzt worden. Es könnte daran gelegen haben, dass der freiwillige Krankenträger Rautenberg angesichts des blutigen Elends von Sedan die Sinnlosigkeit des Kieler Wundertuchs erkannt und auf seinen Einsatz wohlweislich verzichtet hat.

Mit Krieg hat auch eine andere Erfindung aus Schleswig-Holstein zu tun. In diesem Fall allerdings in Verbindung mit einem sehr berühmt gebliebenen Namen.

Im Jahr 1865 erwarb der schwedische Staatsbürger Alfred Nobel mit Hilfe von zwei Hamburger Kaufleuten bei Geesthacht ein 42 Hektar großes Gelände. Warum gerade hier, in dem von Dünen umgebenen Landstrich im heutigen Krümmel? Weil der Fremde mit einem gefährlichen Stoff experimentierte. Mit Dynamit.

Rettung in der Not – Esmarchs „Erste-Hilfe-Tuch"

Und wie sinnvoll es war, die Forschungs- und Produktionsstätten in sicherer Entfernung von Ansiedlungen einzurichten, zeigte sich daran, dass die Anlage schon einen Monat nach Aufnahme der Experimente in die Luft flog. In den folgenden Jahren ereigneten sich immer wieder ähnliche Unfälle, die viele Opfer forderten. Um die verängstigten Anwohner zu beruhigen, verlegte Alfred Nobel sein Labor zeitweise sogar auf ein Floß, das in der nahen Elbe verankert war. Außerdem wurde die Belegschaft zu mehr Vorsicht ermahnt. Dazu gehörte die Anweisung, nicht in der mit Pulverstaub bedeckten Arbeitskleidung in die Gaststätten zu gehen, weil sich die Männer dort beim Anzünden von Zigaretten wiederholt selbst in Brand gesetzt hatten.

In den ersten acht Jahren nach Gründung der Fabrik lebte Nobel sehr bescheiden in Krümmel, während die Geschäftsräume des Werkes bis 1873 in Hamburg waren und dann nach Paris verlegt wurden. Das Unternehmen in Krümmel entwickelte sich rasant zur größten Anlage der Nobel-Gruppe. Bis zum Ersten Weltkrieg war die Zahl der Arbeiter von ursprünglich 50 auf 2 700 angewachsen, und im Zweiten Weltkrieg waren es bereits 9000.

Alfred Nobel konnte nicht ahnen, dass sein Werk einmal die größte deutsche Munitions-Fabrik werden sollte. Hatte er doch gerade naiv 1905 der Friedensnobel-Preisträgerin Bertha von Suttner geschrieben: „Meine Fabriken können eher ein Ende mit den Kriegen machen als ihre ganzen Kongresse. An dem Tag nämlich, an dem zwei Armeen in der Lage sein werden, sich gegenseitig in Sekundenschnelle zu vernichten, werden alle zivilisierten Völker gewiss vor dem Krieg zurückschrecken..."

Mit dieser Prophezeiung irrte sich Nobel mächtig. Und das bekam auch die Fabrik in Krümmel zu spüren. Kurz vor Kriegsende im April 1945 zerstörten über 1000 schwere Bomben die Anlage. Auf den planierten Ruinen ist inzwischen das Atomkraftwerk Krümmel entstanden.

Fast alle bedeutsamen Erfindungen sind mit aufregenden Geschichten verbunden. Bei dem Kieler Hermann Anschütz-Kaempfe (1872-1931) war das nicht anders.

Dass Anschütz ein für die Schifffahrt bis heute unentbehrliches Navigationsgerät entdeckte, war eher ein Zufall. Studiert hatte er nämlich Kunstgeschichte und seine Doktorarbeit über die venezianischen Maler des 16. Jahrhunderts geschrieben. Zufällig lernte er den wohlhabenden Kunstkenner Dr. Kaempfe kennen, der ihn adoptierte und ihm ein Vermögen hinterließ. Zufällig machte Anschütz auch die Bekanntschaft eines Polarforschers und war von dessen Berichten so begeistert, dass er beschloss, den Nordpol zu erforschen, und zwar mit Hilfe eines U-Bootes, das unter dem Eis hindurchtauchen sollte. Dafür war ein

Segeln auf der Förde – Anschütz-Kaempfe und Einstein

Experimentierte in Geesthacht – Alfred Nobel

Kompass nötig, der nicht auf Eisen reagierte. Also machte sich Anschütz daran, eine solche Navigations-Hilfe zu erfinden. Diese Aufgabe begeisterte ihn bald derartig, dass er das geplante Abenteuer mit dem U-Boot aufgab und sich ganz seiner Erfindung widmete.

Auch die Konkurrenz schlief nicht, und daher gab es bald gerichtlich ausgefochtenen Streit darüber, wer die Rechte an dem neuen Kompass besaß. Da Anschütz von Patentrecht wenig verstand, engagierte er einen jungen Mann, der einen pfiffigen Eindruck machte und bei einem Patentamt tätig war. Er hieß Albert Einstein. Das war im Jahre 1916.

Natürlich wurde der Prozess gewonnen, und der Gutachter machte eine steile Weltkarriere. Er blieb aber seinem früheren Förderer Anschütz weiterhin eng verbunden, und der Kieler Unternehmer richtete dem berühmten einstigen Mitarbeiter am Fördeufer sogar eine Wohnung ein. Wann immer es seine Zeit zuließ, kam Einstein nach Kiel, um zu segeln.

Das waren stets aufregende Tage, jedenfalls für den Chauffeur der Firma. Er hatte nämlich dafür zu sorgen, dass der prominente Gast abends wieder zurückkehrte. Nun sind Gelehrte bekanntlich sehr zerstreute Zeitgenossen. Ein besonders ausgeprägtes Exemplar war Albert Einstein. Immer wieder geriet er, tief in Gedanken versunken, in eine Flaute und musste per Motorboot nach Hause geschleppt werden. Pünktlicher zum Abendessen kam er erst, nachdem sein Gastgeber Anschütz ihm einen Außenbordmotor gestiftet hatte.

In dieser Zeit hatte der große Gelehrte übrigens auch Probleme mit dem eigenen Antrieb. In einem Brief an Anschütz schrieb Einstein am zweiten Weihnachtstag des Jahres 1923: „Ich habe jetzt in meinen wissenschaftlichen Problemen so tief gebohrt, dass mein Motor nicht mehr ausreicht. Die Gleichungen, zu denen ich komme, sind so schwer zu lösen, dass ich davor stehe wie der Ochs' vor dem Berge."

Bei soviel Schüler-Ehrlichkeit hätte man Einstein zum Kieler Ehrenbürger machen oder zumindest der Uferpromenade seinen Namen geben sollen. Statt dessen heißt sie „Hindenburgufer"...

## ESSEN – „GROSSER HANS" UND „ROTE GRÜTZE"

Vorurteile haben oft ein langes Leben. Das gilt auch für die verbreitete Meinung, die Schleswig-Holsteiner seien keine Feinschmecker. Ganz bösartige Stimmen behaupten sogar, die Nordlichter ernähren sich vorwiegend von Kohl, Grütze und Hering.

Einmal abgesehen davon, dass der einst ordinäre Salzhering mittlerweile schon deshalb eine Delikatesse sein muss, weil er reichlich teuer geworden ist, widerspricht diese kulinarische Großeinteilung auch schlicht den Tatsachen.

Was die erwähnte Grütze betrifft, sie hat ihre große Zeit hinter sich – und dafür ihren Ehrenplatz im Wappen der Landschaft Nordfriesland erhalten. Nicht deshalb, weil sie so wunderbar schmeckt, sondern weil ihr militärtaktischer Einsatz einen überraschenden Erfolg einbrachte. Als nämlich die Friesen bei einer ihrer zahlreichen Auseinandersetzungen mit dem dänischen Nachbarn schon die Flucht ergriffen hatten, sollen mutige Frauen die gefüllten Grütztöpfe dem Feind entgegengeschüttet haben. Nun liegt Grütze im Magen schon schwer, aber kochend heiß im Gesicht wirkt sie noch wesentlich unangenehmer.

Während die Buchweizengrütze in früheren Friedens- und Kriegszeiten ein weit verbreitetes Essen der armen Bevölkerung war, ist sie heute auf dem Speisezettel so gut wie ausgestorben. Dagegen werden im Norden andere Spezialitäten aus guter alter Zeit durchaus noch serviert.

Zum Beispiel „Birnen, Bohnen und Speck" oder die Holsteiner Aalsuppe, die vor allem aus Ochsenfleisch besteht, neben richtigem Aal und Pflaumen und Birnen und Eiern und Klößen und einem Dutzend Beigaben mehr. Schon an diesen Bestandteilen erkennt man, dass dieses Gericht nicht jedermanns Geschmack trifft, dafür aber sehr gesund sein soll.

Beim „Großen Hans" sind zwar die Zutaten nicht ungewöhnlich, dafür aber sorgt die Zubereitung für Originalität. Der benötigte Teig aus Mehl, Eiern, Milch und Butter wird zunächst in ein Tuch gebunden und erst dann im Wasser gar gekocht. Kulinarische Banausen behaupten, die Angelegenheit schmecke genau so fade wie ein gekochter Lappen.

Nun braucht kein Fremder zu befürchten, bei einer Einladung in einen typisch schleswig-holsteinischen Haushalt nur mit derart ausgefallenen Spezialitäten konfrontiert zu werden. Wird der Gast allerdings im Frühwinter zu Tisch gebeten, muss er auf Grünkohl gefasst sein. Es gibt keine gute Hausfrau, die sich vorstellen kann, dass jemand Grünkohl nicht als Delikatesse einstuft. Mit Kochwurst, Kasseler und schöner fetter Schweinebacke, versteht sich.

Wer nach einer solch gehaltvollen Mahlzeit einen „kühlen Klaren aus dem Norden" ablehnt, der darf sich nicht wundern, wenn er sich anschließend wie der Wolf aus dem berühmten Märchen fühlt, nachdem er das Rotkäppchen und die Großmutter verschlungen hat.

Zumindest für eine Portion „Rote Grütze" sollte man sich noch Platz lassen. Die von etwas Gelatine (muss aber nicht) in Form gehaltene Fruchtspeise ist so köstlich, dass sie selbst die bei Tisch höchst verwöhnten Dänen zu ihrem Nationalpudding gemacht haben. Vielleicht deshalb, weil sie das Rot der Himbeeren und Johannisbeeren sowie das Weiß der dekorativ darüber gegossenen Sahne an ihre Nationalfarben erinnern.

Wer die deutsche Nordgrenze überschreitet, sollte mindestens wissen, wie im Nachbarland Rote Grütze bestellt wird: „Röööööde Grööööööde med Flöööööde". Mit deutscher Zunge lässt sich die Bestellung am verständlichsten aufgeben, wenn man sich zuvor eine möglichst große und sehr heiße Kartoffel in den Mund geschoben hat.

# F

## FÄHREN – STÄNDIG AUF KLEINER FAHRT

Fähren verleiten zum Rechnen und zum Philosophieren. Erstens: Wenn eine Fähre sechs Mal pro Stunde hin und zurück über den 220 Meter breiten Nord-Ostsee-Kanal fährt, wann hat sie einmal die Erde umrundet?

Zweitens: Fähren bieten das, worüber große Denker lange ohne Erfolg nachgedacht haben. An Bord sind alle Mitfahrer gleich, es gibt keine erste und keine zweite Klasse, niemand kann sich durch ein Trinkgeld oder durch Bestechung Vorteile erwerben. Kein Mitarbeiter wird bevorzugt abgefertigt, alle sitzen nicht nur in einem Boot, sondern fahren zur gleichen Zeit ab und erreichen zur gleichen Sekunde das andere Ufer. Kurzum: Ein Bettler hat die gleichen Rechte wie der Edelmann.

Doch selbst unter Gleichen muss es einen geben, der den Weg weist. Auf der Fähre ist es der Schiffsführer.

In den Anfangsjahren des Kanals zogen die Fährleute ihr Gefährt an Hanfseilen über die damals nicht ganz so breite Wasserstraße. Inzwischen haben Dieselmotoren diese Arbeit übernommen.

Zwischen Himmel und Erde – Die Rendsburger Schwebefähre

An 13 Stellen kann man den Nord-Ostsee-Kanal mit einer Fähre überqueren, unter der Rendsburger Hochbrücke hängt eine 14. Deren Besatzung sitzt statusmäßig zwischen den Stühlen, denn weder der Kollege von der Seefahrt noch die von der Luftfahrt wollen sie in ihrem Berufsstand akzeptieren.

Mancher Fährmann behauptet sogar, er übe einen Landberuf aus, obwohl sein Arbeitsplatz eindeutig auf dem Wasser liegt. Nur 220 Meter hin und die gleiche Strecke zurück, dazu über einen von Menschenhand ausgehobenen Graben. Da hilft es nichts, wenn wenigstens das Wasser echt ist. Seefahrt ist das nicht.

Gleichzeitig räumt der Fährmann ein: „Man kriegt hier viel zu sehen". Vor allem Menschen, die im Auto sitzen und sich unbeobachtet fühlen. Dabei kann man sie bei geöffnetem Schiebedach aus dem Führerhaus der Fähre besonders gut sehen. Wie sie Pommes mit

Ketchup essen, sich kratzen und sich lieben, sich streiten und sich gähnend recken.

Und wo Menschen sind, da passieren auch Geschichten. Da übersieht schon einmal ein müder Autofahrer die geschlossenen Schranken vor der Anlegebrücke. Wenn jedenfalls die Fähre dahinter liegt, dann hat er Glück gehabt. Eine junge Frau hatte es in der Silvesternacht nicht, und sie landete im Kanal. Die Fährleute zogen sie wieder ans Ufer.

Der Bauer aus Dithmarschen, der immer in Breiholz den Kanal überquert, stoppte ordnungsgemäß vor der geschlossenen Schranke. Als er aber hörte, dass die Fähre gerade repariert werde und er durch den Rendsburger Kanaltunnel fahren oder sich von der benachbarten Fähre bei Oldenbüttel übersetzen lassen müsse, da fuhr er lieber wieder nach Hause. Entweder Breiholz oder gar nicht.

Auch wenn ein Schiff Hilfe benötigt, kann sie von der Fähre kommen. Zur Bekämpfung kleinerer Brände dient die bordeigene Spritze, oder die Feuerwehr wird aufgeladen und zum Ort der Not transportiert. Hat sich ein Kümo an der Böschung festgefahren, wird die Fähre sogar zum Schlepper.

Das alles sind Abenteuer, die dem Alltag etwas Reiz geben und über die auch nach Jahren erzählt wird, als wäre sie gestern passiert.

Womit bewiesen ist, dass auch eine Fähre ein ganz gewöhnlicher Arbeitsplatz ist, mit Mäkeleien und Träumen. So wie der Schuhproduzent heimlich den Gewinn ausrechnet, den der Verkauf eines Paar Schuhe an jeden Chinesen bringen würde, so wünscht sich der Fährmann eine Mark von jedem übergesetzten Auto. In Breiholz wären es 500 000 Mark pro Jahr, an allen 14 Fährstellen zusammen neun Millionen. An zwei Tagen im Monat steht ein großes rotes „Z" im Kalender des Fährmannes. An diesem Tag muss gezählt werden. Ein Motorrad gilt als halbes Auto, ein Lkw entspricht zwei Pkw, ein

Radfahrer wird zwar auch gezählt, ist aber gar nichts. Und ein Fußgänger läuft statistisch ebenfalls als Null.

Als der Mensch noch wichtiger als das Auto war, da gab es auf den alten Fähren einen echten Kundendienst in Form einer warmen Kabine. 14 Kilometer westwärts von Breiholz bei Fischerhütte darf ein solcher Fähr-Veteran besichtigt werden. An Land gehoben, auf Betonpfeiler gesetzt und mit der besagten Unterkunft für die Reisenden. Doch was in der Kindheitserinnerung ein Ozean-Riese mit einem lauschigen Separee war, das gleicht jetzt dem im Wasser so farbenprächtigen Fisch, der, an Land geworfen, jeglichen Zauber verliert.

Die Kette, an der die Fähre über den Kanal gezogen wurde, vertreibt weitere Illusionen. Sie ist derart dick und fest, dass es wirklich kein Entkommen Richtung Ozean gab.

Der Fährmann von heute dagegen könnte, wenn er wollte. Eine Drehung am Hebel für das Seitenruder und ab ginge die Fahrt Richtung Ostsee oder Nordsee. Mit zwei Propellern volle Fahrt von 14 Kilometern pro Stunde. Am Ende des Kanals aber findet die Flucht ein schmachvolles Ende. Denn auch ein Schiffsführer mit dem Patent für „kleine Fahrt" macht aus einer Fähre noch kein seetüchtiges Schiff. Bläst ein kräftiger Süd-West-Wind, dann wird es sogar auf dem Kanal schon unruhig, und der Fährmann wird zum Segler, der nicht auf geradem Weg, sondern gegen den Wind kreuzend sein Ziel anstrebt.

Ewige Freifahrt –
Kanalfähre bei Oldenbüttel

Bei Nebel muss die Technik helfen. An beiden Ufern sitzt auf einem Dalben eine pyramidenförmige Lampe, die die Richtung weist, und der Schiffsverkehr ist auf dem Radarschirm zu beobachten. Eine Linie zeigt an, wenn ein Schiff nur noch 600 Meter von der Fahrroute entfernt ist. Dann ist die Überfahrt noch gefahrlos möglich.

So wie es vorsichtige und mutige Autofahrer gibt, ist es auch bei den Fährmännern. Einer gibt noch Gas, wenn er besser warten sollte, ein anderer kann die Vorfahrt eines Tankers nicht abwarten und legt schon ab, obwohl die Fahrrinne noch besetzt ist.

Zweieinhalb Minuten dauert die Überfahrt, 45 Tonnen einschließlich 116 Personen dürfen mitreisen. Im Gegensatz zur „Titanic" würden beim Untergang alle Passagiere einen Platz auf einem „Rettungsmittel" finden. Mit deutscher Gründlichkeit steht an jedem Schwimmgerät die Zahl der Benutzungsberechtigten: Zwölf am Floß, 26 an der Rettungsbank. Das Kommando „Alle Mann in die Boote, Frauen und Kinder zuerst" ist allerdings nicht zu erwarten, obwohl es schon Kollisionen gab.

Im Gegensatz zu einem Auto hat eine Voith-Schneider-Fähre nicht nur zwei Motoren, sondern auch zwei Gashebel. Bis zehn Meter vor dem Anleger liegt der Hebel auf „Normal", dann schaltet der Schiffsführer auf „Zurück". 1000 Mal ist die Landung weich, irgendwann aber gerät sie so unsanft, dass sich der Hintermann auf den Vordermann schiebt. Wozu steht wohl auf dem Warnschild geschrieben: „Handbremse anziehen, Gang einlegen, Abfahrt nach Aufforderung".

Die bei Fischerhütte an Land gezogene Eisen-Flunder SF 80 hatte in aktiver Zeit noch eine Glocke, die der Fährmann anschlug, wenn er in Vor-Radar-Zeit bei Nebel den Kanal überquerte. An den Wartehäuschen vor den Anlegern hängen auch heute noch Glocken, mit deren Hilfe aber in dunkler Nacht keiner mehr den Fährmann rufen muss, weil fast alle Fähren rund um die Uhr verkehren.

Fähren fügen zusammen, was getrennt ist. Die Verbindung über den Nord-Ostsee-Kanal ist kostenlos, und wenn ein Fremder nach der Kasse fragt, sagt der Decksmann: Heute gibt es Freifahrt.

## FÄLSCHER – TRUTHÄHNE, ABER FALSCHE

Auch Konrad Adenauer war begeistert. Ein großer Kunstkenner war er zwar nicht, aber die „Experten" hatten ihm gesagt, dass die 21 Heiligenfiguren unter dem Dach des Lübecker Gotteshauses eine Sensation seien. Und so blickte die erlauchte Festgemeinschaft, die am 2. September 1951 zum 50. Geburtstag der Marienkirche gekommen war, zusammen mit dem Kanzler voller Ehrfurcht auf die unbekannten, einmaligen Kunstwerke aus dem 13. Jahrhundert. Die Wochenschau sorgte dafür, dass bundesweit gestaunt werden konnte.

Doch kaum war das Fest vorbei, da gab es einen riesigen Skandal, bei dem herauskam, dass die vermeintlichen Schätze aus der Gotik Fälschungen waren. Keine plumpen, sondern sehr geschickte. Denn ihr Schöpfer war für Qualität bekannt.

Wahrscheinlich wäre die geschickte Täuschung nie ans Tageslicht gekommen, hätten sich die beiden Täter nicht erzürnt, und zwar wegen verletzter Eitelkeit.

Der Restaurator Dietrich Fey hatte von der Lübecker Kirchenführung den Auftrag erhalten, die teils verblichenen, teils übermalten Fresken in der Marienkirche wieder sichtbar zu machen. Folglich richtete sich nach getanem Werk der öffentliche Glanz auf ihn. Keiner dagegen sprach von Lothar Malskat. Dabei hatte er doch wochenlang auf dem Gerüst gesessen und restauriert: Für 1,20 Mark Stundenlohn, und so eindrucksvoll waren die drei Meter hohen Heiligen, dass sie sogar als Motive für eine Briefmarke Verwendung fanden.

Den Dank des Landes Schleswig-Holstein schickte der damalige Ministerpräsident Friedrich-Wilhelm Lübke in Form einer Urkunde. Natürlich ausgestellt auf den Namen Dietrich Fey.

Dann stand plötzlich der vernachlässigte Lothar Malskat im Rampenlicht. Im Oktober 1952 zeigte er sich selbst als Fälscher an. Man kann sich den Aufschrei der Empörung, aber auch das schadenfrohe Gelächter vorstellen.

Falscher Truthahn im Dom zu Schleswig

Im August 1954 begann vor der zweiten großen Strafkammer des Landgerichts Lübeck der Prozess und brachte vorwiegend Unterhaltsames zur Sprache. Zunächst auch offiziell Malskats Motiv für die Selbstanklage: „Um mich endlich von Dietrich Fey, dem Erpresser und Ausbeuter an meiner Begabung zu befreien", gab er zu Protokoll.

Aber Malskat reinigte nicht nur seine verletzte Seele, sondern pakkte auch gründlich aus. Und damit wurde bekannt, dass er keineswegs nur in St. Marien tätig geworden war. Bereits 1937 hatte er in Schleswig sein Meisterstück abgeliefert. Damals im Auftrag des vielfach geehrten Kirchenmalers Fey senior. Der sollte frühe gotische Bildwerke im St. Petri Dom restaurieren. Und da passierte ein Missgeschick: Als Übermalungen aus dem Jahre 1888 entfernt werden sollten, gingen auch die darunter liegenden Originale weitgehend verloren.

In seiner Not erinnerte sich Professor Ernst Fey an seinen Schüler Malskat und bat um Behebung des Schadens. Was prompt geschah. Da das Alte verschwunden war, musste Neues her, und der damals 24-jährige Malskat ließ seiner Phantasie freien Lauf. Eine gotische Madonna war nach dem Foto einer Filmschauspielerin gestaltet, eine andere mittelalterliche Frauenfigur trug die Züge von Malskats Schwester. Der Clou aber waren die „frühgotischen Truthähne". Die hatte zwar schon ein früherer Fälscher eingeführt, Malskat aber fügte noch einige hinzu. Wären die Brat-Vögel echt gewesen, hätte die Geschichte von der Entdeckung Amerikas umgeschrieben werden müssen. Denn Truthähne gab es ursprünglich nur im Land der unbegrenzten Möglichkeiten, und wenn einer schon lange vor Kolumbus in Schleswig-Holstein gemalt worden war, dann schien das der klare Beweis dafür, dass die Wikinger die neue Welt entdeckt hatten. Mit Malskats Geständnis war diese Theorie natürlich hinfällig.

Dafür gab es wenigstens literarischen Ersatz. Günter Grass verwertete die Affäre in seinem Roman „Die Rättin", und zwar ziemlich originalgetreu mit den Worten: „Während der schöne Fey den Pastorentöchtern sensibel bestückte Blumenkörbchen verehrte und junge Damen zu Bootsfahrten auf der Schlei einlud, hat Malskat im Domchor zu Schleswig ganze Arbeit geleistet. In den Fensterscheiben um den Hochaltar und den Fluchten der Strebepfeiler malte er rasch 26 Köpfe, die er in Medaillons fasste, darunter ein Kopf, der ihn mit langer Nase, kühn geschwungenen Brauen und einer Zigarette hinterm Ohr abbildete, die, wenngleich gut versteckt, dennoch bezeugt, dass Malskat in jenen Jahren die Marke Juno (aus gutem Grund ist Juno rund) bevorzugt hat".

Das Ende der Geschichte ist schnell erzählt: Das Landgericht verurteilte Fey zu 20 und Malskat zu 18 Monaten Gefängnis, nach einem Jahr waren beide wieder frei. Malskat war berühmt und zog sich auf eine Insel im Deepenmoor bei Lübeck zurück und war mit Aufträgen gut ausgelastet. 1988 starb er.

Fey eröffnete in Travemünde eine Kunstwerkstatt, und manchmal brachten Kunden sogar Malskat-Bilder zum Rahmen. „Schreckliche Arbeiten", sagte der fasst 90-Jährige dann und gestand, dass er den Auftrag am liebsten abgelehnt hätte.

Und was von den falschen Kunstwerken aus der Gotik geblieben ist? In Lübecks Marienkirche nichts. Als gelte es, ein verseuchtes Hospital zu desinfizieren, ließen die Kirchenoberen Säuberungskolonnen mit Schrubber und Besen anrollen und die gerade noch verzückt bestaunten „Kunstwerke" abwaschen. Die Schleswiger dagegen zeigten mehr Gelassenheit, vielleicht auch deshalb, weil Malskats und Feys Sünden dort inzwischen verjährt und vergeben waren. Jedenfalls sind die falschen Truthähne noch ebenso zu bewundern wie die alten Heiligen mit den aktuellen Gesichtszügen.

Von Günter Grass verewigt – Dietrich Fey

## FISCH – ER STINKT AM KOPF ZUERST

Eine alte schleswig-holsteinische Lebensweisheit will wissen: Der Fisch stinkt am Kopf zuerst. Zieht ein zugereister Binnenländer aus dieser Erkenntnis den Schluss, dass er wohl deshalb seine Scholle stets ohne Kopf serviert bekommt, dann ist ihm der tiefere Sinn der Redensart allerdings verborgen geblieben. Hinter der Fischkopf-Symbolik verbirgt sich nämlich die kritische Botschaft, dass, wenn es mit der Führung eines Unternehmens, eines Vereins oder einer Partei nicht zum Besten steht, über kurz oder lang auch die Basis vom Zersetzungsprozess erfasst wird.

In gewissem Sinne befindet sich auch die Fischerei selbst in einer permanenten Krise. Im Jahr 2001 gab es nur noch knapp 700 schleswig-holsteinische Fischer, die mit Kuttern und Booten in Nord- und Ostsee auf Meeresgetier – von der Scholle über die Krabbe bis zur Muschel – Jagd machen. Reichtümer sind in diesem besonders harten Berufszweig schon lange nicht mehr anzuhäufen. Im Gegenteil, nur durch staatliche Hilfsmaßnahmen können sich die Fischer finanziell einigermaßen über Wasser halten.

Heringsfang vor der Küste Schonens

Die Zeiten, in denen mit dem gewöhnlichen Hering gutes Geld verdient wurde, sind unwiederbringlich vorbei, auch wenn das einstige „Gold der Ostsee" noch immer einigermaßen reichlich vorhanden ist. Aber spätestens die Erfindung des Kühlschranks und die Lockerung der religiösen Sitten haben den Marktwert des Herings rapide absinken lassen.

Im Mittelalter dagegen verdienten sich vor allem die cleveren Lübecker Kaufleute mit dem Heringshandel eine goldene Nase nach der anderen. Schon im 13. Jahrhundert fuhren sie mit ihren Schiffen bis an die heute schwedische Südküste von Schonen, wo das neben Brot und Bier einst begehrteste Nahrungsmittel, nämlich der Hering, in heftigem Konkurrenzkampf gehandelt wurde. Gut gesalzen in Tonnen eingelegt, bildete er einen haltbaren Leckerbissen, dessen Genuss auch an strengen Fastentagen erlaubt war.

Wenn die Kaufleute von der Trave auf der Heringsmesse im damals dänischen Schonen besonders gefragte Handelspartner waren, dann deshalb, weil sie auf der Hinreise aus den Lüneburger Minen das begehrte Salz mitbrachten. Damit machten sie ein doppeltes Geschäft, und auch die Lüneburger, die ihre Saline nach tausendjährigem Abbau erst 1980 schlossen, profitierten kräftig vom Salzhering.

Doch seit dem 16. Jahrhundert ging es mit dem Hering ständig bergab, und selbst ein Bismarck konnte ihm durch häufigen Genuss nicht zur alten Popularität zurückverhelfen.

Krabbenfischerinnen im Watt – Fotografie von Wilhelm Dreesen (um 1895)

## FREIHEITSKAMPF I – AUFTAKT MIT ZYLINDER

Wann immer in Schleswig-Holstein ein Aufstand geprobt wurde, die jeweiligen Rebellen planten stets eine „sanfte Revolution" und waren sehr betrübt, wenn schließlich doch gekämpft werden musste. Etwa bei der Kieler Matrosenrevolte des Jahres 1918, aber auch schon vorher bei den wiederholten Versuchen, das Joch der dänischen Herrschaft abzuschütteln.

Wie vorsichtig dieses Ziel zunächst angestrebt wurde, zeigt sich am Beispiel der guten Menschen von Emkendorf mit Julia von Reventlow als Wortführerin. Der rebellische Spitzenbeamte Uwe Jens Lornsen wurde einige Jahrzehnte später mit seinen Forderungen nach mehr Selbständigkeit für die Nordlichter schon etwas deutlicher, und im berühmten europäischen Revolutionsjahr 1848 gingen dann die Praktiker ans Werk. London, Paris, Berlin, Rendsburg und Kiel bildeten damals die Brennpunkte der Weltpolitik. Und diese geographische Aufzählung ist wirklich nur mäßig übertrieben.

Gerade der Freiheitskampf der Schleswig-Holsteiner erregte seinerzeit bundesweite Begeisterung, was man schon daran erkennt, dass selbst der Bayernkönig Ludwig II. die Genehmigung erteilte, in seinem Reich für die „Brüder des Nordens" zu sammeln. Die Braunschweiger lehnten dies übrigens ab, woraus wieder einmal deutlich wird, dass in der Not nicht immer auf die norddeutsche „Anverwandtschaft" Verlass ist.

Wollte man ganz genau schildern, wie es sich zutrug, dass die Schleswig-Holsteiner in den Mittelpunkt der großen Politik gerieten, müsste wieder einmal auf das Jahr 1460 zurückgeblendet werden, als der frisch gewählte dänische Oberherr Christian I. seinen Schleswig-Holsteinern das „Up ewich ungedelt" versprach. Aber man kann schließlich nicht ständig auf die Schöpfungsgeschichte verweisen. Es reicht daher, wenn wir das Licht der Landesgeschichte erst Anno 1846 wieder einschalten.

Die Proklamation der provisorischen Regierung in Kiel

In diesem Jahr schrieb der dänische König Christian VIII. einen Brief, und das war ein Fehler. Nicht nur, weil besagtes Schreiben ein „offenes" war (offene Briefe bringen in der Politik grundsätzlich Ärger), sondern weil Zeitpunkt und Inhalt gleichermaßen ungeschikkt gewählt waren.

Majestät teilte seinen lieben Schleswig-Holsteinern nämlich mit, dass auch für sie, das heißt nicht nur für das dänische Kernland, in Zukunft die weibliche Erbfolge gelten werde.

Und was ist daran wohl so aufregend, dass ganz Schleswig-Holstein damals vor Empörung Kopf stand, fragt sich im Zeitalter der Emanzipation vor allem das stark gewordene schwache Geschlecht.

Zur Erklärung müssen die Zeitumstände berücksichtigt werden. Es ging den Schleswig-Holsteinern nicht um einen König oder eine Königin. Ihnen kam es allein darauf an, endlich einmal auf eigenen Beinen zu stehen, und da an Gewalt noch keiner dachte, war das Aussterben des königlichen Mannesstammes die einzige Chance, die Personalunion von 1460 abzuwerfen.

Über die Empörung seiner Schleswig-Holsteiner war der arme Christian, der angeblich alles gar nicht böse gemeint hatte, derart erschrocken, dass er 1848 die Augen für immer schloss.

Sein Sohn Friedrich VII. war leider auch nur aus sehr weichem Holz geschnitzt, bog sich mal hierher und mal dahin, wollte es möglichst vielen recht machen und saß prompt zwischen Thron und allen Stühlen; denn Unruhe herrschte nicht nur in den deutschen „Provinzen", auch daheim in Dänemark hatten die Untertanen von der neuen Französischen Revolution gehört und verlangten mehr Freiheit.

Der wankelmütige Friedrich entließ daraufhin seine Regierung und setzte eine neue ein, die als liberal galt, aber einen Fehler hatte: sie wollte die Eider zum Grenzfluss erklären, also das Herzogtum Schleswig einverleiben. Erst der offene Brief des Vaters, dann dieser Nachschlag vom Sohn, und wohin man blickte, erkämpften sich unterdrückte Völker neue Rechte. Da wäre es wohl wirklich zu viel verlangt gewesen, wenn ausgerechnet die Schleswig-Holsteiner ihre Fesseln geduldig weitergetragen hätten.

Neben den Hauptärgernissen hatten zusätzlich viele kleine Sticheleien das Klima zwischen Kopenhagen und den Herzogtümern verdorben. Es gab seit längerem heftige Diskussionen darüber, wo deutsch und wo dänisch zu sprechen sei, die führenden Männer der aufmüpfigen Schleswig-Holsteiner standen wegen Unbotmäßigkeit gegenüber ihrem Herrscher vor Gericht, wurden teils freigesprochen, teils verurteilt. An verschiedenen Orten des Landes tagten alle möglichen Gremien, in denen Resolutionen verabschiedet und dem armen König übersandt wurden, der nicht ein noch aus wusste und doch nur das Gute wollte.

In dieser Situation setzten einige gute Bürger den Zylinder auf und bildeten eine eigene schleswig-holsteinische Regierung, so jedenfalls schildert der Schriftsteller Ernst von Salomon diesen revolutionären

Mitglieder der provisorischen Regierung (v. l.): J. Bremer, M. T. Schmidt, W. H. Beseler, Friedrich Prinz zu Schleswig-Holstein, Th. Olshausen und F. Graf Reventlow

Vorgang. Damals hatten die Kieler Honoratioren eben Stil, außerdem war die Prinz-Heinrich-Mütze noch nicht erfunden worden. Damit niemand auf den Gedanken käme, die Ausrufung der Unabhängigkeit sei Hochverrat und Revolution, versicherten die Zylinderträger ausdrücklich, man stehe selbstverständlich noch immer auf Seiten des armen Friedrich, der aber sei ja ganz offensichtlich nicht mehr Herr der Lage, sondern nur noch Marionette einer Regierung, die den Schleswig-Holsteinern Einigkeit und Recht und Freiheit verweigerte.

Mit diesem Kunstgriff wurde die Rebellion gleichsam legalisiert, und der starke konservative Flügel der sanften Revolution konnte mit einem einigermaßen guten Gewissen mitmachen. Vereinigung von Schleswig und Holstein sowie gemeinsame Loslösung von Dänemark und Mitgliedschaft in einem neuen, großen Deutschen Reich, das verlangten die gemäßigten Umstürzler, und das Gleiche wollten auch die Teilnehmer ohne Zylinder. Die mit Schlapphut und Mütze forderten aber zusätzlich eine möglichst große Portion Demokratie mit Pressefreiheit, Volksbewaffnung, Versammlungsrecht und vielem mehr. Jede Revolution hat offenbar ihre Hitzköpfe und ihre Mitläufer.

Nachdem die Provisorische Regierung mit einer Reihe prominenter Namen (Prinz Friedrich von Noer, Wilhelm Hartwig Beseler und

Theodor Olshausen) in der Nacht zum 24. März 1848 auf dem Kieler Marktplatz in markigen Worten ihr Programm verkündet hatte („Wir werden es nicht dulden, dass deutsches Land dem Raube der Dänen preisgegeben werde"), da fehlte der neuen Regierung nur noch die Macht über das alte Regime. Und das war eine durchaus heikle Angelegenheit, fühlten sich doch große Teile der Landbevölkerung noch immer dem dänischen Oberherrn verbunden. Hinzu kamen die im Lande stationierten Soldaten, die ihren Treueeid auf den dänischen König abgelegt hatten.

An dieser Stelle muss nun einfach die Geschichte folgen, auf welch ungewöhnliche Art und Weise die biederen Revolutionäre mit dem Zylinder die Festung Rendsburg eroberten. Es ist eine ähnlich schöne Geschichte wie die des Hauptmanns von Köpenick. Da ihr Ablauf von mehreren Beteiligten und Augenzeugen übereinstimmend geschildert worden ist, kann man davon ausgehen, dass sich alles wirklich genauso und nicht anders abgespielt hat:

Es war der Tag nach der Nacht, in der sich die selbst ernannte Regierung der Ehrenmänner auf dem Kieler Marktplatz dem Volke gestellt hatte. Wären es unordentliche Revolutionäre gewesen, sie hätten nach dieser aufregenden Veranstaltung den Erfolg bestimmt erst einmal kräftig gefeiert und am nächsten Morgen gründlich ausgeschlafen. Doch stattdessen standen die Herren Hartwig Beseler und Prinz Friedrich von Noer am 24. März des Jahres 1848 kurz nach Sonnenaufgang am Kieler Bahnhof. Ob mit oder ohne Fahrkarte ist nicht überliefert. Die revolutionäre Gesellschaft bot allerdings ein merkwürdiges Bild: Der Prinz trug die bunte dänische Generalsuniform und der zivile „Ministerpräsident" Beseler einen schwarzen Regenschirm. Die beiden Regierungsmitglieder hatten außerdem Begleitung mitgebracht: zweihundertfünfzig Soldaten und als Schlachtenbummler zusätzlich fünfzig Kieler Bürger. Ursprünglich sollten auch noch Turner und

Profis gegen Amateure – Kieler Studenten im Kampf mit dänischen Soldaten (1848)

Studenten mitreisen, aber die hatten am Abend wohl zu lange gefeiert und waren nicht rechtzeitig erschienen.

Der Prinz ließ den Zug sogar noch etwas warten, gab dann aber persönlich das Zeichen zur Abfahrt Richtung Rendsburg. Revolution hin, Revolution her, ein deutscher Zug fährt pünktlich ab.

Beim ersten Halt in Neumünster stieg Verstärkung zu. Sie bestand aus sechzig mit Knüppeln bewaffneten und verwegen aussehenden Landbewohnern. Diesen Volkssturm hatte ein Segeberger Advokat in aller Eile zusammengetrommelt.

Gegen neun Uhr traf der Zug in Rendsburg ein, hielt aber nicht am Bahnhof, wie es sich gehört hätte, sondern fuhr auf einem eigentlich nur für den Gütertransport bestimmten Gleis direkt in die Wallanlagen der Festung. Komplizen hatten rechtzeitig die Weichen gestellt.

Wenige Minuten nachdem die malerische Schar der ordentlichen und unordentlichen Revolutionäre den Zug verlassen hatte, um zum Paradeplatz zu marschieren, meldeten die Glocken der beiden gro-

Die Besetzung von Rendsburg (1848)

ßen Rendsburger Kirchen sinnigerweise Feueralarm.

Da der Advokat Beseler noch nie in eine derart kritische Lage geraten war, tat er in diesem Augenblick das einzig Vernünftige und fragte den Militärfachmann Prinz Friedrich, wie er sich denn nun eigentlich zu verhalten habe, er sei schließlich nur mit einem Regenschirm bewaffnet. Die durchaus gescheite Antwort des späteren Generals der schleswig-holsteinischen Armee lautete: „Gehen Sie nur immer mir zur Seite, und treffen wir auf Widerstand, so spannen Sie den Parapluie auf, damit Sie nicht sehen, dass man auf Sie schießt."

Der Zivilist Beseler befolgte den ersten Teil des Ratschlags, brauchte den Schirm aber nicht aufzuspannen, weil die Soldaten aufgrund des Alarms zwar herbeigeeilt waren, aber ohne Waffen, da sie ja zur Bekämpfung eines Brandes und nicht eines Feindes gerufen worden waren. Dafür trugen die ebenfalls herbeiströmenden Rendsburger Bürger Waffen, woraus mühelos zu erkennen war, dass sie wussten, was gespielt wurde. Ganz ahnungslos waren aber wohl die

Soldaten auch nicht, jedenfalls nicht die schleswig-holsteinischen Mannschaften. Ihre dänische Führung dagegen muss von dem „Sturm" auf die neben Kiel wichtigste Festung im Lande wirklich überrascht gewesen sein, denn als sich der bunt gekleidete Prinz von Noer ordnungsgemäß bei dem zufällig in der Stadt anwesenden Oberbefehlshaber aller Truppen der Herzogtümer meldete, war General von Lützau gerade dabei, in seinen Uniformrock zu schlüpfen.

Der frühe Überraschungsgast hat dieses morgendliche Treffen in der Kommandantur beschrieben, und fast glaubt man, Tränenflecken auf dem Papier zu erkennen: „Mit Lützau hatte ich während siebzehn Jahren dieselbe Garnison getheilt, ich hatte ihn als Nächstcommandierenden unter mir gehabt und fand ihn jetzt nach zwei Jahren wieder mit seinem Stabe, der auch der meine gewesen war, in diese peinliche Stellung versetzt. Wer ein Herz für Kameraden hat, kann leicht begreifen, welche Gefühle mich hier bewegten. Ich wusste sehr gut, dass er einsah, wie wir nur unser Recht verteidigten, er konnte aber, als geborener Däne, als verantwortlicher Höchstcommandierender, nicht die Festung und das Armeecommando abgeben, er musste in diesem Augenblick mich als Unberechtigten ansehen und in diesem Lichte, wenn auch nur anscheinend zu stehen, war für mich ein tiefer Schmerz". Vielleicht hatten die beiden alten Kameraden einen Augenblick daran gedacht, sich in die Arme zu fallen, doch dann kamen sie doch lieber gleich zur Sache und handelten die Kapitulation aus. Damit diese nicht zu unehrenhaft ausfiel – immerhin standen der revolutionären Zugladung 1 400 Mann Militär gegenüber – , durften die Soldaten erst einmal in die Kasernen zurückkehren, um ihre Gewehre zu holen (ohne Munition) und um sich standesgemäß einzukleiden.

Anschließend traf man sich ordentlich aufgestellt auf dem Paradeplatz wieder. Danach gab es noch einmal Beratungen zwischen Mannschaften und Offizieren, die Stimmung schien sogar etwas kritisch zu werden, doch mit sicherem Gespür für ein klares

Wort zur rechten Zeit trat Prinz Friedrich in seiner bunten Uniform nach vorne und hielt mutig eine Rede, die die schon einmal erfolgte Botschaft enthielt, dass nicht etwa Revolutionäre den Umsturz geplant, sondern vaterländisch gesonnene Männer sozusagen stellvertretend für den derzeit in seinen Entscheidungen nicht freien König das Regieren übernommen haben. Dieses Argument, dazu noch von jemandem vorgetragen, der des Königs Farben trug, überzeugte auch die noch Unentschlossenen.

Auf die Frage des Prinzen, wer nicht mitmachen, sondern lieber „nach Norden", das heißt nach Hause marschieren wolle, trat jedenfalls niemand vor.

Da blieb dem unglücklichen General von Lützau gar nichts anderes übrig, als zu erklären: „Ich reiche meine Entlassung ein." Anschließend durften die Soldaten in die Kasernen abrücken, und unter den Rendsburger Bürgern nebst angereisten Schlachtenbummlern brach eine solche Begeisterung aus, dass Prinz Friedrich sich zur Warnung veranlasst sah: „Kinder, Kinder! Lasst uns das Jubeln aussetzen, bis wir die Katze in den Sack gethan haben, wovon wir bis jetzt noch weit entfernt sind."

Wie recht der bunte Prinz mit seiner Vorahnung hatte, das sollte sich schneller als erwartet zeigen.

An die heitere Ouvertüre schloss sich ein völlig unpassender, da tragischer Akt an.

Vielleicht hatten der bunte Prinz von Noer und die biederen Revolutionäre mit Schirm und Zylinder wirklich gedacht, es werde so lustig weitergehen wie bei der Eroberung in Rendsburg? Vielleicht hatten sie einen kleinen Krieg einkalkuliert, der sicherlich schnell beendet sein würde, denn ganz Deutschland und vor allem das mächtige Preußen hatten den Aufstand schließlich mit anhaltendem Applaus begleitet.

Und als dann wirklich richtig geschossen wurde, da blieb es tatsächlich nicht beim Beifall. Preußen schickte Truppen, auch der Deutsche Bund – die dänischen Einheiten mussten der Übermacht weichen. Viel hätte nicht gefehlt, und der Sack mit der schwarzen Katze wäre zugebunden gewesen. Doch die Großmächte England, Frankreich und Russland wollten es anders. Sie wünschten, dass die Machtverhältnisse so blieben, wie sie waren.

Erstaunlich schnell beugten sich Preußen und der Deutsche Bund dem Druck. Im August 1848 wurde zu Malmö ein Waffenstillstand geschlossen, den die Frankfurter Nationalversammlung zähneknirschend billigte. Eine Welle der Empörung ging durch die deutschen Lande mit dem Tenor: eine Schande sei es, klein beizugeben und die tapferen Schleswig-Holsteiner derart schnöde im Stich zu lassen. In dieser Situation kamen auch die Petitionen, auf die Uwe Jens Lornsen vor zwei Jahrzehnten vergeblich gewartet hatte. „Eine Hand voll Seeräuber wagt es ungestraft, der großen deutschen Nation von mehr als vierzig Millionen Menschen in dieser Weise Hohn zu sprechen", schrieb der Allgemeine Landwehrverein für Breslau und Schlesien an das Frankfurter Parlament, und das örtliche „Montagskränzchen" bezeichnete im Namen seiner tausend Mitglieder den Waffenstillstand als „schmählich wie irgendeiner der Friedensschlüsse aus den Zeiten tiefster Erniedrigung".

Da keine Seite mit dem Erreichten zufrieden war, wählte man den bequemsten Weg und ließ Anfang April 1849 aufs Neue die Waffen sprechen. Von einem „wahren Siegeslauf der Schleswig-Holsteiner" berichten die Landeshistoriker, vor Eckernförde gelang es der schleswig-holsteinischen Strandbatterie sogar, das dänische Linienschiff „Christian VIII." in die Luft zu sprengen. Aber es half nichts, die Großmächte pfiffen die Preußen wieder zurück, und nach dem Berliner Frieden vom Juli 1850 standen die Schleswig-Holsteiner erneut alleine da. Nun wollten sie die Entscheidung mit eigenen Kräften erzwingen, aber das musste schei-

General von Willisen, Oberkommandierender der schleswig-holsteinischen Truppen

tern. In der berühmten Schlacht bei Idstedt kam das Ende nicht zuletzt deshalb, weil der Oberbefehlshaber General Wilhelm von Willisen seiner Aufgabe nicht gewachsen war.

Wieder einmal hatte sich das Rad der Geschichte zurückgedreht, und das Jahr 1852 sah die beiden Herzogtümer einmal mehr in dänischem Besitz. Zwar durfte Schleswig dem Königreich nicht eingegliedert werden, wenigstens das hatten Preußen und Österreich durchgesetzt, aber der Rachefeldzug der Sieger entsprach in keiner Weise dem eigentlich gutmütigen dänischen Charakter.

Nicht nur, dass die Stadt Schleswig zur Strafe für ihr patriotisches Verhalten den Titel „Landeshauptstadt" an Flensburg verlor, es setzte auch eine kleinliche Verfolgung politisch anders denkender Beamter und Geistlicher ein. Schriften wurden beschlagnahmt, namhafte Kieler Professoren verloren ihre Stellung, Sprachregelungen bestimmten, wo Dänisch vorgeschrieben und wo das Deutsche erlaubt sei. Die Unterlegenen schluckten die Schikanen in der Hoffnung auf bessere Zeiten.

Doch vor dem dritten Akt mit dem „Happy-End" liegt stets der zweite, in dem es meistens noch einmal sehr dramatisch zugeht.

Und der begann für die Schleswig-Holsteiner mit dem Auftritt des Politikers, der Retter und Eroberer zugleich werden sollte. Im Herbst 1862 betrat Otto von Bismarck als preußischer Ministerpräsident die Bühne der großen Politik und widmete sich sogleich sehr intensiv seinen Schleswig-Holsteinern.

## FREIHEITSKAMPF II – ALS PREUSSEN AUFGEWACHT

Die Historiker streiten sich noch, wann Preußens Todeskampf begann und wann das Ende kam. Als Schleswig-Holstein Anno 1867 zu Preußen stieß, war das Königreich jedenfalls noch quicklebendig. Wer wissen will, wie und warum die Bewohner der über Jahrhunderte mit Dänemark verbundenen Herzogtümer plötzlich Mitglieder im Bismarck-Verein wurden, der hüte sich, in ein Geschichtsbuch zu blicken. Wenn er vor der Lektüre noch so ungefähr ahnte, wie es passiert sein könnte, hinterher weiß er bestimmt nichts mehr. Fast könnte man glauben, die Landeshistoriker hätten sich dahingehend verschworen, ihr Herrschaftswissen vor dem Zugriff allzu wissbegieriger Laien so heftig wie möglich zu verteidigen.

Der britische Premierminister Lord Palmerston hat diese künstliche Verworrenheit sehr treffend beschrieben: „Die schleswig-holsteinische Frage haben überhaupt nur drei Menschen wirklich verstanden: der leider früh verstorbene Prinzregent Albert (das war der deutsche Ehemann von Queen Victoria), ein deutscher Gelehrter, und der ist darüber verrückt geworden, und ich selbst, aber ich habe die Sache leider vergessen."

Friedrich VIII., Herzog von Schleswig-Holstein, genannt „der Augustenburger"

Folglich ist es höchste Zeit, dass endlich einmal berichtet wird, was nun Sache war. Das aber gelingt nur, wenn man alle Statisten dieses geschichtlichen Schauspiels von der Bühne jagt und nur die Hauptpersonen zurücklässt.

Da es um Preußen geht, heißt der Held des Stückes natürlich Bismarck. Er hatte nur ein Ziel, nämlich die Schleswig-Holsteiner zu Preußen zu machen. In der Silvesternacht des Jahres 1863/64 ließ er gegenüber seinem Schwager die Katze aus dem Sack: „Die ‚Up-Ewig-Ungedelten' müssen einmal Preußen werden. Das ist das Ziel, nach dem ich steuere; ob ich es erreiche, steht in Gottes Hand. Aber ich könnte nicht verantworten, preußisches Blut vergießen zu lassen, um einen neuen Mittelstaat zu schaffen. Die Halsstarrigkeit der Dänen wird uns wahrscheinlich schaffen, was wir brauchen, den Kriegsfall."

Das war ein Bekenntnis von äußerster Brisanz, denn die Schleswig-Holsteiner wollten ein Mittelstaat werden, keine Preußen, und sie setzten dabei ausgerechnet auf preußische Hilfe. Besonders heikel war an Bismarcks Aussage, dass er sozusagen mit dem Sektglas in der Hand nicht nur auf das neue Jahr, sondern auch gleich auf den nächsten Krieg anstieß. Natürlich, oder man kann sagen leider, blieb dieses Bekenntnis zunächst „in der Familie".

Mit dem „Mittelstaat" Schleswig-Holstein lehnte der „Eiserne Kanzler" auch automatisch dessen schon so gut wie auf den Schild gehobenen neuen Herrscher ab. Der Mann hieß Herzog Friedrich VIII., hatte den Spitznamen „Augustenburger" und wohnte irgendwo in der Niederlausitz.

Wie die Schleswig-Holsteiner bei ihren Bemühungen, sich von Dänemark zu lösen, gerade auf den biederen, mäßig liberalen Landedelmann aus dem Hause Sonderburg-Augustenburg gekommen waren?

Er hatte das richtige Erbblut, das allein war entscheidend dafür, dass er kurz, aber heftig in die Landesgeschichte blickte, um alsbald wieder in die Niederlausitz zu verschwinden.

Aber damit wird die Geschichte schon wieder verworren, denn noch ist ja nicht verraten worden, warum er überhaupt auf die Bühne treten durfte. Hatten die Schleswig-Holsteiner nicht einen König, den ungeliebten in Kopenhagen?

Nein, sie hatten ab dem 15. November 1863 keinen Herrscher mehr, so behaupteten sie jedenfalls, denn an diesem Tag war König Friedrich VII. gestorben, ohne einen Nachfolger zu hinterlassen. Um keine Unruhe aufkommen zu lassen, hatten die Großmächte schon 1852 im so genannten „Londoner Protokoll" festgelegt, dass eine andere Linie, nämlich das Haus Glücksburg, den Nachfolger stellen sollte. Das geschah nun, und der neue Mann hieß Christian IX..

Nicht mit uns, sagten die Schleswig-Holsteiner und fuhren Gutachten auf, die bekanntlich alles beweisen können.

Die Mehrheit der deutschen Mittel- und Kleinstaaten sprach sich ebenfalls für den Augustenburger (Friedrich VIII.) aus, und auf dem Propstenfelde in Elmshorn versammelten sich am 27. Dezember 1863 sogar an die 20 000 Sympathisanten, die ihren neuen Herrscher hochleben ließen.

Doch diese Welle der Begeisterung ließ den preußischen Ministerpräsidenten Otto von Bismarck kalt. Ein heutiger Politiker hätte sich wohl an die Spitze der Bewegung gesetzt und die für die nächste Wahl nützlichen Pluspunkte gesammelt, aber damals musste der Regierungschef nicht dem Volk, sondern nur seinem König gefallen. Vor allem aber wollte der „Eiserne Kanzler" eigene politische Ziele verfolgen. Preußen sollte stark gemacht werden, dafür brauchte Bismarck auch die Schleswig-Holsteiner.

Die wollte er zunächst in dänischer Königshand lassen, um sie anschließend durch einen Feldzug zu befreien. Und dann hätte er sie als Preußen. Pacta sunt servanda, sagte er daher ziemlich scheinheilig, stellte sich mit beiden Stiefeln auf das Londoner Protokoll und damit auf die Seite des spöttisch als „Protokollprinz" titulierten Christian IX..

Bismarck muss geahnt haben, dass der neue dänische Herrscher bald den erhofften Kriegsgrund liefern würde, und der fiel ihm noch schneller als erhofft in den Schoß.

Unter dem Druck einer starken Lobby unterschrieb Christian nämlich eine neue Verfassung, die eine Trennung der „Up-Ewich-Ungedelten" vorsah. Den Schleswiger Landesteil wollten sich die Dänen einverleiben. Das war nicht nur ein Verstoß gegen das Londoner Protokoll, sondern es war auch sehr unklug. Alle rechtschaffenen Deutschen waren heftig darüber empört, was den armen Landsleuten hoch oben im Norden von einer auswärtigen Macht angetan wurde. Und da auch Bismarck sehr empört war – vor allem äußerlich – machte er sich zusammen mit den Österreichern daran, die Sache zu bereinigen.

An dieser Stelle könnte die Frage kommen, warum die Dänen so leichtsinnig einen Krieg gegen die beiden starken deutschen Großmächte in Kauf nahmen. Ganz einfach: Auf England, Frankreich und Russland hatten sie als Verbündete gesetzt. Doch die halfen nicht.

Damit standen die Sieger fest, noch ehe der erste Schuss gefallen war. Wer wissen will, wie heldenhaft auf den Düppeler Schanzen und andernorts gekämpft und gestorben wurde, der kann dies literarisch aufgearbeitet bei Theodor Fontane nachlesen, der Dichter selbst ist tapfer mitmarschiert und hat dann das Erlebte sorgfältig aufgeschrieben.

Als die Waffen im Oktober 1864 schwiegen, waren die Schleswig-Holsteiner fast schon Preußen, auch wenn sie es noch nicht wussten. Zunächst machten die Sieger allerdings genau das, weswegen sie den Krieg begonnen hatten: Sie teilten die Beute. Die Herzogtümer Schleswig und Lauenburg fielen Preußen zu, Holstein ging an Österreich.

Der Streit zwischen den beiden deutschen Großmächten, von denen ein jeder der Größte sein wollte, war mit dieser Grenzziehung programmiert.

Keine zwei Jahre dauerte jedenfalls die Einigkeit, standen sich die Verbündeten als Feinde gegenüber. Wer von ihnen nun den letzten Spatenstich beim Ausgraben des Kriegsbeils getan hat, ist nicht eindeutig festzustellen. Die Österreicher mobilisierten zuerst, aber Bismarck hatte schon lange auf einen guten Kriegsgrund gewartet. Er fühlte sich schließlich als großer politischer Missionar, der möglichst alle Deutschen zu Preußen machen wollte. Und auf die Schleswig-Holsteiner war er besonders scharf.

Im Juni 1866 schlugen die österreichischen und preußischen Soldaten zum ersten Mal aufeinander ein, am 3. Juli folgte bei Königgrätz (in Böhmen) die Endabrechnung.

Die Erstürmung der Düppeler Schanzen durch preußische Truppen am 18. April 1864

Generalfeldmarschall Helmuth von Moltke, mit sechsundsechzig Jahren eigentlich schon Pensionär, siegte mit Pauken und Trompeten.

Zwar meldete sich der fast schon vergessene Augustenburger Friedrich noch einmal mit seinen Ansprüchen auf die Herzogtümer, aber Bismarck ließ ihn erneut abblitzen. Worauf der so oft Gedemütigte endgültig aus der Geschichte verschwand, allerdings nicht ohne familiäre Spuren zu hinterlassen: seine Tochter Auguste Viktoria wurde Ehefrau von Kaiser Wilhelm II., und wer weiß, vielleicht hat sie ja ein wenig mitgeholfen, dass Majestät den Mann, der ihrem Vater einst die schleswig-holsteinische Zukunft verbaute, 1890 vorzeitig in den Ruhestand schickte.

Aber damit sind wir schon in der Zeit, als Preußen nach der Reichsgründung fast in Deutschland aufgegangen war. Zunächst einmal mussten die Bewohner Schleswig-Holsteins preußisch werden, und das passierte am 12. Januar 1867. Die Begeisterung über die neue Herrschaft, die nun nicht mehr in Kopenhagen, sondern in Berlin saß, hielt sich sehr in Grenzen, um es milde auszudrücken.

Vor allem die Intellektuellen beklagten sich bitter darüber, statt der erhofften Freiheit nur eine neue Oberaufsicht zu haben. Theodor Storm zum Beispiel schrieb an seinen Freund Friedrich Eggers:

„Obwohl die Preußen allein wegen der Art, wie sie dieses Land gewannen, alle Ursache zu bescheidenem Auftreten hätten, so kommt doch jeder Kerl von dort mit der Miene eines kleinen persönlichen Eroberers und als müsste er uns erst die höhere Weisheit bringen. Die unglaublich naive Rohheit dieser Leute vertieft die Furche des Hasses, die Preußens Vorfahren tief in die Stirne der Schleswig-Holsteiner eingegraben hat."

Auch bei vielen anderen Muss-Preußen bekam die 400-jährige Ankettung an Dänemark plötzlich neue, verklärte Züge. Man war zwar abhängig gewesen, aber besaß doch gleichzeitig viele Freiheiten. Und jetzt?

Eine von zwölf Provinzen eines Militärstaates war man, dazu noch die zweitkleinste und die wirtschaftlich schwächste. Natürlich wussten die neuen Herren auch alles besser und schickten aus Berlin Scharen von Beamten, die sich mächtig wichtig gaben. Von einer „neuen Zeit" wurde viel geredet, und überall wucherten die Reformen. Besonders die Einführung der allgemeinen Wehrpflicht stieß auf heftigen Widerstand und veranlasste viele junge Leute zum Auswandern.

Übergang der Preußen über die Schlei bei Arnis am 6. Februar 1864

Aber Gewöhnung ist bekanntlich das halbe Leben, und allmählich versöhnten sich die Schleswig-Holsteiner mit ihren neuen Herren, die Vorteile waren schließlich auf Dauer nicht zu übersehen: Es ging wirtschaftlich bergauf, das Bildungswesen verbesserte sich, das Straßennetz wurde dichter und die Verwaltung effektiver.

Also gut, sind wir eben Preußen, sagten sich daher irgendwann einmal die Schleswig-Holsteiner. Zu früh, wie sich herausstellte; denn fast auf den Monat genau zum 80. „Geburtstag" der Aufnahme in das Bismarck-Reich wurde das Preußentum ganz überraschend verboten.

Es waren schon wieder neue Herrscher eingetroffen, und zwar in Form eines britischen, amerikanischen, russischen und französischen

Die Düppeler Stellung am 18. April 1864 von Sonderburg gesehen.

Kleeblattes, das offiziell „Alliierter Kontrollrat" hieß und am 25. Februar 1947 im Amtsblatt für Schleswig-Holstein auf Russisch, Englisch, Französisch und Deutsch befahl: „Der Staat Preußen, seine Zentralregierung und alle nachgeordneten Behörden werden hiermit aufgelöst."

Das war's dann, das kurze Gastspiel Schleswig-Holsteins auf der preußischen Bühne.

## FREIHEITSKAMPF III – DER DICHTER UND DER KRIEG

Kriege eignen sich selten für die Produktion von Lyrik. Das zeigt sich spätestens dann, wenn der Krieg vorbei ist.

Auch Theodor Fontanes Gedicht zum Sieg der preußisch-österreichischen Truppen gegen die Dänen am 18. April 1864 ist ein Beweis dafür, wie sich ein angesehener Literat von der Begeisterung des Augenblicks davontragen ließ. Die letzte Strophe des Heldenepos bezieht sich auf den berühmt gewordenen Pionier Klinke, der durch seine Selbstopferung an der heiß umkämpften Schanze von Düppel entscheidend zum Sieg der Deutschen beigetragen haben soll. In Wirklichkeit war es wohl mehr ein tragischer Unfall. Die offizielle Darstellung jedenfalls schildert den Fall wie folgt: „Unteroffizier Lademann von den Pionieren entzündete den Granatzünder des dreißig Pfund schweren Pulversackes. Pionier Kitto warf letzteren vom Glacis aus gegen den Fuß der Palisaden. Durch die sofort erfolgte Sprengung wurden zwei Palisaden umgeworfen. Pionier Klinke, welcher sich schon an der Palisadenwand befand, wurde hierbei stark verbrannt und dann beim Herausklettern aus dem Graben von einer Kugel tödlich getroffen."

Theodor Fontane, der einen Teil des Feldzuges als Kriegsberichterstatter miterlebte, nennt sein Gedicht „Der Tag von Düppel". Daraus die folgende Kostprobe:

*Still!*
*Vom achtzehnten April*
*Ein Liedlein ich singen will.*
*Vom achtzehnten – alle Wetter ja,*
*Das gab mal wieder ein Gloria!*
*Ein „achtzehnter" war es, voll und ganz,*
*Wie bei Fehrbellin und Belle-Alliance,*
*April oder Juni ist all einerlei,*
*Ein Sieg fällt immer in Monat Mai.*

Vom Kampf begeistert –
Theodor Fontane

*Um vier Uhr morgens der Donner begann!*
*In den Graben standen sechstausend Mann,*
*Und über sie hin sechs Stunden lang*
*Nahmen die Kugeln ihren Gang.*
*Da war es zehn Uhr. Nun alles still,*
*Durch die Reihen ging es: „Wie Gott will!"*
*Und vorgebeugt zu Sturm und Stoß*
*Brach das preußische Wetter los.*

*Pallisaden starren die Stürmenden an,*
*Sie stutzen; wer ist der rechte Mann?*
*Da springt von achtern einer vor:*
*„Ich heiße Klinke, ich öffne das Tor!"*
*Und er reißt von der Schulter den Pulversack,*
*Schwamm drauf, als wär's eine Pfeif' Tabak.*
*Ein Blitz, ein Krach – der Weg ist frei –*
*Gott seiner Seele gnädig sei!*
*Solchen Klinken für und für*
*öffnet Gott selber die Himmelstür.*

Man erkennt: Auch große Literaten können im Eifer des Gefechts weit über das Ziel hinausschießen.

# G

## GEHEIMDIPLOMATIE – CASPAR VON SALDERN MACHT ES MÖGLICH

Schon mancher Tellerwäscher hat es zum Millionär und mancher Tunichtgut zum großen Boss gebracht. Was jedoch Caspar von Saldern geschafft hat, gehört zu den merkwürdigsten und zugleich erfolgreichsten politischen Karrieren, die je ein Schleswig-Holsteiner gemacht hat.

Da sitzt auf Gut Schierensee vor den Toren Kiels grollend der ehemalige Amtsvorsteher von Neumünster, den eine Intrige aus dem Staatsdienst geworfen hat, und beschließt im gesetzten Alter von fünfzig Jahren, die Weltpolitik zu verändern. Und tatsächlich mit Erfolg.

Aber gehen wir der Reihe nach, genauer gesagt zurück ins Jahr 1761. Der ungewöhnliche Beamte im Range eines Bürgermeisters hatte einen Freund namens Friedrich Wilhelm Otte, der mit Schiffen und Handel mächtig Geld verdiente. Plötzlich aber zogen dunkle Wolken über dieser fetten Weide auf, denn in der Ferne, wenngleich näher kommend, klirrte der Kriegsgott Mars mit dem Schwert: Der designierte neue Zar Peter III., der wegen seiner Besitztümer in Holstein auch gleichzeitig Caspar von Salderns Landesherr war, traf Vorbereitungen, gegen Dänemark zu ziehen, um seiner Familie geraubte Gebiete im Landesteil Schleswig zurückzuholen.

Das würde Einquartierung, Extrasteuern und allerlei Unbill mehr bedeuten und musste verhindert werden. Aber wie?

Caspar von Saldern hatte eine Idee: er wollte nach St. Petersburg fahren und den Krieg verhindern. So oder so ähnlich könnte er auf die Sorgen seines Freundes Otte geantwortet haben. Und als Mann der Tat begann er sogleich mit den Vorbereitungen.

Da Caspar von Saldern immer noch Gottorfer „Beamter" war, durfte er nicht einfach nach Petersburg reisen, um Frieden zu stiften und nebenbei auch noch für seinen Gutsnachbarn eine Geldschuld eintreiben. Die Mission musste verdeckt laufen. Daher verkleidete er sich als Kaufmann und reiste unter falschem Namen an Bord eines Seglers aus der Flotte des Friedrich Wilhelm Otte an den Zarenhof.

Ein Polit-Tourist, würde man heute sagen, den bestenfalls ein drittrangiger Referent empfangen, bewirten und wieder davon komplimentieren würde.

Aber es kam anders: Der Kommunalbeamte im Ruhestand schaffte es tatsächlich, am Hof von Petersburg Kontakte zu knüpfen und in kürzester Zeit in den Dunstkreis des Zaren, beziehungsweise der Zarin einzudringen. Wie er das erreichte, wissen wir nicht, wahrscheinlich unter heftigster Verwendung der Ellenbogen, denn Caspar von Saldern war kein Mann der leisen Töne, sondern jemand, der auch direkt neben einer Tür mit dem Kopf durch die Wand marschiert.

Obwohl auf dem diplomatischen Parkett bekanntlich alles möglich ist, der wundersame Aufstieg des Caspar von Saldern gelang nur, weil Geld und gute Beziehungen von dritter Seite ins Spiel kamen.

Der Freund und Gönner Friedrich Wilhelm Otte hatte nämlich beste Kontakte zum dänischen Außenminister Johann Hartwig Ernst Bernstorff. Der war erstens am Frieden, aber zweitens vor allem auch an einem Agenten in der politischen Schaltstelle des möglichen Gegners interessiert.

Also sorgte Bernstorff über seine Kanäle dafür, dass von Saldern in St. Petersburg kein Nobody blieb. Für die Bemühungen um Frieden und Information gab es aus Dänemark natürlich Honorar, und nachdem er erst beim Zaren Peter und nach dessen Ermordung auch bei der mäßig trauernden Witwe und Nachfolgerin Katharina II. außenpolitischer Berater geworden war, kam ein zweites Gehalt hinzu.

Heutzutage würde man diese Doppelfunktion schlicht als Spionagetätigkeit bezeichnen. Damals sah man das nicht ganz so streng. Schließlich gab es noch keinen Enthüllungsjournalismus, der jeden Fehltritt eines Politikers als Skandal in die Öffentlichkeit zerrt.

Caspar von Saldern wurde später am Zarenhof auch nicht deshalb zur persona non grata erklärt, weil seine Informationstätigkeit für eine fremde Macht entdeckt worden war, sondern weil er bei einer Hausintrige gegen Katharina auf die falsche Partei gesetzt hatte.

Doch zuvor hatte von Saldern die Tat vollbracht, die ihm einen ebenso ewigen wie ehrenvollen Platz in der schleswig-holsteinischen Landesgeschichte gesichert hat: den Vertrag von Zarskoje Selo (1773), dem heutigen Puschkin, in der Nähe von Leningrad gelegen.

Wer zumindest den Eindruck erwecken will, mit der schleswig-holsteinischen Geschichte auf Duzfuß zu stehen, der tut gut daran, das „Zarskoje Selo" glatt wie den eigenen Namen über die Zunge gehen zu lassen.

Die dahinter stehenden Fakten sind dann zweitrangig, obwohl mit wenig Mühe zu behalten: Ausgangspunkt ist das Jahr 1721. Der dänische König Friedrich IV. hatte den Gottorfer Herzog aus dem Landesteil Schleswig verjagt. Folglich saß die vertriebene Herzogsfamilie in Holstein (Regierungssitz des Mini-Staates war das Kieler Schloss) und sann auf Rache, beziehungsweise auf Mittel und Wege, um den verlorenen Besitz zurückzuerobern.

Caspar von Saldern

Zur gleichen Zeit aber setzte der dänische Hof alle Hebel in Bewegung, um auch noch den holsteinischen Anteil der fast verarmt zu nennenden Gottorfer zu gewinnen. Das war natürlich ein schwerer Fehler, denn der zwar reichlich verrückte, aber immerhin mächtige Zar Peter III. war nun einmal ein Gottorfer und hatte nur ein Ziel: die Ansprüche seiner Familie zu erfüllen. Das hieß Krieg mit Dänemark. Katharina jedoch setzte andere außenpolitische Prioritäten und wünschte sich Dänemark nicht als Gegner, sondern als Verbündeten. Folglich ließ sie den beinahe schon angelaufenen Krieg nach Peters Tod wieder abblasen. Genau das aber wollten auch Caspar von Saldern sowie seine Nachbarn und Freunde.

Bei den folgenden, sehr komplizierten Verhandlungen spielte von Saldern wohl wirklich eine wichtige, wenn auch zwielichtige Rolle, denn schließlich stand er ja auf der Gehaltsliste beider Verhandlungspartner. Im Vertrag vom wohlklingenden Zarskoje Selo verzichtete

Schierensee um 1850

Katharina auf „ihren“, sprich den Gottorfer Besitz in Holstein zugunsten von Dänemark, und dafür wurde eine jüngere Gottorfer Herrscherlinie anderweitig entschädigt (durch Oldenburg und Delmenhorst).

Und warum dieses Abkommen so wichtig war? Weil Schleswig und Holstein damit vereint waren, wenngleich nur unter dänischer Oberherrschaft. Wie selbige rund neunzig Jahre später abgeschüttelt wurde, verraten die Kapitel über die „Freiheitskämpfe“.

Da hier die Geschichte vom wundersamen Aufstieg des Caspar von Saldern erzählt wird, sei auch sein Ende erwähnt. Er starb 75-jährig in seinem prächtig ausgebauten Herrenhaus Schierensee und fand in der nahen Kirche zu Bordesholm seine letzte Ruhe.

Der Gutsherrensitz inmitten sanfter Hügel, und (noch) klarer Seen muss eine besondere Anziehungskraft auf bizarre Persönlichkeiten gehabt haben: Gut zweihundert Jahre nach der folgenreichen Under-Cover-Mission des in die Weltpolitik verschlagenen Provinz-Beamten folgte ihm als Hausherr auf Schierensee erneut ein Mann mit einer ungewöhnlichen Karriere und zugleich mit dem Hang, die Welt zu verändern. Er hieß Axel Cäsar Springer.

Ende 1997 zog wieder ein neuer Hausherr in das Herrenhaus ein. Dem Presse-Zar folgte mit Günther Fielmann ein Brillen-König.

## GLOBUS AUS GOTTORF – FAST EIN WELTWUNDER

Tempel und Pyramiden, Dome und Schlösser haben sich die Herrscher zur eigenen Ehre bauen lassen. Und jeder versuchte, den anderen durch einen noch imposanteren Bau zu übertrumpfen. Aber auch kleinere Wunderwerke riefen Ruhm und Neid zugleich hervor. Der Schleswiger Herzog Friedrich III. (1597-1659) lieferte dafür den Beweis. Er ließ sich einen riesigen Globus bauen, der bestaunt wurde wie heute eine Raumfahrtkapsel.

Ein technisches Meisterstück war es, ein Beispiel für hohe Handwerker-Kunst, für mathematische Perfektion, und natürlich war es ein Beitrag zum Ruhme eines eitlen Herrschers.

In St. Petersburg –
Kleiner Mann in großer Welt

Welche Bedeutung dem Gottorfer Globus einst beigemessen wurde, zeigt sich daran, dass ihn der Superintendent in seiner Totenrede auf Friedrich III. als eine besondere Leistung des Verstorbenen würdigte.

Zu diesem Zeitpunkt war das Weltwunder von Gottorf allerdings erst im Rohbau fertig, obwohl Dutzende von Handwerkern schon mindestens zehn Jahre an der Arbeit waren. Unter der Aufsicht des berühmten Adam Olearius, der sich als Mathematiker und als wissenschaftlicher Begleiter einer legendär gewordenen Expedition nach Moskau und Persien einen Namen gemacht hatte.

Was Friedrich III. veranlasst hatte, trotz der nicht gerade reichlich vorhandenen Staatsgelder ein derart teures Spielzeug in Auftrag zu geben, lässt sich an der Person des Herzogs erklären. Er galt als Freund der Künste und der Wissenschaft, besaß Phantasie und suchte den Fortschritt. Dazu kam, dass im Norden so etwas wie ein goldenes Zeitalter des Uhrenbaus angebrochen war. Kunstvolle Gebilde mit vielen Rädchen und Zeigern entstanden, möglichst noch unter Einbeziehung der Himmelskörper. Da lag es nahe, den vorhandenen Sachverstand zu nutzen und etwas ganz Besonderes zu schaffen.

Worüber heute nur gelächelt wird. Denn was ist im Zeitalter der Raumfahrt schon ein Globus von etwa drei Metern Durchmesser, bestehend aus einem Eisengerüst, das von einer doppelwandigen

Zu mächtig für jeden Eingang – Der Globus wird in das Petersburger Museum für Völkerkunde gezogen

Kupferhülle umgeben ist, die wiederum mit Leinwand bespannt ist, auf die mit Ölfarbe Meere und Kontinente gemalt sind.

Mit Wasserkraft angetrieben, drehte sich der Globus ächzend. Der Clou aber war: Man konnte hineinsteigen.

TÜV-Abnahme für zehn Personen, würde es heute heißen, und das Anzünden der Kerzen wäre wegen Feuergefahr ohnehin verboten. Licht war aber im Globus nötig, um die Sterne an den Innenwänden zu erkennen. Das technische Wunderwerk erfüllte somit auch die Funktion eines Planetariums.

Es war eine Attraktion, durch dessen Einstiegsluke selbst Staatsoberhäupter kletterten. Als beispielsweise 1777 der schwedische König Staatsgast am Petersburger Zarenhof war, servierte der Gastgeber im Inneren des Globus ein Arbeitsfrühstück.

Wann genau die komplizierten Bauarbeiten abgeschlossen waren, lässt sich nicht genau feststellen. Sicher ist nur, dass sich Friedrichs Nachfolger an der Spitze des Gottorfer Herzogtums zur Vollendung des Globus bereit erklärte. Dies war ein Glücksfall, denn es wäre durchaus denkbar gewesen, dass Christian Albrecht ganz andere Prioritäten gesetzt und das notwendige Geld in sein eigentliches Lieblingsprojekt, nämlich die Gründung der Kieler Universität investiert hätte.

Wenn die Folgekosten für das Wunderwerk besonders hoch wurden, dann deshalb, weil für den Globus extra ein Gebäude errichtet werden musste. Im Zeitalter der Mehrzweckhallen wäre das eine Sache von wenigen Wochen gewesen, aber das Kunstwerk sollte natürlich nicht in einem profanen Zweckbau stehen. So etwas wie eine Burg sollte es schon sein, eine „Friedrichsburg".

Abbildungen des Globushauses zeigen ein 20 x 30 Meter messendes, dreistöckiges Gebäude mit mehreren Anbauten und einer Art Kirchturm. Das Flachdach bestand aus einer Terrasse, von der aus der berühmte Olearius die Sterne zu beobachten pflegte.

Das Globusinnere …

Da die Ausstellungshalle und der Globus etwa zur gleichen Zeit, nämlich um 1650, entstanden, wäre es möglich gewesen, die Behausung so zu konzipieren, dass der Globus durch eine entsprechend große Öffnung hineingetragen werden konnte. Stattdessen ist die Erdkugel aber höchstwahrscheinlich in der „Friedrichsburg" montiert worden, und zwar im unteren Stockwerk. Darunter befanden sich kellerartige Gewölbe, in denen die mit Wasserkraft aus einem nahen Teich gespeiste Antriebsmaschine untergebracht war.

Was der Globus einschließlich der Unterkunft gekostet hat, ist unbekannt. Es müssen allerdings erhebliche Summen gewesen sein, denn noch 1671, und damit 20 Jahre nach Arbeitsbeginn, wurden Rechnungen an Handwerker bezahlt.

... der Sternenhimmel als Kunstwerk

Trotz der hohen Kosten reichte das Geld aber sogar, um der prächtigen Anlage auch noch einen nicht minder großzügig angelegten Garten hinzuzufügen. Er war von einer halbkreisförmigen Mauer umgeben, in die Nischen eingelassen waren, in denen zwölf aus Blei gegossene, lebensgroße und mit Orden geschmückte Büsten der Gottorfer Herzöge und anderer hoher Herren standen.

Aber die prächtige Anlage war kaum fertiggestellt, da wurde der Globus schon aus seiner Burg gerissen, im wahrsten Sinne des Wortes; denn da er im Inneren des Gebäudes zusammengebaut worden war, der neue Besitzer ihn aber in einem Stück haben wollte, musste eine Wand abgebaut werden, ehe die Riesenkugel auf ihre erste Reise in den Osten gehen konnte.

Zar Peter der Große war es, der bei einem Besuch in Gottorf Gefallen an dem Globus fand. Und da er ein mathematisch interessierte Herrscher war, wünschte er sich das prächtige Spielzeug als Gastgeschenk. Nun ist es selbst heute nicht leicht, eine zerbrechliche Kugel von drei Metern Durchmesser von Gottorf nach Petersburg zu transportieren. Vor fast drei Jahrhunderten war das eine Aufgabe, die gewaltige Probleme verursachte. Hilfreich war dabei, dass es in Eckernförde einen erfahrenen Reeder gab, der den Auftrag erhielt, das wertvolle Stück über See zunächst nach Pillau zu transportieren.

Anderthalb Jahre nach der Abreise, im Januar 1715, erreichte der Globus tatsächlich unbeschädigt sein erstes Ziel. Auf Schlitten und mit Hilfe riesiger Walzen ging es von Pillau auf dem Landwege nach Riga, dort erfolgte erneut eine Verladung auf ein Schiff, und am 20. März 1717, knapp dreieinhalb Jahre nach der Abreise, kam der Globus mit einigen Transportschäden in St. Petersburg an.

Zunächst war das gute Stück mit anderen Schätzen in der Kunstkammer des Zaren untergebracht, was sich als verhängnisvoll erwies; denn dort brach 1747 ein Brand aus, der den Globus fast völlig zerstörte. Nur das Gestänge aus Metall blieb erhalten, dazu die bunt bemalte Verschlussklappe für das Einstiegsloch.

Die Zarin Elisabeth ließ das Wunderwerk der Technik wieder herstellen und die Weltkarte auf der Außenhaut auf den neuesten Stand der geografischen Forschung bringen. Danach allerdings schien das Interesse an dem Globus nachzulassen. Er wurde wiederholt umgestellt, stand mal im Zoologischen Museum, dann in einem Pavillon des Zarenschlosses. Als die deutschen Truppen 1942 vor Leningrad lagen, spürte eine sogenannte „Kunstschutz-Truppe" der Wehrmacht die bunte Kugel auf, erklärte sie zur Kriegsbeute und betrieb den Rücktransport nach Schleswig-Holstein.

Das war wiederum leichter beschlossen als ausgeführt. Zwar erfolgte der Transport diesmal mit der Eisenbahn, zwischen Leningrad und Lübeck/Neustadt mussten aber zuvor alle Tunnel und andere schmale Passagen daraufhin überprüft werden, ob die überbreite Kiste mit dem wertvollen Inhalt nicht anecken würde. Ohne besondere Vorkommnisse erreichte die nun fast selbst zur Weltreisenden gewordene Weltkugel wieder die Heimat und wurde in einem direkt neben der Bahnstrecke stehenden Gebäude des Neustädter Landeskrankenhauses untergebracht. Wie schon üblich, musste vorher erneut eine Wand eingerissen werden.

Vor dem Feuer gerettet – Die kunstvoll verzierte Einstiegsklappe

Bei Kriegsende wurde der Globus zum dritten Mal in seiner langen Geschichte ein Beutestück. Diesmal griffen britische Offiziere zu, lieferten ihn den verbündeten Russen aus, und erneut rollte die Kugel gen Leningrad, wo sie im August 1946 ankam. Die Kriegswirren und das ständige Reisen waren dem empfindlichen Giganten nicht gut bekommen. Er wies erhebliche Schäden auf, unter anderem mehrere Einschusslöcher.

Heute wird der Gottorfer Globus im Museum für Anthropologie und Völkerkunde am Petersburger Neva-Ufer zur Schau gestellt.

Eintritt verboten – Besucher dürfen den Globus nur von außen bewundern

Wenn der Besucher durch mehrere Stockwerke gewandert und über steile Treppen der 250 Jahre alten Schatzkammer gestiegen ist, dann erwartet ihn im Turmzimmer der berühmte Globus.

Er wirkt größer, als man ihn sich auf Grund der bekannten Maße vorgestellt hat, und er ist auch gut erhalten. Die wenigen Besucher, die den Globus aufspüren, dürfen das wertvolle Stück nicht berühren und erst recht nicht durch die geöffnete Luke hineinklettern. Doch für besondere Gäste macht die Museumsleitung eine Ausnahme. Ein Treppchen wird herbeigetragen, und man besteigt die

Kugel wie eine Raumkapsel. In der Mitte steht ein Tisch mit einem dreiarmigen elektrischen Leuchter, ringsherum ist eine Holzbank installiert und das Firmament in kräftigen bunten Farben mit Sternzeichen bemalt. Die Tür für den Einstieg, die den großen Brand überstanden hat, lehnt an der Wand des Globuszimmers.

Daneben geben alte Stiche Auskunft über die verschiedenen Aufenthaltsorte der Weltkugel. Darunter befindet sich auch eine farbige Abbildung des Gottorfer Schlosses aus dem Jahre 1712, ein anderes Bild zeigt, wie der Globus bei seiner ersten Ankunft in St. Petersburg an Seilen über die Außenwand in den Turm gehievt wurde. Um ihn in den Raum zu bekommen, musste auch hier ein großes Loch in die Mauer geschlagen werden.

Ob die Maurer dieses Loch noch einmal öffnen werden, um die Weltkugel an ihren Geburtsort zurückzubringen? Es ist eher unwahrscheinlich.

Und deshalb ist der jüngste Herr auf Schloss Gottorf zur Selbsthilfe geschritten. Ein neuer Riesenglobus ist entstanden – nach dem Vorbild des Originals. Dazu, wie vor 350 Jahren, ein Globus-Haus. Ein supermoderner Bau, ein Geschenk von edlen Spendern.

Ach ja, der TÜV hat festgelegt, dass den neuen alten Globus nur noch acht Personen besteigen dürfen. Obwohl er viel stabiler ist als das Original. Aber die Welt soll nun einmal sicherer werden.

## GROSSSTEINGRÄBER – PYRAMIDEN EN MINIATURE

Genau hat es noch keiner berechnet, aber einiges spricht dafür, dass die frühen Schleswig-Holsteiner mehr Pyramiden gebaut haben als die alten Ägypter. Aber da schon Johann Wolfgang von Goethe zu der Erkenntnis kam, dass sich in der Beschränkung erst der Meister zeige, haben die norddeutschen Grabbauer ihre Bestattungsstätten wesentlich kleiner als die Nilbewohner gehalten.

Hätten unsere Vorfahren ihre Großsteingräber auf zehn Riesenklötze konzentriert, vermutlich würden die Ströme bildungswütiger Touristen statt nach Kairo am Wüstenrand nach Albersdorf an der schleswig-holsteinischen Westküste fließen.

In einer Mußestunde könnte ein mathematisch versierter Archäologe wirklich einmal ausrechnen, wie viele Findlinge von der Art, wie sie in den Großsteingräbern Verwendung fanden, für den Bau der Cheops-Pyramide (137 Meter) benötigt würden. Was das für einen Sinn hätte? Natürlich keinen, aber schließlich hatten auch die Pyramiden keinen Sinn, sie waren als Bestattungsort für eine Person wahrlich übertrieben und daher in der Tat wohl nur ein Arbeitsbeschaffungsprogramm.

Folglich muss auch die Frage erlaubt sein, warum die alten Ägypter, die solch steinernen Unsinn errichteten, als hoch entwickeltes Volk eingestuft werden, während die Schleswig-Holsteiner, die etwa zur gleichen Zeit sinnvolle Miniaturpyramiden bauten, als kulturelle Spätentwickler gelten?

Zugegeben, einen gewichtigen Vorteil haben die Riesen-Grabstätten des Orients: Sie konnten nicht so leicht weggeräumt werden, wie es in Nordgermanien leider zu häufig passierte. Von den einst 6000 Großsteingräbern gibt es heute nur noch 300 Stück. Alle anderen wurden im Laufe der Jahrtausende kleingemeißelt und zu Kirchen oder Häusern für die Lebenden verarbeitet. Und das sogar noch in schon ziemlich zivilisierter Zeit.

Also sind die Nordlichter doch Kulturbanausen?

Dieser Vorwurf geht dem schnell von der Zunge, der in seinem bequemen Stadthaus sitzt. Wer dagegen als Landmann ständig um eine Erd-Beule mitten im Acker herumpflügen muss, dem reißt eines Tages der Geduldsfaden, und er macht das Hindernis platt.

Wahrscheinlich hätten auch überhaupt keine Großsteingräber überlebt, wenn der Abtransport der Bausteine nicht reichlich beschwerlich gewesen wäre. Einzelne Stücke wiegen nämlich schlappe dreißig Tonnen und damit so viel wie zehn Elefanten.

Spätestens jetzt stellt sich natürlich die Frage, wie die vor 4000 Jahren mit Hebekränen ja nicht gerade reichlich ausgestatteten Steinzeitmenschen die gewaltigen Findlinge übereinander geschichtet haben? Das gilt vor allem für den so genannten Deckstein, der als Dach auf „Tragsteine" gewuchtet werden musste.

Der Schatz von Bunsoh (Dithmarschen) – Großsteingrab mit dem berühmten Schalenstein

Was die Ägypter konnten, das konnten unsere Vorfahren natürlich schon lange, und daher wandten sie auch das gleiche Verfahren an, indem sie nach Aufstellen der Wandsteine eine Rampe schütteten und den Deckel über Gleitrollen auf die erforderliche Höhe zogen. Damit sich das tonnenschwere Dach möglichst genau auf die Seitensteine senkte, wuchtete man es zunächst auf ein Gerüst aus Baumstämmen, das anschließend vorsichtig abgebrannt wurde, so daß sich der Koloss zentimetergenau in die gewünschte Position senkte.

Brach während der Arbeiten das Steinhaus zusammen, dann baute man es eben wieder auf. In der Steinzeit bedeutete Zeit noch kein Geld. Keine Hünen, sprich Riesen, haben also die im Volksmund als „Hünengräber" bezeichneten Totenhäuser errichtet, sondern ganz gewöhnliche Menschen. Die Männer waren im Durchschnitt 1,72 Meter groß, wie die Wissenschaftler anhand der mehr als spärlichen Knochenfunde festgestellt haben wollen.

Während andere Überreste der Vergangenheit in Museen eingeschlossen und mit der Warntafel „Nicht berühren" versehen sind, bleiben die Großsteingräber handfeste Zeugen einer fernen Zeit. Sie stehen in der Regel nicht nur dort, wo sie vor Jahrtausenden errichtet wurden, sondern man darf sie streicheln und abklopfen, man kann hineinkriechen und sogar versuchen, die Decksteine anzuheben.

Diese Geschichte zum Anfassen beflü gelt die Phantasie mehr als jede schriftliche Schilderung von Vergangenem. Und wer sein Ohr an die Granitkolosse legt, kann sie vielleicht sogar von den guten alten Zeiten sprechen hö ren. Man muss nur ganz leise sein und vor allem die richtige Stelle finden ...

Gigant vom Brutkamp (Albersdorf) – Der größte Deckstein im Land

H

## HALLIGEN – EINE FEUCHTE WELT

Sie ist schon verwirklicht, die gläserne Gesellschaft, in der jeder weiß, was der Nachbar tut und was er denkt. Auf den schleswig-holsteinischen Halligen besteht dennoch keine Orwellsche Schreckensherrschaft. Zwar gibt es auf den kleinen Eilanden im Meer zwischen den Bewohnern so gut wie keine Geheimnisse, aber in vielen Jahrhunderten haben die Menschen gelernt, wie eine große Familie zusammenzuleben. Man spricht miteinander, streitet auch, aber redet so wenig wie möglich übereinander.

Eine Geschichte, die da anfängt „Haben Sie eigentlich schon gehört, dass ..." lässt sich der Halligbewohner geduldig bis zum Ende erzählen, dann holt er tief Luft, zieht betont nachdenklich an seiner Pfeife, und sagt: „Na!?" Er sagt es mit Ausrufezeichen und mit Fragezeichen, und dieser doppelte Abschluss wirft das „Na" dem Erzählenden derart zielsicher zurück, dass er zugleich verblüfft, verlegen und belehrt ist. Soll das „Na" nun Zweifel bedeuten? Oder Empörung? Oder doch nur die Mitteilung: Das ist aber nun wirklich keine Neuigkeit.

Da keine weiteren Interpretationen des „Na" folgen, wird sich der Berichterstatter in der Regel einigermaßen beschämt verabschieden und nie wieder eine Geschichte erzählen, die mit „Haben Sie eigentlich schon gehört ..." beginnt.

Dabei ist die knappe Reaktion keineswegs als Kränkung gedacht, sondern sie ist lediglich Selbstschutz. Wer so eng zusammenlebt wie die Bewohner einer Hallig, dazu bei Sturmflut oder Eisgang über Wochen vom Festland abgeschnitten ist, der ist einem besonderen sozialen Stress ausgesetzt. Man bildet zwar so etwas wie eine große Familie, in der sich nichts verheimlichen lässt, gleichzeitig aber wird versucht, der gläsernen Gesellschaft Gardinen vorzuziehen, damit ein Außenstehender nicht hineinblicken kann. Es braucht ja niemand zu wissen, dass es auf den Warften nicht immer so idyllisch zugeht, wie der Gast vermutet.

Kompliziert wie die Beziehungen untereinander, ist auch das Verhältnis der Halligbewohner zum Festland. Der Gedanke, in Husum oder Niebüll zu leben, ist Alptraum und Sehnsucht zugleich. Wer auf einer Hallig geboren wurde, hat auf dem Festland immer Heimweh und gleicht dem Seefahrer, der an Bord die Tage bis zur Heimkehr zählt, aber kaum dass er den Fuß an Land gesetzt hat, schon wieder die Abreise herbeisehnt.

Heute gibt es auf allen fünf ständig bewohnten Halligen den Komfort des Festlands mit Telefon, Elektrizität und fließendem Wasser. Doch die moderne Zeit kam erst spät, und wer in den Chroniken der Halligen liest, bekommt eine Ahnung davon, welche Katastrophen und Tragödien sich auf diesen Außenposten der Zivilisation abgespielt haben. Einer der ersten, der das Leben an der Nordseeküste beschrieben hat, ist der römische Schriftsteller Plinius (23 bis 79 n.Chr.), der seinen Lesern im bereits hoch entwickelten Italien wie von einem anderen Planeten berichtete:

„Hier überflutet der Ozean zweimal binnen Tag und Nacht in ausgebreiteter Flut einen unermesslichen Landstrich und verursacht einen ewigen Streit der Natur, so daß man nicht weiß, ob diese Gegend zum Festland oder zum Meer gehört. Ein armseliges Volk wohnt auf hohen Hügeln oder mit den Händen gemachten Erdhaufen, welche die höchste bekannte Flut überragen. Wenn das Wasser die umliegende Gegend bedeckt, sehen die Leute in ihren auf den Hügeln errichteten Häusern wie Schiffahrer aus, und wenn es sich wieder verläuft, scheinen sie Schiffbruch erlitten zu haben und machen Jagd auf die Fische, welche in der Gegend ihrer Hütte mit dem Meer entfliehen wollen. Sie sind nicht so glücklich, dass sie Vieh halten können wie ihre Nachbarn; ja, weil hier weit und breit alles Gesträuch gleichsam vertrieben ist, so haben sie nicht einmal Gelegenheit, die wilden Tiere anzugreifen. Sie flechten Fäden aus Seegras und Sumpfbinsen, um Netze zu haben, die sie den Fischen

Schwimmender Traum –
Die Hallig Oland

entgegenstellen können, und trocknen mit Händen geformten Kot mehr beim Winde als an der Sonne. Regenwasser, das sie vor ihren Wohnungen in Gruben aufbewahren, ist ihr einziges Getränk."

Wie der von Plinius erwähnte „Schiffbruch" in der rauen Wirklichkeit aussah, geht aus einem Brief hervor, in dem der Lehrer der Hallig Nordstrandischmoor, Johannes Christiansen, die wunderbare Rettung seines Amtsvorgängers während der Sturmflut vom 4. Februar 1825 schildert:

„In derselben Nacht saß der Schullehrer Hans Jensen mit seiner Frau und seinen beiden Kindern unter dem Hahnenbalken. Sein Haus lag mit der Kirche auf einer Warft. Jensen hörte, wie die Mauern der Kirche einstürzten und wartete voller Angst, dass nun auch sein Haus nicht mehr halten würde. Da zerriss auch schon die Fluth das Haus in zwei Theile, die Decke mit dem Heuklamp und einem Theile des Daches löste sich von den Ständern ab und trieb weg. Mit ihm das Ehepaar Jensen mit einem Kind, das zweite Kind, ein Knabe von sechs Jahren, war auf den anderen Theil des Bodens gekrochen und blieb zurück, ohne dass dies gleich bemerkt worden wäre. Das seltsame Fahrzeug mit Jensen, seiner Frau und dem kleinsten Kind trieb zum Glück an die benachbarte Warft, so daß sie sich retten konnten. Nun erst bemerkte man das Fehlen des Knaben. Während die Eltern noch klagten und riefen, kam auch das übrige Heu angeschwommen, auf dem der Knabe saß und nach seinen Eltern rief. Der Besitzer des Hauses, in dem sie waren, Peter Levsen, sprang in das Wasser und konnte den Knaben glücklich fassen und retten."

Deichbruch, Holzstich von Winterstein, 1675

Bei der zweiten großen „Mandränke" gab es für die meisten Halligbewohner keine wundersame Rettung wie die beschriebene von Nordstrandischmoor. Ein altes Aktenstück im Landesarchiv enthält ein „Verzeichnis der Menschen, so den 11. Oktober 1634 ... in der hogen Wasserfluth jämmerlich ertrunken und umgekommen, item was ansonsten für Schaden daselbst geschehen, wird als Summa Summarum aufgestellt: 6 123 Menschen ertrunken und umgekommen, darunter 9 Prediger. 12 Klöster, 1 339 Heuser ganz wechgetrieben, 6 Klockentürme wechgetrieben ... 28 Windmühlen wechgetrieben. An Beesten und lebendige Habe, alß Pferde, Ochsen, Kühe, Schafe und Schweine sind ertrunken mehr und nicht minder über 50 000 Stück."

Groß war bei diesen Fluten nicht nur der Verlust an Menschen und Tieren, auch die Zahl der „schwimmenden Träume", wie Theodor Storm die Eilande nannte, nahm im Laufe der Jahrhunderte ständig ab. Im 13. Jahrhundert gab es noch etwa fünfzig Halligen, derzeit sind es nur noch neun.

Nach jeder Katastrophe wurde empfohlen, die Halligen einzudeichen oder ihre Bewohner auf das Festland umzusiedeln. Gegen die Sicherung mit einem Bollwerk sprach vor allem, dass in diesem Falle die beim Überfluten abgelagerten Sinkstoffe und damit die für die Viehzucht so wichtige Düngung verloren gehen würden.

Im Inneren der früheren Halligwelt

Die Verpflanzung der Menschen lehnte zuletzt im Jahre 1825 ein Gutachten mit der bis heute zutreffenden Begründung ab:

„... dass die Halligbewohner mit so fester Liebe an ihrem Land hängen, dass das Lebensglück der jetzigen Generation für immer dahin sein dürfte, wenn sie ihre Heimat verlassen sollten. Man würde befürchten müssen, dass sie in diesem Falle künftig eine trübe, freudensleere Existenz haben und sich nirgends wohl und heimatlich fühlen würden."

Man sieht, die „gläserne Gesellschaft" kann funktionieren. Vorausgesetzt allerdings, ihre Mitglieder unterwerfen sich freiwillig den extremen Lebensbedingungen auf einer Hallig.

## HARRO HARRING – EIN SKURRILER REVOLUTIONÄR

Harro Harring war verrückt, genial, fanatisch, weltfremd und noch vieles mehr. Bilder zeigen ihn als südamerikanischen Freiheitskämpfer mit Degen, Dolch und Pistole im Gürtel, und in der Kieler Landesbibliothek stapelt sich sein umfangreicher schriftlicher Nachlass. Eine in Husum ansässige Gesellschaft will dafür sorgen, dass sein Ruhm nicht verblasst. Die Gefahr, dass dies passiert, besteht allerdings nicht. Denn ein turbulenteres Leben, als es Harro Harring geführt hat, lässt sich nicht vorstellen. In einer Zeit, in der das Reisen noch echtes Abenteuer war, hetzte er durch die Welt, wie heute ein Spitzenpolitiker, eben nur in wochenlangen Schiffsreisen, statt im superschnellen Jet. Er schuf Historien- und Landschaftsbilder, dazu Dramen, die an angesehenen Bühnen aufgeführt wurden, er schrieb Briefe an Gott und die Welt, verfasste Bücher, gereimt und ungereimt, gab eine eigene Zeitung heraus, versuchte die Politik zu beeinflussen und jagte von einer Revolution zur anderen, kam jedoch meistens zu spät, um noch selbst den Säbel schwingen zu können.

Bewirkt hat Harro Harring wenig, um nicht zu sagen gar nichts. Seine politischen Ideen waren völlig unrealistisch, er war nicht bereit, Kompromisse zu schließen, war von einer Sache ebenso schnell begeistert wie er sie wieder verwarf. Und doch geistert er als eine Art Volksheld durch die schleswig-holsteinische Geschichte, obwohl er dort nur eine Statistenrolle gespielt hat.

Abenteurer und Fantast – Harro Harring

Wenn Harro Harring seine größte Fan-Gemeinde an der schleswig-holsteinischen Westküste hat, ist der Grund einleuchtend: Er war ein echter Friese. 1798 erblickte er auf einem Bauernhof bei Wobbenbüll in der Nähe von Husum das Licht der Welt. Zur Schule ging er kaum, las stattdessen viel und trat eine Lehre im Husumer Zollamt an. Als er etwas Geld gespart hatte, zog er in die Welt, getrieben von einer geradezu krankhaften Ruhelosigkeit. Erfuhr er von der Erhebung der Griechen gegen die türkische Fremdherrschaft, machte er sich auf die Reise ins Krisengebiet. Als er auf dem Peloponnes ankam, war der Kampf beendet, der Anführer der Aufständischen, der berühmte Alexander Ypsilantes, gefangen genommen. Umgehend beschloss Harro Harring, den in der Nähe von Prag Inhaftierten zu befreien, was misslang. Kurz vor der Verhaftung floh er nach München. Dort versuchte er, eine Stelle als Unteroffizier zu erhalten. Dies misslang ebenfalls, und daher trat er in den Dienst der russischen Armee. Da in das dortige Offizierskorps nur Adlige aufgenommen wurden, ließ er sich von der Husumer Verwaltung bescheinigen, dass er der Sohn eines „Deichgrafen" sei. Als er zwei Jahre später vom Pferd fiel, musste er den Militärdienst quittieren und wollte zurück nach Nordfriesland. Das scheiterte daran, dass die dänischen Behörden sich weigerten, einem Russen einen dänischen Pass auszustellen.

Vor den Abenteuern – Harro in jungen Jahren

Da Harring die für die damalige Zeit ungemein radikale Ansicht vertrat, dass die deutsche Einheit nicht durch Zugeständnisse der Fürsten, sondern nur durch das Volk zu erlangen sei, wurden nicht nur seine Schriften verboten, er selbst durfte sich in keinem Staat des Deutschen Bundes sehen lassen.

Daraufhin suchte er auf Helgoland Zuflucht, das zu England gehörte. Doch die örtlichen Behörden ergriffen ihn und schoben ihn nach Frankreich ab. Von dort reiste er nach Rio de Janeiro, kehrte nach Europa zurück, um alsbald erneut nach Brasilien zu fahren. Mit Bildern und Veröffentlichungen hielt er sich mehr schlecht als recht über Wasser.

Diese Reise-Hektik hielt weitere Jahrzehnte an, nur unterbrochen durch die erste schleswig-holsteinische Erhebung gegen die dänische Herrschaft. Als Harring von der Revolution in der Heimat hörte, war er gerade in New York, wo er Freiwillige für einen Aufstand in Italien werben sollte. Natürlich reiste er sofort zurück, um mitzumischen. Diesmal allerdings unterstützte er nicht die Aufständischen, sprach sogar von „Verrat". Was er eigentlich wollte, wusste keiner genau,

Hier begann ein aufregendes Leben – Harro Harrings Geburtshaus in Wobbenbüll bei Husum

Harro Harring selbst wohl auch nicht. Erstaunlicherweise erwartete ihn bei der Ankunft in Tönning dennoch eine große Menschenmenge, und auch die Zeitungen des Landes berichteten ausführlich über den skurrilen Heimkehrer. Viel Volk kam auch zur groß angekündigten Rede am 23. Juli 1848 in Bredstedt. Diese Ansprache bestand hauptsächlich aus großen Worten, von Humanität, Moral und Pflicht. Seine politische Botschaft hieß: Die Nordfriesen sollten eine eigene Republik bilden und sich aus dem Streit zwischen Dänemark und den Herzogtümern heraushalten. Enttäuscht zogen die Leute von dannen.

Wenig Erfolg hatte Harring auch als Zeitungs-Herausgeber in Rendsburg. „Das Volk" nannte er sein Kampforgan für die erhoffte Durchsetzung einer radikalen Demokratie. Doch bald waren Geld und Begeisterung verflogen, und Harro Harring landete zum dritten Mal in Brasilien, wo er sich diesmal als Quacksalber betätigte.

Der Rest des Lebens verlief wie gehabt: Reisen, Flucht, Gefängnis, abgeschoben. 1868 ließ er sich auf der Kanalinsel Jersey nieder und stieß sich am 15. Mai 1870 einen Dolch ins Herz. Das war das passende Ende für ein aufregendes, zugleich aber auch ziemlich verkorkstes Leben.

## HEINEKEN – ECHTES WUNDERKIND

Auf den ersten Blick erscheint die Geschichte unwahrscheinlich. Schon wieder ein Wunderkind? Wie viele Eltern sehen durch eine rosa-rote Brille auf den Nachwuchs und sehen einen Mozart oder gar einen Boris Becker. Christian Heineken aber war wirklich ein Wunderknabe. Zugleich ist er jedoch ein erschreckendes Beispiel dafür, was passiert, wenn ein Mensch von der Natur manipuliert wird. Aber vielleicht schon bald von den Menschen selbst?

Zunächst schien der kleine Christian ein normales Kind einer ganz normalen Familie zu sein. Die Eltern waren Künstler, keine begnadeten. Der Vater malte Porträts und Deckengemälde in Lübecker Bürgerhäusern, die Mutter Stillleben. Das Ehepaar hatte sechs Kinder. Über fünf ist nichts Auffälliges bekannt. Der am 6. Februar 1721 geborene Christian hingegen machte weltweite Schlagzeilen, jedenfalls soweit das damals möglich war.

Nun ist bei der Verbreitung von Nachrichten über Wunderkinder bekanntlich Vorsicht geboten. Doch Christians phänomenale Geistesgaben sind von vielen glaubwürdigen Zeugen belegt. Es gibt sogar eine Art Biographie. Geschrieben von Christian von Schöneich, dem Lehrer des Wunderknaben. Er lebte als Untermieter im Hause Heineken und beginnt sein Buch mit der Beschreibung, wie der zehn Monate alte Christian, auf dem Schoß seiner Amme Sophie sitzend, die mit allerlei Bildern gespickten Tapeten und den ebenfalls bemalten großen Ofen betrachtet. Seine Amme bemerkt, dass er „seine Aeugelchen auf einige derselben gleichsam anklebte". Am nächsten Tag zeigte der Säugling auf die Abbildungen und konnte auch die Wörter aussprechen: Katze, Berg, Turm … .

Es stellte sich heraus, dass er alles behielt, was man ihm sagte und zugleich einen ungeheuren Bildungshunger entwickelte. Mit 14 Monaten hatte er alle Geschichten des Alten und Neuen Testaments „erfasst", was immer darunter zu verstehen ist. Einen Monat später begann er mit dem Studium der Weltgeschichte, kannte bald etwa

Vom Tod begleitet – Christian Heineken

8000 lateinische Begriffe, konnte den Text von 200 frommen Liedern und über 1500 lateinische Sprüche vortragen, dazu 80 Psalme und „ganze Kapitel aus dem Alten und Neuen Testament, von Wort zu Wort, wenn er ganz gesund und aufgeräumt war, auswendig hersagen".

Der Ruhm des kleinen Genius breitete sich schnell über die Grenzen seiner Geburtsstadt Lübeck aus, und als der Knabe erklärte, er wolle nach Kopenhagen reisen, um König Friedrich IV. „meine gemalten Karten schenken, da werde ich wohl wieder recht gesund werden", da war dieser Wunsch der Mutter, der Amme und dem Hauslehrer ein Befehl. Durch die Luftveränderung, so hofften die Erzieher, werde sich die außerordentlich schlechte körperliche Verfassung des Kleinen bessern. Denn zweimal schon war Christian nur knapp dem Tode entronnen, und dass er nicht lange leben würde, ließ sich absehen. Denn der Wunderknabe beschränkte sich auf die

Aufnahme geistiger Nahrung, das Essen dagegen schien ihn zu ekeln. Auch mit vier Jahren hing er noch an der Brust der Amme, weigerte sich, irgendetwas zu kauen, und nahm weder Löffel noch Gabel zur Hand, sondern ließ nur widerwillig in den Magen rutschen, was man ihm in den Mund schob. Entsprechend labil war sein körperlicher Zustand. Er schlief wenig, konnte nur mühsam laufen und war viel zu schwach, um für längere Zeit eine Schreibfeder in der Hand zu führen.

Auch die berühmt gewordene Audienz am 9. September 1724 beim dänischen König musste beinahe wieder abgesagt werden, weil der kleine Ehrengast noch wenige Stunden vorher todkrank danieder lag. Doch mit gewaltiger Willensanstrengung ließ er sich auf die dünnen Beine stellen. Zu seinem Empfang war das gesamte Herrscherhaus aufmarschiert. König und Gemahlin, der Kronprinz mit Gemahlin, dazu die Spitze des Hofstaates.

Nachdem der Dreieinhalbjährige eine lange, auswändig gelernte Rede aufgesagt hatte, nahm der König eine Art Prüfung vor. Zunächst zeigte er ihm den Elefanten-Orden und fragte, ob er etwas darüber wisse. Genauso gut könnte man „Kaiser Beckenbauer" fragen, ob er etwas über Bayern München wisse. Christian spulte die Geschichte des Ordens nur so herunter, und man kann sich die Verblüffung der hohen Herrschaften vorstellen. Diese steigerte sich noch, als der Kandidat plötzlich erklärte, nun sei er erschöpft, müsse etwas zu sich nehmen. Woraufhin die Amme vorgelassen wurde, ihre Bluse aufknöpfte und das Wunderkind zur Brust nahm.

Den zweiten Teil der Befragung absolvierte Christian im Schoß der guten Amme Sophie. Der König nahm ein historisches Werk aus dem Regal und fragte ab: Alle dänischen Regenten, dazu alle oldenburgischen Herrscher. Die Antworten kamen prompt. Anschließend zeigte Majestät Bilder: Was das sei? Der Knabe nannte nicht nur die Namen, sondern fügte die Geschichte an: Knut der Große habe drei

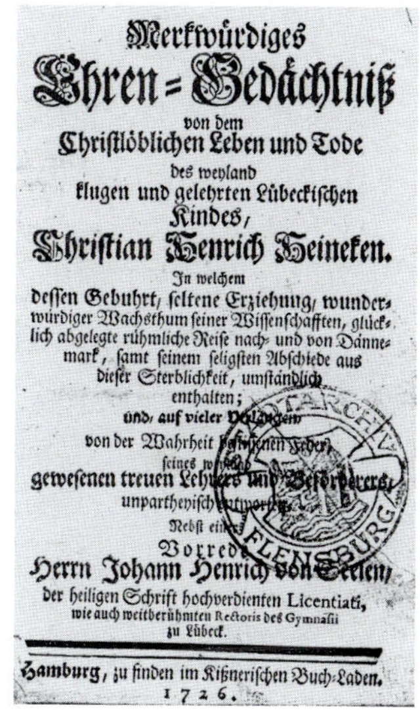
Merkwürdiges
Ehren-Gedächtniß
von dem
Christlöblichen Leben und Tode
des weyland
klugen und gelehrten Lübeckischen
Kindes,
Christian Henrich Heineken.
In welchem
dessen Gebuhrt, seltene Erziehung, wunderwürdiger Wachsthum seiner Wissenschafften, glücklich abgelegte rühmliche Reise nach- und von Dännemark, samt seinem seligsten Abschiede aus dieser Sterblichkeit, umständlich
enthalten;
und, auf vieler [illegible]
von der Wahrheit [illegible]
seines [illegible]
gewesenen treuen [illegible]
unpartheyisch [illegible]
Nebst ei[illegible]
Vorred[illegible]
Herrn Johann Henrich [illegible],
der heiligen Schrift hochverdienten Licentiati,
wie auch weitberühmten Rectoris des Gymnasii
zu Lübeck.
Hamburg, zu finden im Kißnerischen Buch-Laden.
1726.

Der Lehrer beschreibt
„sein" Wunderkind

Kronen getragen, „da steht gemalt, wie er demütig gewesen ist gegen Gott; wie er nach Rom gewalfahret ist; wie er seine drei Kronen unter seine Söhne Sven, Haarde Knut und Harald geteilt..."

Zwei Stunden ging das so weiter, alle Wissensgebiete, einschließlich Medizin und Geographie, kamen zur Sprache, und glaubt man dem Bericht des stolzen Lehrers Schöneich, konnte Christian alle Fragen ausführlich beantworten und hatte sogar noch Kraft zur folgenden Abschiedsrede: „Sire, ich bin der allerhöchsten Gnade nicht würdig, die Sie mir erzeigt haben. So lange der glimmende Docht meines schwachen Lebens annoch dauern wird: werde ich Gott bitten, daß er Euer köngl. Maj. glorwürdiges Zepter segnen wolle in Ewigkeit".

Als Honorar für den Auftritt gab es zwei Goldstücke, weitere Einnahmen brachte ein ähnlicher Besuch bei den königlichen Geschwistern in der Nachbarschaft.

Die Reise und vor allem die Audienz hatten Christians Ruhm auch in Lübeck gemehrt, gleichzeitig schritt aber sein körperlicher Verfall rapide voran. Wie ein Greis saß er in seinem Lehnstuhl und wollte nur eins: Immer mehr wissen. „Christian aß fast nichts mer und schlief fast nicht mer: dennoch arbeitete sein Geist immerfort", schrieb sein Lehrer. Den Löffel Milch schluckte er nur gegen das Versprechen, mehr über die Sterne, den Lauf der Planeten sowie über Mond- und Sonnenfinsternis zu erfahren. Dem Vortrag hörte er so aufmerksam zu, dass ihn schon das kleinste Geräusch im Hause störte. Selbst die Mutter musste sich zurufen lassen: „Seid doch stille! Madam, seyn Sie doch stille".

Ihn nervte allerdings nur das Geplapper, Ruhe wollte er keineswegs haben. Seine Geschwister mussten ihm in den Pausen zwischen Schlaf und hochgeistigen Gesprächen geistige Lieder vorsingen. Auch hierbei war er unersättlich, „mer, mer", rief der Extrem-Säugling, und als die Familienangehörigen die Anforderungen nicht mehr erfüllen konnten, wurden mehrere Sängerinnen engagiert.

Inzwischen weiß man, dass Christian Heineken an einer Mehl-Allergie litt, vor 275 Jahren waren die Ärzte ratlos. Nach der Rückkehr aus Dänemark verschlechterte sich der Gesundheitszustand des rätselhaften Knaben rapide. Man gab ihm Weinsuppe, worauf Christian alle am Rhein gelegenen Städte aufzählte, 50 Namen, und als die Amme ihn weiter füttern wollte, bestand er darauf, zuvor etwas über alle Städte sagen zu dürfen.

Zwei Tage vor seinem Tod ließ er sich sein Lehr-Skelett bringen, nannte alle Knochen mit ihren anatomischen Namen und sprach anschließend auf lateinisch: „Der Mensch sei gleich jung oder alt, der Tod macht ihn doch bleich und kalt". Am 27. Juni 1725 starb er im Alter von knapp viereinhalb Jahren.

Zwei Wochen lag der Leichnam aufgebahrt, und wie sein Lehrer Schöneich schrieb, kamen Tausende, um Abschied zu nehmen, und „eine Menge Zeitungen verkündigten in Europa seinen Tod".

Bleibt die Frage, was wäre wohl aus dem Lübecker Wunderkind geworden, hätte es länger gelebt? Ein Universalgenie? Ein Philosoph? Vielleicht auch nur ein unerträglicher Alleswisser.

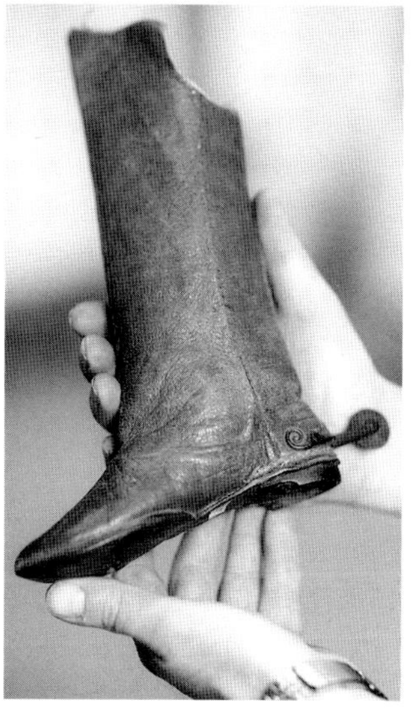

In diesem Stiefel soll Christian vor dem König aufgetreten sein

## HEINRICH – DER RASENDE PRINZ

Man halte im Süden oder im Norden einen beliebigen Autofahrer an und frage ihn, ob er den Prinzen Heinrich kenne. Die Antworten werden nicht sonderlich ermutigend ausfallen. Bestenfalls eine Minderheit kann den Bruder des letzten deutschen Kaisers wenigstens als Erfinder der von Ex-Kanzler Helmut Schmidt wieder populär gemachten Prinz-Heinrich-Mütze identifizieren. Doch nach der Kopfbedeckung ist nicht gefragt. Die Lösung des Rätsels hat jeder Automobilist direkt vor der Windschutzscheibe: Vom Scheibenwischer ist die Rede.

Unter der Nummer 204343 hat ihn der Preußenprinz Anno 1908 als Reichspatent angemeldet, und man stelle sich vor, die Pkw-Industrie müsste für die millionenfache Ausführung noch immer Lizenzgebühren an das Haus Hohenzollern zahlen.

Vielleicht war es der berüchtigte schleswig-holsteinische Landregen, der die bahnbrechende Erfindung verursachte; denn schon 1902 hatte sich Prinz Heinrich das bei Eckernförde gelegene Gut Hemmelmark gekauft und dort sogleich ein neues Wohnhaus im englischen Cottagestil errichtet. Für die Schleswig-Holsteiner bedeutete der prominente Neubürger sicherlich eine hohe Ehre, aber er war auch zugleich eine Lärmbelästigung nach Art der späteren Tiefflieger. Denn der preußische Prinz liebte nicht nur die Marine, sondern noch mehr die „schnellen" Autos.

So bestellte er sich zunächst 1902 in den USA einen fünf PS starken Dampfkraftwagen, stieg danach aber bald auf einen spritzigen Daimler-Benz um, und wenn er von Eckernförde zum Dienstsitz ins Kieler Schloss „jagte", dann brachten besorgte Mütter mit dem Schreckensruf „De dulle Prinz kümmt" Kinder und Haustiere in Sicherheit.

Heute wird der Werftindustrie zu Recht nachgesagt, sie habe sich nicht frühzeitig auf Gewinn bringende Alternativen zum Schiffbau eingestellt. Zumindest die Kieler Betriebe haben in der Tat eine Chance verpasst, denn da es um die Jahrhundertwende noch keine

Kfz-Werkstätten gab, ließ Prinz Heinrich die Reparaturen an seinem Auto von den Arbeitern der Kaiserlichen Werft erledigen. Hätte man an der Wasserkante dieses Geschäft doch nur weiterverfolgt ...

Überliefert ist auch, dass der blaublütige Autonarr im Jahre 1911 gegen einen Baum gefahren ist und sich dabei mehrere Rippen brach. Dafür erhielt er vom großen Bruder Wilhelm II. eine Rüge. Es wäre ja auch nicht auszudenken gewesen, wenn ein Großadmiral und Generalinspekteur der „schwimmenden Wehr" den Heldentod an einem ganz gewöhnlichen Chausseebaum gestorben wäre.

Es war übrigens schon das zweite Mal, dass Prinz Heinrich in unehrenhafte Lebensgefahr geraten war. Bereits vor Erfindung des Automobils wäre er auf einer Dienstreise um die Welt bei einem Jagdausflug im japanischen Dschungel beinahe von Eingeborenen erschlagen worden.

Runde vierzig Jahre später drohte dem inzwischen zum Oberbefehlshaber der deutschen Ostseestreitkräfte aufgestiegenen Prinzen erneut Gefahr für Leib und Leben.

Wieder von „Eingeborenen", wenngleich von gänzlich anderer Art. In Kiel probten gerade die Matrosen den Aufstand, und während sein kaiserlicher Bruder Wilhelm schon die Koffer für die Reise ins holländische Exil gepackt hatte, residierte Heinrich noch immer im Kieler Schloss, offenbar ohne den Ernst der Lage überhaupt erkannt zu haben. Anders ist jedenfalls nicht zu erklären, dass er am 5. November 1918, dem Höhepunkt der Kieler Revolution, persönlich eine Patrouille des Soldatenrates vom Schlossgelände zu jagen versuchte. „Machen Sie, dass Sie hier 'raus kommen", fuhr er die Aufständischen an.

Nach diesem Anpfiff hätten richtige Revolutionäre dem hohen Repräsentanten der angeschlagenen alten Ordnung sicherlich den prinzlichen Wams stramm gezogen. Aber der Respekt vor der Majestät schien noch immer stärker als die Aufmüpfigkeit zu sein. Jedenfalls passierte Prinz Heinrich, dem See- und Autofahrer, überraschenderweise nichts.

Rennfahrer, Erfinder und Admiral:
Prinz Heinrich von Preußen

Im Laufe des Tages spitzte sich die Lage in Kiel aber weiter zu, und der Großadmiral ohne Schiffe beschloss den geordneten Rückzug auf sein Gut Hemmelmark. Nun hätte man annehmen können, dass die rebellierenden Arbeiter und Matrosen den neben dem Kaiser wichtigsten Repräsentanten der Monarchie als Faustpfand behalten würden. Aber weit gefehlt, man ließ ihn am Steuer seines Autos davonbrausen. Vielleicht beeindruckt durch die rote Fahne, die Heinrich sicherheitshalber aufgesteckt hatte.

Kurz hinter der Stadtgrenze bei Levensau am Nord-Ostsee-Kanal ereignete sich allerdings doch noch ein dramatischer Zwischenfall: Ein liegengebliebener Lastwagen mit meuternden Matrosen zwang zum Halt, Prinz Heinrichs Fahrer half bei der Reparatur (welch kuriose Szene!), und als der Schaden behoben war und die Flucht weitergehen sollte, sprangen zwei Revolutionäre auf die Trittbretter des prinzlichen Gefährts. Vielleicht, um sich ebenfalls davonzumachen.

Ihre Kameraden eröffneten sofort das Feuer. Einer der Männer wurde erschossen, der zweite sprang ab. Wie durch ein Wunder wurde von den Insassen des Fluchtautos nur die Admirals-Gattin, Prinzessin Irene, durch einen Streifschuss am Arm leicht verletzt.

Während Bruder Wilhelm im holländischen Doorn bereits Holz hackte, nahm Heinrich auf Gut Hemmelmark in gewissem Sinne sogar wieder am gesellschaftlichen Leben teil. Die Revolution war in Kiel ja nicht böse gemeint und eigentlich von Ortsfremden angezettelt worden. So sah beziehungsweise hörte man den Großadmiral bei der Einweihung eines neuen Klubhauses im kaiserlichen Kieler Yachtclub ein donnerndes „Hoch" auf „den Kommodore, Seine Majestät den Kaiser" anstimmen, und wenn auf der Ostsee in Sichtweite von Hemmelmark ein Kriegsschiff der neuen Republik Anker warf, dann war das nicht unbedingt ein Zufall. Was man vor allem daran erkannte, dass sich der Pensionär Heinrich in die Admiralsuniform warf und wie in guter alter Zeit zum großen Diner an Bord geholt wurde.

„Der Empfang des Prinzen Heinrich auf der Barbarossabrücke im Kieler Hafen", Holzstich von Carl Saltzmann, 1884

Als Prinz Heinrich 1929 starb, folgte seinem Sarg ein drei Kilometer langer Trauerzug. Und das bei schleswig-holsteinischem Sturm und Regen, aufgeweichten Wegen und im elften Jahr der weitgehend ungeliebten Republik.

Wenn die alte Marinestadt Kiel zu diesem Zeitpunkt noch einmal zwischen Revolution und Kaiser hätte wählen können, wer weiß, wie die Entscheidung ausgefallen wäre.

## HELGOLAND – NICHT UNTERZUKRIEGEN

Helgoland bei der Anreise

Für die meisten Besucher Helgolands ist die Seereise zum roten Felsen in der Nordsee ein unvergessliches Erlebnis. Wegen der guten Luft und wegen des zollfreien Einkaufs, wegen der Bademöglichkeiten und der aufregenden Vergangenheit. Vor allem aber, weil ihnen so furchtbar übel war. Nur fünfundsechzig Kilometer liegen zwischen Cuxhaven und Helgoland, aber sie können es in sich haben. Da besteigt eine fröhlich gestimmte Familie in Erwartung einer harmlosen Sonntagskaffeefahrt den wimpelgeschmückten Ausflugsdampfer, und nach einer Stunde Seefahrt hat die kleine Gesellschaft eine grünlich-gelbe Gesichtsfarbe angenommen. Alle Besitztümer, einschließlich der Sparschweine, würde man dem Kapitän überlassen, wenn er die schwankenden Planken in festen Boden verwandeln könnte. „Nie wieder Helgoland", wie oft mag dieser Schwur mit über Bord gegangen sein.

Ganz böse Zungen behaupten sogar, die Seekrankheit sei eine Erfindung der Helgoländer. Ist die Widerstandskraft schon während der Anreise gebrochen, lassen sich die Gäste beim Landgang umso leichter ausnehmen.

Was dieses einnehmende Wesen betrifft, können die Helgoländer auf reiche Erfahrung aus langer Tradition zurückgreifen. Sehr früh hatten die Bewohner des roten Felsens nämlich erkannt, dass sie an einer strategisch äußerst günstigen Position beheimatet sind. Der Schifffahrtsweg von und nach Hamburg führte notgedrungen an der Insel vorbei, und was lag da näher, als vom vorbeisegelnden Reichtum etwas abzuzweigen. Zeitweise versuchte man es auf legalem Wege, zum Beispiel durch Lotsentätigkeit, aber die Helgoländer waren schon immer sehr helle Köpfe, und folglich fanden sie schnell heraus, dass ein gestrandetes Schiff mehr Einnahmen brachte als ein sicher um die Felsen geleitetes.

Der Gewinn aus Schiffsstrandungen ließ sich zunächst noch den stürmischen Naturgewalten anlasten, endgültig ruiniert war der Ruf allerdings, als sich um das Jahr 1400 ein gewisser Klaus Störtebeker den Felsen zum Hauptquartier wählte.

Helgoland in jungen deutschen Jahren

Dieser Condottiere beschränkte sich mit seinen wilden Gesellen nicht nur darauf, das Seegebiet um Helgoland unsicher zu machen, sondern dehnte seine Raubzüge bis in die Ostsee aus. Schätze von unvorstellbarem Wert sollen sich zu diesen Zeiten in den dunklen Höhlen des Helgoländer Buntsandsteinfelsens gestapelt haben.

Obwohl der Verlust keine Armen traf, wurde den Hamburger und Bremer „Pfeffersäcken" das freche Treiben der Freibeuter schließlich doch zu lästig, daher organisierten sie eine mächtige Kriegsflotte und besiegten die Piraten in einer blutigen Schlacht in Sichtweite von Helgoland. In der Hoffnung, das gewinnschmälernde Übel ein für alle mal aus der Welt zu schaffen, ließen die ansonsten eher feinen Hamburger Senatoren Klaus Störtebeker und seine Mannen enthaupten und die abgeschlagenen Köpfe zwecks Abschreckung auch noch öffentlich zur Schau stellen.

Natürlich dauerte es nicht lange, und da residierte auf Helgoland erneut ein berüchtigter Seeräuber. Diesmal hieß er Wiben Peter, und ansonsten lief alles wie gehabt ...

Hatten die Helgoländer mit ihren prominenten Seeräubern einmal Nachwuchsschwierigkeiten, dann nutzten sie diese Zeit, um sich selbst auszubeuten. Zwar lässt sich von Austern und Hummern notfalls durchaus leben, aber den geschäftstüchtigen Insulanern reichte das nicht. Daher begannen sie damit, ihre eigene Insel abzureißen und auf dem Festland zu verscherbeln.

Man glaubt es nicht, aber es ist tatsächlich wahr. Bis zum Jahr 1720 war Helgoland eine Art Doppelinsel. Den einen Teil bildete der berühmte rote Fels, den der Sage zufolge der Teufel aus Norwegen geholt hat, der zweite Teil, der über eine breite Landbrücke zu erreichen war, bestand aus einem Dünengebirge mit Tafelberg, auf dessen grüner Kuppe Milchvieh weidete. Diesen Kreidefelsen trugen die Helgoländer mit Schaufel und Hacke ab. Nach uns die Sintflut, sagten sie, und die ließ nicht lange auf sich warten. Die von Menschenhand geschwächte Doppelinsel zerbrach in der Neujahrsnacht des Jahres 1720. Wundersamerweise blieb die vom roten Felsen getrennte Düne bis heute erhalten.

Auf Helgoland ist eben alles anders, dieser Grundsatz hat seit Jahrhunderten Gültigkeit und erklärt vieles, was zunächst unerklärlich wirkt.

Da die von knapp 2000 Eingeborenen bewohnte Insel ein „nationales Monument" darstellt, darf man es mit den kritischen Bemerkungen allerdings nicht zu weit treiben. Schließlich ist auf dem sturmumpeitschten Eiland etwas sehr Deutsches aus der Taufe gehoben worden: unsere Nationalhymne. Am 26. August 1841 soll dem Dichter Hoffmann von Fallersleben während seines Exils auf der damals noch englischen und damit „liberalen" Insel das „Lied der Deutschen" eingefallen sein. Nur der Text, versteht sich, für die Noten sorgte Joseph Haydn. Es war übrigens eine schnöde Auftragsarbeit des Verlegers Julius Campe, der an ein zum Schunkeln animierendes Rheinlied gedacht hatte. Erst viel später erkannten die Helgoländer die Werbewirksamkeit des umstrittenen Hymnendichters und stellten seinen Bronzekopf an der Promenade auf.

Mediziner wollen festgestellt haben, dass die Helgoländer Fischer wahre Adleraugen haben und ihre Sehschärfe doppelt so stark ist, wie die der Festlandsbewohner. Umso erstaunlicher ist es da, dass es den Insulanern oft genug an Weitsicht mangelte.

Als beispielsweise der Bootsbauer Jacob Andreas Siemens im Jahr 1826 auf den nun wirklich nahe liegenden Gedanken kam, Helgoland zu einem Seebad zu machen, da feierten ihn seine Mitbürger nicht etwa als genialen Entdecker einer neuen und dazu auch noch endlich einmal legalen Einnahmequelle, sondern warfen ihm alle nur denkbaren Knüppel zwischen die Beine. Erst nach seinem Tode (Siemens starb 1843 in London) erkannte man, dass der ehrenamtliche Stadtschreiber mehr zum Wohlergehen des roten Felsens getan hatte, als der sagenumwobene heimliche Ehrenbürger Klaus Störtebeker.

Aber um noch einmal auf die „Weitsicht" zurückzukommen: Einer bewies sie, und das war ausgerechnet Kaiser Wilhelm II.. Mag sein, dass sich der Hobbyseefahrer nur ein neues maritimes Spielzeug zulegen wollte, jedenfalls erweiterte er 1890 seinen deutschen Familienbesitz um das knapp zwei Quadratkilometer messende Felseneiland. Eisen gab er für Gold, könnte man sagen, denn die deutschen Privilegien auf der Insel Sansibar und im ostafrikanischen Wituland wären heute natürlich ohnehin verloren. Ob die Engländer dieser Tausch inzwischen ähnlich ärgert wie die Russen der Verkauf Alaskas an Amerika?

In den meisten Berichten über die Helgoländer Nachkriegsgeschichte heißt es, die Engländer hätten geplant, die Insel im Meer zu versenken. Bisher geheime britische Dokumente lassen jedoch eindeutig erkennen, dass diese totale Vernichtung nie beabsichtigt war. Nur die ausgedehnten Befestigungsanlagen sollten gesprengt werden. Der „Big Bang", die größte nichtatomare Sprengung der Weltgeschichte, erfolgte am 18. April 1947. 6700 Tonnen Munition wurden gezündet, und die Zerstörung war gründlich. Anschließend hätten die Engländer den „roten Felsen" den Helgoländern wieder überlassen können. Doch stattdessen nutzte die „Royal Air Force" die Insel als Ziel für Bombenabwürfe.

Das zerstörte Helgoland

René Leudesdorff und Georg von Hatzfeld, zwei Heidelberger Studenten, waren es, die die Bomber vertrieben. Zur Jahreswende 1950/51 besetzten sie in einem friedlichen Handstreich die Insel und wurden als Patrioten stürmisch gefeiert.

Möglicherweise hat diese Mutprobe den Briten mehr imponiert als der Protest der westdeutschen Politiker, jedenfalls wurde Helgoland am 1. März 1952 den vertriebenen Insulanern zurückgegeben. Diesmal ohne schneidige Hurras und ohne Salutschüsse wie Anno 1890, als der Kaiser sein (Kriegs-) Spielzeug übernommen hatte.

Nach der Wiedergeburt 1952 mussten die ersten 100 Besucher noch in einer Zelt-Stadt übernachten. Inzwischen kommen pro Jahr 600 000 Gäste auf den roten Felsen. In den Sommermonaten wird es da schon einmal ziemlich eng. Dennoch rühren die Anführer der Insulaner immer noch kräftig die Werbe-Trommel. Etwas geht bestimmt noch hinein, heißt ihre Devise und um diese Bemühungen zu unterstützen, sei verraten: An manchen ruhigen Tagen ist eine Seereise nach Helgoland sogar ein Vergnügen.

Schlachten sind alle gleich und alle furchtbar und alle überflüssig. In Erinnerung bleiben nicht die mit den meisten Opfern, sondern diejenigen, in denen etwas Ungewöhnliches passiert ist.

Man frage einen Professor der schleswig-holsteinischen Landeskunde: einmal angenommen, er dürfte seinen Schülern oder Studenten nur eine einzige Schlacht vermitteln, welche müsste es sein? Vermutlich neunzig Prozent der Befragten würden Hemmingstedt sagen.

Eine kluge Antwort, denn das Ereignis lässt sich wunderbar behalten: Anno 1500, und ähnlich wie bei David und Goliath siegte der eigentlich sichere Verlierer. Außerdem ging es dramatisch und blutrünstig zu, wie es der beste Action-Film nicht spannender bieten könnte.

Die Ausgangslage für das historische Gemetzel war wie folgt: Im Jahre 1482 hatten die schleswig-holsteinischen Stände, also die Vertreter der Ritterschaft, der hohen Geistlichkeit und der Städte, für das Land zwei Oberhäupter gewählt, nämlich die beiden Königskinder Johann und Friedrich.

Bei aller Meinungsverschiedenheit darüber, wer welchen Teil der beiden Herzogtümer regieren sollte, herrschte doch Einigkeit darüber, dass die Dithmarscher, die einen eigenen Freistaat gebildet hatten, in den deutsch-dänischen Gesamtstaat einverleibt werden müssten. In erster Linie zum steuerlichen Abkassieren, versteht sich.

Kurz bevor die Waffen klirrten, hatten die Königsbrüder zu Rendsburg den Dithmarschern noch einmal ihre Bedingungen genannt: erstens 15 000 Mark Jahressteuern, zweitens Bau von drei Festungen und drittens Anerkennung der Herrschaft von Johann und Bruder Friedrich.

„Mit großer Verachtung", so ein Chronist, hatten die Vertreter Dithmarschens diese Forderungen abgelehnt. Was auf fürstlicher Seite erwartet, ja, wohl auch erhofft worden war. Diese störrischen und stolzen Bauern lagen dem Adel schließlich schon lange quer im

## HEMMINGSTEDT – DIE SCHLAMMSCHLACHT

Ein monumentaler Stein-Koloss erinnert an die Schlacht

König Friedrich II. gelang die Revanche für „Hemmingstedt“. Die Eiche-Büste befindet sich im Dithmarscher Heimatmuseum in Meldorf

Magen. Da musste wirklich einmal aufgeräumt und gezeigt werden, wer Herr im Hause ist. Andernfalls kämen die eigenen, besser gesagt leibeigenen Bauern in den übrigen Landesteilen ebenfalls auf den Gedanken, aufmüpfig das Haupt zu heben.

Außerdem galt der Sieg natürlich als reine Routineangelegenheit. So etwa wie eine Blinddarmoperation für den Chefarzt. Da ist man persönlich eigentlich nur wegen der Liquidation dabei. Die Arbeit besorgen die Assistenten.

Im vorliegenden Fall war dies die berüchtigte „Schwarze Garde“, eine Söldnertruppe mit internationaler Besetzung. Schotten, Italiener, Spanier, Franzosen, Schweizer, Sachsen, Franken, Rheinländer, ja sogar Mohren gehörten dazu. Chef dieser Schlagetot-Gesellschaft war ein gewisser Thomas Schleinitz, genannt „Junker Slentz“, „ein zweiter Saul, der beynahe das Ganze dänisch-holsteinische Heer an Länge übertraf“, wie er von einem Chronisten beschrieben wird.

Ob man nicht lieber bis zum Sommer warten solle, zur Winterzeit sei es in Dithmarschen doch etwas ungemütlich, warfen einige adlige Herren ein. Doch die Söldnertruppe hatte ihren Terminkalender. Jetzt müsste es sein, und außerdem sei gerade der Winter die beste Kriegszeit in Dithmarschen. Dann könne man auf den hart gefrorenen Wegen mühelos marschieren, und bei Frost falle auch eine wichtige Waffe des Gegners aus, nämlich das Öffnen der Schleusen.

Da sprachen Ahnungslose. Winter in Dithmarschen – das ist bis heute eine ziemlich morastige Angelegenheit, denn häufiger als Frost und Schnee sind Regenfluten. Jedes Jahr ziehen Bauern ihre bis zum Bauch eingesunkenen Kühe mit dem Trecker halbtot aus den Wiesen oder ganz ertrunken aus den metertiefen Entwässerungsgräben.

Keine Angst, wir sind schließlich Kriegsexperten, sagte Saulus Slentz, und dann begann jener denkwürdige Winterfeldzug.

Etwa 12 000 Mann hatten die Königskinder aufgeboten, darunter bildete die „Schwarze Garde“ mit 4 000 Mann die Kerntruppe. Einige

Die Schlacht bei Hemmingstedt,
Gemälde von Hans Olde

Chronisten sprechen sogar von 34 000 Mann. Alles, was im Lande Rang und Namen hatte, schloss sich an, auch zahlreiche feine Damen, die als Schlachtenbummlerinnen das spannende Ereignis nicht versäumen wollten. Große Wagen mit gebratenen Hühnern, mit Wein und Tafelsilber polterten hinterher, auf dem Rückweg sollten sie die erhoffte Beute transportieren.

Dieser für damalige Verhältnisse riesigen Streitmacht standen 6000 bis 7000 Dithmarscher gegenüber. Unorganisiert, unerfahren in der Kriegsführung, auch nicht sonderlich einig. Ein Teil war dafür, sich gleich zu ergeben, aber die Frauen sollen die Moral gestärkt haben. Der Hauptort Meldorf ging beinahe kampflos an die Invasionstruppen verloren, wer ihnen in die Hände fiel, wurde schon aus Gründen der Abschreckung gnadenlos massakriert.

Damit schien der Fall erledigt, die Angreifer einschließlich des dänischen Königs machten es sich erst einmal in der Stadt bequem.

Aber da die gegnerische Streitmacht verschwunden war, musste die Eroberung weitergehen, und nach langem Palaver entschloss sich die Führung, am Montag, den 17. Februar 1500, über Hemmingstedt nach Heide zu marschieren. Zwei Argumente sprachen dagegen: Erstens beginnt man in Schleswig-Holstein an einem Montag bis heute nichts Wichtiges, möglichst nicht einmal den Dienst nach dem Urlaub, und zweitens hatte Tauwetter eingesetzt. Ein eisiger Nordwest blies vom Meer, Regen und Schneegestöber vervollständigten dieses Hundewetter.

Wieder gab es einige Bedenken, aber die Chefs sagten: „Go!" Und ab ging der Marsch. Voran die „Schwarze Garde", um als erste an der Beute zu sein, dann Bürger und Bauern, die sich pfiffigerweise aus geflochtenem Reisig oder aus getrockneten Tierhäuten tragbare Brücken gebastelt hatten, mit deren Hilfe sie die Gräben überqueren wollten. Ihnen folgte die Reiterei nebst König, und den Abschluss bildete der Wagentross mit der Bagage und den Brathühnern. Der Weg war schmal, der Morast tiefer als gedacht. Kurz vor Hemmingstedt, heute an einer gigantischen Raffinerieanlage erkennbar, hatten die Dithmarscher unter Führung des legendären Wulf Isebrandt im Eilverfahren einen Damm über die Straße gebaut. Dahinter lagen etwa 300 bis 500 Mann. „Wahr die Buer, de Gar' de kümt", schrien die einen, „wahr die Gar', de Buer de kümt", antworteten die anderen. Und dann begann der absolute Horror.

Wenn es jemals eine Schlammschlacht gab, dann war es diese.

Behände wie Derwische schwangen sich die Dithmarscher auf ihren berühmten Sprungstäben über die Gräben, Schuhzeug und einen Teil der Kleidung hatten sie ausgezogen, um beweglich zu sein. Mit den fürchterlichsten Kriegswerkzeugen schlugen und stachen sie auf die von ihrer Rüstung in den Schlamm gezogenen Grafen, Fürsten, Söldner und Pferde ein. Durch den Schlachtenlärm alarmiert, öffneten gleichzeitig die an den Deichen bei Meldorf lagernden Wachmannschaften die Schleusen, und die Flut drückte zusätzliches Wasser in die ohnehin übervollen Gräben. Damit war das Chaos komplett, wer nicht erschlagen wurde, ertrank oder erstickte im Schlamm.

Die von den Chronisten sorgfältig geschilderten Grausamkeiten dieser Abschlachtaktion sind nicht mehr zu übertreffen. Wie

Das Denkmal auf dem Schlachtfeld von Hemmingstedt

viele Opfer die Schlacht forderte, ist unklar. Bei den Dithmarschern sollen es etwa 300 gewesen sein, bei den Invasionstruppen waren es mehrere tausend, darunter befand sich fast die gesamte adlige Führungselite.

Was die siegreichen Dithmarscher Bauern nach der mörderischen Schlacht unternahmen, beschreibt sehr nüchtern Johann Adrian Bolten in seiner berühmten Landesgeschichte von 1784:

„Auf ihrem Weg nach Meldorf waren einige von ihnen auf etliche feindliche Proviantwagen gestoßen, die sie mit bereits gepflücktem und gefülltem Federvieh versehen gefunden hatten. Dieß war ihnen und allen ihren Brüdern ein sehr erwünschter Fang gewesen; und man hatte den Vorrath mit sich nach der Stadt genommen. Hiervon kochten sie sich gleich an diesem Ort in Gemeinschaft eine gute Suppe, welche sie sich nach ihrer, mit Erwürgung und Ersäufung des Heeres gehabten Arbeit wohl schmecken ließen."

Obwohl die geschlagene Übermacht der Fürsten schon auf dem Heimweg heftig Rache geschworen hatte, dauerte es doch noch neunundfünfzig Jahre, bis die Dithmarscher sozusagen im Rückspiel geschlagen werden konnten. Diesmal war der Waffengang weniger spektakulär, da ein weiteres Wunder wie an der Schanze bei Hemmingstedt ausblieb.

Die Friedensbedingungen fielen für die Dithmarscher erstaunlich günstig aus, denn sie behielten viele Freiheiten, von denen Untertanen in anderen Teilen der Herzogtümer zu dieser Zeit nicht einmal zu träumen wagten. Diese Milde erklärt sich daraus, dass die Landesherren die Kuh, die sie kräftig zu melken gedachten, nicht schlachten wollten.

500 Jahre nach dem Gemetzel nahm sich die Wissenschaft der blutigen Angelegenheit an. Zunächst wurden die Archäologen aktiv und legten ein Massengrab frei. Dann nahmen die Pathologen der Kieler Universität die menschlichen Überreste unter die Lupe und stellten fest, dass einige der von den Dithmarschern totgeschlagenen Angreifer an schmerzhafter Arthrose und andere unter Ernährungsmangel gelitten hatten.

Die Geschichte der Schlacht muss daraufhin zwar nicht umgeschrieben werden, es darf von den Historikern aber nicht länger die Ansicht vertreten werden, in den entdeckten Massengräbern seien vor allem Adelige verscharrt worden. Die nämlich hatten auch damals schon keine Ernährungsprobleme.

Wichtiger als diese „Enthüllung" waren die an den Schädeln festgestellten Verletzungen. Sie zeigten, dass die Opfer nicht einfach erschlagen, sondern nachträglich auch noch verstümmelt wurden. Da sogar Überreste eines etwa 13-jähriges Kindes gefunden wurden, gilt nun als wissenschaftlich erwiesen, dass alle Berichte zutreffend sind, in denen die Schlacht bei Hemmingstedt als besonders grausam geschildert wird.

Als ob Schlachten jemals anders waren.

J

## JYDSKE LOV – ALTES RECHT NEU ENTDECKT

Sammlungen von Gesetzestexten sind in den seltensten Fällen eine unterhaltsame Lektüre. Zu den wenigen Ausnahmen gehört das Jütische Recht mit der Vorrede des berühmt berüchtigten Königs Waldemar II. (der aus der Schlacht von Bornhöved 1227), die als „bestes Stück Prosa, das das dänische Mittelalter hervorgebracht hat" eingestuft wird. Ein literarisches Kunstwerk bildete somit die Geburtsurkunde des modernen Rechtsstaats.

Schon in seiner Einleitung erhebt der dänische Herrscher eine Forderung, die von geradezu sensationeller Aktualität ist: Ein Gesetz müsse nützlich und so klar sein, „dass alle Menschen erkennen und verstehen können, was das Gesetz sagt."

Auch in den einzelnen Paragraphen selbst findet sich viel juristische Weisheit, die teilweise erst in jüngster Zeit von höchsten deutschen Gerichten als Grundsatzurteile bestätigt wurde. Dazu gehört zum Beispiel die Bestimmung: „Wird jemand im Hurenbett bei eines anderen Mannes Frau verletzt und entkommt er lebend oder stirbt später an Wunden, da ist es sein eignes Werk, und der ehemann sei schuldlos ..."

Als der schleswig-holsteinische Landtag im Sommer 1990 ein neues Denkmalschutzgesetz in Angriff nahm, wurde für eine Bestimmung ausdrücklich auf das Jydske Lov zurückgegriffen. Zur Frage, wem ein gefundener Schatz gehört, sagt König Waldemars Gesetz: „Findet irgendjemand Silber oder Gold entweder im Hügel oder unter dem Pflug oder auf irgendeine andere Weise, da soll das der König haben."

Ausgesprochen schlechte Erfahrungen hatten das für historische Funde zuständige Kultusministerium bewogen, für eine Wiederbelebung des guten alten Rechts einzutreten, das in Schleswig-Holstein teilweise bis zur Einführung des Bürgerlichen Gesetzbuches am 1. Januar 1900 gültig war. Anfang der 80er Jahre hatte nämlich ein Baggerführer beim Abbruch eines Hauses wertvolle alte Münzen gefunden, die das Land beanspruchte, vor Gericht dann jedoch unterlag.

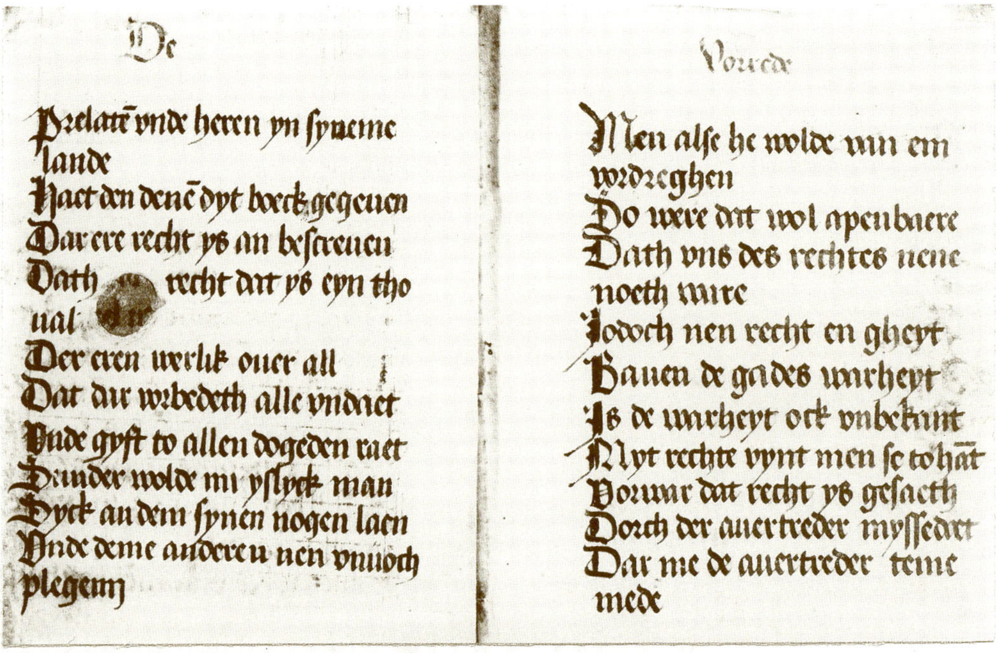

De Vorrede

Prelate vnde heren yn syneme
lande
Nacht den dene dyt boeck gegeuen
Dar ere recht ys an beschreuen
Dath ... recht dat ys eyn tho
ual ...
Der eren werlik ouer all
Dat dar wrbedeth alle vndaet
Vnde gyft to allen dogeden raet
Wander wolde mi ysslyck man
Syck an dem synen nogen laen
Vnde deme anderen nen vnnoch
plegen

Men alse he wolde vnn em
wedreghen
So were dat wol apenbaere
Dath vns des rechtes nene
noeth ware
Jodoch nen recht en gheyt
Bauen de gades warheyt
Js de warheyt ock vnbekant
Nyt rechte vynt men se tohant
Dorumme dat recht ys gesacth
Dorch der auertreder myssedaet
Dar me de auertreder teme
mede

Die Vorrede aus dem Jydske Lov

Vielleicht bietet sich das Jydske Lov sogar an, die bekanntlich sehr langsam mahlenden Mühlen der Justiz etwas zu beschleunigen. Es sah nämlich vor, dass ein am Donnerstagvormittag begangener Totschlag schon am übernächsten Samstag verhandelt werden sollte.

Von derartigen Eilverfahren kann man bei der modernen Justiz wirklich nur träumen.

K

## KANALBAU – DES KAISERS LIEBLINGSWERK

Was wäre das Rheinland ohne den Rhein? Oder Bayern ohne seine Berge? Natürlich undenkbar. Das Gleiche gilt für Schleswig-Holstein ohne seine beiden Meere, und das gilt vor allem für die Verbindung zwischen Nord- und Ostsee.

Welches ist die am meisten befahrene künstliche Wasserstraße der Welt? Der Suez-Kanal? Falsch. Der Panama-Kanal? Falsch. Richtig, der Nord-Ostsee-Kanal, ehemals Kaiser-Wilhelm-Kanal oder im internationalen Sprachgebrauch „Kiel-Canal".

Nord-Ostsee-Kanal – Ein Hauch der weiten Welt

Wie oft schon hat der Kanal einem in ferne Weltgegenden verschlagenen Nordlicht bei der geographischen Erklärung der Herkunft geholfen. Schleswig-Holstein, wo das wohl liegen soll? Mit der Antwort: Rechts und links vom „Kiel-Canal" ist die Heimat auch noch im fernsten Amerika hinreichend erklärt.

„Nobody is perfect", und daher gibt es auch nachträglich notwendige Korrekturen an der Natur, die bei der Schöpfung der Welt vergessen worden sind. Das empfanden schon sehr früh einige prominente irdische Vertreter des Allerhöchsten und empfahlen dringend eine künstliche Verbindung von Nord- und Ostsee.

Der Gottorfer Herzog Friedrich III. hoffte in der ersten Hälfte des 17. Jahrhunderts sogar, den Seiden- und Gewürzhandel von Persien über Russland und die Ostsee nach Kiel zu ziehen, um die Schätze anschließend durch die Vorläufer des Nord-Ostsee-Kanals nach Westeuropa weiterzuleiten. Als erste, wenngleich unnütze Investition ließ er in Kiel schon Lagerhäuser errichten, die bis zum Zweiten Weltkrieg erhalten blieben. Doch weder Friedrich, noch Wallenstein, Cromwell oder Napoleon konnten sich mit ihren Kanalbauplänen durchsetzen. Das gelang erst den beiden letzten Hohenzollern-Kaisern nach entsprechender Vorarbeit ihres politischen Butlers Otto von Bismarck.

Bei dieser Vaterschaft ist auch klar, dass das Projekt einen kriegerischen Hintergrund hatte. Zwar äußerte Generalfeldmarschall

Moltke die Ansicht, der Kanal werde nur im Sommer benutzbar sein und für die Baukosten solle man lieber eine zweite Flotte anschaffen, so daß man für jedes der beiden deutschen Meere eine schwimmende Wehr besaß, aber der alte Haudegen war eben nicht mehr auf der Höhe der Zeit. Am 16. März 1886 verkündete Wilhelm I., „Von Gottes Gnaden Deutscher Kaiser, König von Preußen etc.", nach erfolgter Zustimmung des Bundesrates und des Reichstages, das Gesetz über den Bau des Nord-Ostsee-Kanals.

Der erste Paragraph lautete: „Es wird ein für die Benutzung durch die deutsche Kriegsflotte geeigneter Seeschiffahrtskanal von der Elbmündung über Rendsburg nach der Kieler Bucht unter der Voraussetzung hergestellt, dass Preußen zu den auf 156 000 000 Mark veranschlagten Gesamtherstellungskosten desselben den Betrag von 50 000 000 Mark im voraus gewährt."

Was in dieser Zeit die Mark wert war, erkennt man daran, dass ein beim Kanalbau beschäftigter Arbeiter (es waren rund 8000) für den Zwölf-Stunden-Tag zwischen 2,50 und 3 Mark verdiente. 55 Pfennige wurden für Unterkunft und Verpflegung (zum Mittagstisch 170 Gramm knochenfreies Fleisch) sofort abgezogen. Da es sich bei dem Bau um ein kaiserliches und damit „von Gottes Gnaden" getragenes Projekt handelte, erließ die Kanalkommission eine Art „Extremistenerlass", in dem es hieß: „Der anarchistischen und sozialdemokratischen Partei angehörende oder ihren Bestrebungen Vorschub leistende Arbeiter dürfen beim Kanalbau nicht beschäftigt werden."

Welche Bedeutung dem neuen Kanal von der Reichsspitze beigemessen wurde, verdeutlicht auch folgende Urkunde, die in den Grundstein der Holtenauer Schleusenkammer eingemauert worden ist:

Auszug aus dem Reichsgesetzblatt vom 16. März 1886

(Nr. 1637.) Gesetz, betreffend die Herstellung des Nord-Ostseekanals. Vom 16. März 1886.

**Wir Wilhelm, von Gottes Gnaden Deutscher Kaiser, König von Preußen rc.**

verordnen im Namen des Reichs, nach erfolgter Zustimmung des Bundesraths und des Reichstags, was folgt:

§. 1.

Es wird ein für die Benutzung durch die deutsche Kriegsflotte geeigneter Seeschiffahrtskanal von der Elbmündung über Rendsburg nach der Kieler Bucht unter der Voraussetzung hergestellt, daß Preußen zu den auf 156 000 000 Mark veranschlagten Gesammtherstellungskosten desselben den Betrag von 50 000 000 Mark im Voraus gewährt.

§. 2.

Der Reichskanzler wird ermächtigt, die Mittel zur Deckung der vom Reich zu bestreitenden Kosten bis zum Betrage von 106 000 000 Mark im Wege des Kredits zu beschaffen und zu diesem Zweck eine verzinsliche, nach den Bestimmungen des Gesetzes vom 19. Juni 1868 (Bundes-Gesetzbl. S. 339) zu verwaltende Anleihe aufzunehmen und Schatzanweisungen auszugeben.

Die Bestimmungen in den §§. 2 bis 5 des Gesetzes vom 27. Januar 1875, betreffend die Aufnahme einer Anleihe für die Zwecke der Marine- und Telegraphenverwaltung (Reichs-Gesetzbl. S. 18), finden auch auf die nach dem gegenwärtigen Gesetze aufzunehmende Anleihe und auszugebenden Schatzanweisungen Anwendung.

§. 3.

Von den nicht zur Kaiserlichen Marine und zur Bauverwaltung gehörigen Schiffen, welche den Kanal benutzen, ist eine entsprechende Abgabe zu entrichten. Die Festsetzung des hierfür zu erlassenden Tarifs wird weiterer gesetzlicher Regelung vorbehalten.

Bis zum Ablauf des ersten Jahres nach Inbetriebsetzung der ganzen Kanalstrecke wird dem Kaiser im Einvernehmen mit dem Bundesrath die Festsetzung des Tarifs überlassen.

§. 4.

Die vom Reich auf Grund dieses Gesetzes alljährlich zu verwendenden Beträge sind in den Reichshaushalts-Etat des betreffenden Jahres aufzunehmen.

Urkundlich unter Unserer Höchsteigenhändigen Unterschrift und beigedrucktem Kaiserlichen Insiegel.

Gegeben Berlin, den 16. März 1886.

(L. S.) Wilhelm.

Fürst von Bismarck.

*„Wir Wilhelm, von Gottes Gnaden deutscher Kaiser, König von Preußen usw. tun kund und verfügen hiermit zu wissen:*

*Die Herstellung einer unmittelbaren Verbindung der beiden deutschen Meere durch eine für den Verkehr der Kriegs- und Handelsflotte ausreichende Wasserstraße ist seit langer Zeit das Ziel patriotischer Wünsche gewesen. So lange das Vaterland der Einigung entbehrte, lag dieses Ziel in unerreichbarer Ferne. Nachdem aber durch Gottes Fügung das Deutsche Reich neu entstanden war, konnte der Plan zur Herstellung jener Verbindung in der uns seitdem beschieden gewesenen Zeit friedlicher Entwicklung festere Gestalt gewinnen.*

In dieser Festhalle, in Form eines Schiffes, feierte die Prominenz in Kiel die Einweihung des Kaiser-Wilhelm-Kanals

*Durch das Reichsgesetz vom 16. März 1886 ist die Verbindung beider Meere nunmehr sichergestellt worden.*

*Ein Bauwerk von gewaltiger Ausdehnung soll damit unternommen, ein bleibendes Denkmal deutscher Einigkeit und Kraft geschaffen und in den Dienst nicht nur der vaterländischen Schiffahrt und der Wehrhaftigkeit, sondern auch des Weltverkehrs gestellt werden. Keine menschliche Voraussicht vermag die zukünftige Bedeutung dieses Baus in vollem Umfang zu ermessen; die Wirkungen ragen über das lebende Geschlecht und über das zur Rüste gehende Jahrhundert hinaus.*

*Im Hinblick auf diese Bedeutung des vaterländischen Unternehmens haben Wir beschlossen, daß im Namen der Fürsten und Freien Städte des Reichs, in Gemeinschaft mit den Vertretern des Reichstages und des preußischen Landtages, der Grundstein zum Bau des Nord-Ostsee-Kanals und zwar an der Stelle gelegt werde, an welcher sich in Zukunft die Eingangsschleuse bei Holtenau erheben wird.*

*Möge der Bau dem deutschen Vaterland, möge er den Elbherzogtümern zu Heil und Segen gereichen! Möge durch ihn das Gedeihen der deutschen Schiffahrt und des deutschen Handels, die friedliche Entfaltung des Weltverkehrs, die Stärkung der vaterländischen Seemacht und der Schutz unserer Küsten kräftig gefördert werden! Das walte Gott in Gnaden!*

*Gegenwärtige Urkunde haben Wir in zwei Ausfertigungen mit Unserm größeren Kaiserlichen Insiegel versehen lassen.*

*Wir befehlen, die eine Ausfertigung mit den dazu bestimmten Schriften und Münzen in den Grundstein der Schleuse bei Holtenau niederzulegen, die andere in Unserem Archiv aufzubewahren.*

*Gegeben Holtenau, den 3. Juni 1887."*

Nachdem Wilhelm I. am 3. Juni 1887 mit schon zittriger Hand (er war immerhin neunzig) in der Kieler Schleuse den Grundstein gelegt hatte, inspizierte sein Enkel Wilhelm II. später fast jeden wichtigen Bauabschnitt, und als der hundert Kilometer lange Graben quer durchs Land gerade rechtzeitig zur Kieler Woche 1895 vollendet und mit Wasser gefüllt war, da gab es ein Fest, wie es der Norden nie wieder erlebt hat.

Selbst die ansonsten doch so kühlen Hamburger gerieten aus dem Häuschen, obwohl für sie nur so etwas wie eine Vorfeier abfiel. Eine runde Million Mark ließen sich die Hanseaten den kaiserlichen Besuch kosten. Davon bauten sie auf der Alster für 1600 Gäste eine 580 Quadratmeter große Insel, und am Fischmarkt bildeten Gasflammen einen riesigen Kaiseradler.

Was die feinen Senatoren am unteren Kanalende können, das können wir schon lange, sagten sich daraufhin die Schleswig-Holsteiner. Allein das Festzelt, das sie errichteten, war ein Meisterstück. Mit 145 Metern übertraf es nicht nur die Länge eines Fußballfeldes, sondern war auch noch der in Höhe der Wasserlinie aufgeschnittenen Kreuzerkorvette „Niobe" nachempfunden.

Das Diner für die 1200 Gäste bestellte man standesgemäß beim Berliner Hoflieferanten und zahlte dafür eine Pauschale von 100 000 Mark. Natürlich waren die an allen Ecken und Gebäuden installierten Kaiseradler noch mächtiger und noch protziger als die Hamburger Gasexemplare. Dazu vor allem haltbarer.

Ein Lotse geht an Bord

Aber im Vergleich zu dem pompösen Schauspiel auf dem Wasser wirkten der Blattgold- und Girlandenverbrauch zu Lande fast noch bescheiden. Allein achtundsiebzig Kriegsschiffe aus zehn Nationen waren erschienen, Furcht erregende Panzerschiffe und Kreuzer, romantische Fünf-Mast-Segler und gewaltige Kanonenboote. Hinzu kamen elegante Privatyachten aus aller Herren Länder. Hollywood hätte kein bunteres Spektakel inszenieren können.

Wie sich denken lässt, war alles, was Beine hatte, zum Kanalufer geströmt, um sagen zu können, man sei dabei gewesen. Obwohl das Protokoll Schwerstarbeit geleistet hatte, waren Pannen dennoch nicht zu vermeiden. Eine besonders heitere passierte in Rendsburg. Dort begrüßte eine Militärkapelle alle Schiffe mit der jeweiligen Nationalhymne. Unangemeldet hatte sich jedoch der türkische Aufklärer „Fuad" in den Konvoi gedrängt. Da den Musikern die richtigen Noten fehlten, war guter Rat teuer, aber man wusste sich schnell zu helfen. Ein Blick auf den weißen Halbmond in der Schiffsflagge reichte, und den Gästen aus dem Orient tönte das schöne Volkslied „Guter Mond, du gehst so stille" entgegen. Es gab viel Heiterkeit und keinerlei Protest.

Kanalbaustelle Kiel, Holtenauer Schleuse

## KIELER WOCHE – „KARNEVAL DES NORDENS"

Die Kieler selbst werden es nicht gerne hören, aber wenn man einem „Südländer" möglichst knapp erklären will, was Kieler Woche ist, kann man sagen, es ist so etwas wie Karneval.

Zugegeben, das ist ein ziemlich gewagter Vergleich, denn es gibt keine Büttenreden und keinen Festumzug, aber es gibt doch vorsichtige Hinweise, wie Karneval im äußersten kühlen Norden aussehen könnte, wenn es ihn denn gäbe. (Es laufen seit Jahren einige Versuche, aber man vergesse sie lieber.)

Die Gemeinsamkeit mit den südlichen Narren besteht in der Verkleidung. Zwar sind die Zeiten vorbei, als stolze Mütter und Väter ihren Nachwuchs zur Kieler Woche oder an anderen hohen Feiertagen in den berühmt-berüchtigten Matrosenanzug steckten, aber einige Relikte dieser Uniformierung haben sich aus kaiserlichen Zeiten bis heute erhalten.

Ist die Kieler Festwoche erst einmal eingeläutet worden, wird damit gleichzeitig die bis dahin gültige allgemeine Kleiderordnung außer Kraft gesetzt. Sportliches ist angesagt. Der Nadelstreifen wandert in den Schrank, der Filzhut dazu. Zu Ehren kommen statt dessen Elbsegler oder Prinz-Heinrich-Mützen, dazu ein blauer Blazer, nicht selten sogar weiße Hosen und, um die Verwegenheit auf die Spitze zu treiben, vielleicht sogar die ansonsten so verachteten Turnschuhe.

Dann wandelt man selbstbewusst die lange Promenade am Fördeufer auf und ab, blickt derart fachmännisch in den Wind, als warte man nur darauf, mit der schon ungeduldig am Tauwerk zerrenden Yacht wieder auf die Weltmeere auslaufen zu können, möchte plötzlich gar nicht mehr Ministerialrat oder Manager sein, sondern Seelord wie die richtigen Matrosen von den gerade eingelaufenen Marineschiffen.

An diesen heiteren Juni-Tagen ist Kiel wirklich eine Landeshauptstadt, in die das Volk aus allen Landesteilen strömt. Und zum Volks-

Die kaiserliche Yacht „Meteor“ bei der Kieler Woche

fest haben die Verantwortlichen im Rathaus die Kieler Woche inzwischen auch umfunktioniert. Mit Bierzelt, Kleinkunst, Straßenkapellen und Imbissständen, mit viel Kultur und noch mehr politischer Prominenz.

Gesegelt wird natürlich auch noch, aber meist so weit draußen auf der Förde, dass sich von Land aus gar nicht erkennen lässt, wer eine blankgeputzte Trophäe davontragen darf.

Im Grunde genommen ist es den Seglern sogar recht, dass ihnen die Landratten nicht im Wege stehen. Schließlich fühlen sie sich als die letzten Individualisten. Auf dass es so bleibe, denn zu viel hat sich bei der Kieler Woche schon verändert, sogar ein Gewerkschaftsboss

Ein selbstbewusster Werbeträger

hat sie bereits eröffnen dürfen. Nur gut, dass Majestät eine derartige „Freveltat" nicht noch miterleben musste; denn in wilhelminischer Zeit war die sommerliche Festwoche nicht für das Volk gedacht, sondern als ein kaiserliches Familientreffen unter Einbeziehung des verdienstvollen Teiles der oberen Zehntausend.

Eher nebenbei wurde bei dieser Gelegenheit dann auch noch der Lauf der Welt geregelt. Seit 1894 nahm Kaiser Wilhelm II. regelmäßig aktiv an den Regatten teil, und es ist glaubhaft überliefert, dass er dabei stets besonders guter Stimmung war. Daraus wiederum ergab sich die günstigste Möglichkeit, eine Beförderung zu erreichen, und folglich wurde Majestät von seinen Hofschranzen unterwürfig umgarnt.

Die Kieler Woche des Jahres 1914 verdarb den hohen Gästen die gute Laune allerdings kräftig, dazu auch noch völlig überraschend. Denn urplötzlich kreuzte ungeladen der Kriegsgott Mars im Segelrevier auf. Zum denkbar ungünstigsten Zeitpunkt, denn die kaiserliche Yacht „Meteor" lag an jenem 28. Juni bei der großen Regatta gerade in Führung, als ein Depeschenboot herbeieilte. An der Reling stand ein Admiral und wedelte aufgeregt mit einem Stück Papier. In einem Zigarettenetui flog die Nachricht an Bord, und kurz darauf ging die Flagge der Kaiseryacht auf Halbmast.

Der betagte österreichische Kaiser Franz Joseph sei wohl verstorben, vermuteten an Land die Zuschauer, ehe die schlechte Nachricht von der Ermordung seines Thronfolgers in Sarajewo bekannt wurde.

Da war es natürlich vorbei mit dem Segelvergnügen und dem Festessen mit Tanz. Die internationalen Flottengäste dampften eilig davon, und der britische Vizeadmiral Sir George Warrender setzte beim Auslaufen das Signal: „Friends today, friends in future, friends forever". Die „Ewigkeit" dauerte gerade sechs Wochen, denn als Anfang August der Krieg ausbrach, waren aus den Segelfreunden Todfeinde geworden.

Im jugendlichen Alter von zweiunddreißig Jahren schien damit auch die Kieler Woche ein Kriegsopfer geworden zu sein. Doch Tradition ist bekanntlich besonders zäh, und nach Einführung der Republik kamen auch die Segler zurück. Der berühmte „Kaiserliche Yacht-Club" (KYC) brauchte nicht einmal sein Kürzel zu ändern. Aus „Kaiserlich" wurde einfach „Kiel".

Als 1936 dann auch noch die olympischen Segelwettkämpfe auf der Förde stattfanden und Kiel nach den Worten des damaligen Oberbürgermeisters zum „seglerischen Nürnberg Deutschlands" geworden war, schien der Glanz der guten alten Zeit fröhliche Urstände zu feiern. Der neue „Kaiser" hieß jetzt „Führer", war zwar kein Segelfan, ließ aber auf den Kieler Werften Schiffe bauen, was das Zeug hielt.

Nicht weit von der Rüstungsindustrie entfernt entstand zu diesem Zeitpunkt das Laboer Ehrenmal in Form eines 87 Meter hohen Schiffstevens. Gebaut wurde es als ein Ehrenmal für die Toten des ersten Seekriegs. Für niemanden schien es jedoch eine Mahnung zu sein, neue Opfer zu verhindern. Stattdessen folgte eine noch schlimmere Katastrophe.

Die Kaiser-Familie im Matrosen-Look

Aber auch davon erholte sich die Kieler Woche, und zwar so gründlich, dass die Stadt im Jahre 1972 wieder mit Olympischen Spielen belohnt wurde. Diese Veranstaltung ist den Kielern vor allem deshalb in Erinnerung geblieben, weil im Olympiadorf Schilksee reichlich viel Beton hinterlassen wurde.

Aus der wilhelminischen Ära ist dagegen nicht viel Bausubstanz erhalten, denn die Bomben des Zweiten Weltkriegs leisteten gründliche Vernichtungsarbeit. Geblieben sind allerdings viele Geschichten aus der „guten alten Zeit", und in den meisten spielen Majestät die Hauptrolle.

Eine besonders originelle und zudem noch gereimte Huldigung wird dem Oberleutnant der kaiserlichen Marine, Karl Rode, zugeschrieben und enthält – vielleicht unbewusst – mehr Spott über die Herrscherfamilie, als seinerzeit erlaubt war:

„Was steigt denn da
Für'n schwarzer Qualm
Am Horizont empor?
Das ist dem Kaiser seine Yacht,
Die stolze „Meteor".
Der Kaiser steht am Steuerrad,
Prinz Heinrich lehnt am Schlot,
Und hinten schwingt Prinz Adalbert
die Fahne schwarz-weiß-rot.
Und achtern, tief in der Kombüse
brät Speck Viktoria Luise.

Ein Volk, dem solche Fürsten stehn,
da hat es keine Not.
Deutschland kann niemals untergehn.
Es lebe Schwarz-Weiß-Rot!

So stehn wir um des Thrones Stufen
und halten ihn in Treue fest,
und sind bereit, Hurrah zu rufen,
wo es sich irgend machen läßt."

Da die „Meteor" eine Segelyacht war, konnte der schwarze Rauch nur von dem Speck verursacht worden sein, den die Kaisertochter gerade zubereitete. Oder vielleicht dampfte auch schon wieder das Depeschenboot mit einer wichtigen Mitteilung herbei, um Majestät die gute Stimmung zu verderben ...

## KIRCHE – DEN ANFANG MACHTE ANSGAR

Was die Frömmigkeit betrifft, da sind die Schleswig-Holsteiner leider nur Mittelmaß: Jedenfalls am Kirchenbesuch gemessen. Dies mag allerdings auch daran liegen, dass auf dem Lande der Weg zur Kirche nicht selten an einem Gasthaus vorbeiführt.

Mancher durchaus gottesfürchtige Landmann macht sich des Morgens in bester Absicht auf den Weg zur Kirche, kommt am Dorfkrug vorbei, will nur einmal sehen, ob der Nachbar, der sich zuvor ebenfalls zum Kirchgang aufgemacht hatte, nicht vom Weg abgekommen sei, und mit dem ersten Schritt in den Gasthof hat die Versuchung ein weiteres Opfer gefunden.

Wenn man schon in der Kirche ist, muss man nicht auch noch hingehen, sagen dagegen die meisten Stadtbewohner. Eine Ausnahme bildet nur das Weihnachtsfest. Dann drängen sich die schlechten Gewissen vor den Portalen.

Rund 87 Prozent der Schleswig-Holsteiner sind evangelische Christen, nur sechs Prozent bekennen sich zum römisch-katholischen Glauben. Der an hundert Prozent fehlende Rest läuft unter „Sonstige".

Was ihre Organisation betrifft, so ist die nordelbische Kirche der noch immer von kleinstaatlicher Eigenbrötlerei geprägten weltlichen Konkurrenz allerdings weit voraus, denn mit Wirkung vom 1. Januar 1977 vereinigten sich die schleswig-holsteinische und die hamburgische Landeskirche. Die Niedersachsen steuerten einige Grenzgebiete als Gastgeschenk bei.

Glaubensexperten behaupten, Schleswig-Holstein und Dänemark seien die Gebiete der Welt, in denen das Luthertum am reinsten und tiefsten verwurzelt sei. Zunächst allerdings hatte es den Anschein, als sollte es der neue Glaube im Norden besonders schwer haben. Das mag aber auch an der Tradition liegen, die jegliche Neuerung erst einmal grundsätzlich ablehnt, schließlich heißt der ungeschriebene Artikel 1 der Landesverfassung „Alles bleibt wie es ist".

Da dieser Grundsatz seit Beginn der Ewigkeit besteht, hatte schon Karl der Große seine liebe Mühe, dem Norden nicht nur seine Herrschaft, sondern auch noch das Christentum aufzuzwingen. Der Einsatz der ersten Missionare, die Anno 782 vermutlich per Schiff in Meldorf eintrafen, war jedenfalls ein frühes Kamikaze-Unternehmen. Da der Frankenkönig sich noch mit den ebenfalls nördlich der Elbe ansässigen Sachsen kriegerisch zu befassen hatte, waren die frommen Männer schutzlos auf sich gestellt. Kaum hatten sie ihren Fuß an Land gesetzt und den Dithmarschern ihr Anliegen kundgetan, da wurden sie auch schon erschlagen.

Erst dem Benediktinermönch und späteren Erzbischof von Hamburg, dem frommen Ansgar, gelang kurz nach 800 die Verbreitung des neuen Glaubens, so daß er als „Apostel des Nordens" in die Lehrbücher eingegangen ist. In dieser Zeit wurden auch die ersten Kirchen nördlich der Elbe gebaut: im heutigen Hamburg, in Meldorf, bei Itzehoe und in Schenefeld.

Doch nur langsam, sehr langsam gewöhnten sich die Nordlichter an die neue göttliche Ordnung, und als man sie schließlich mühsam akzeptiert hatte, da sollte sie wieder reformiert werden.

Inzwischen war allerdings auch schon das 16. Jahrhundert angebrochen, die bis dahin praktizierte Form des Christentums zeigte sehr deutliche Verschleißerscheinungen, und überall im Land, auch im später sehr fortschrittlichen Dithmarschen, wurde der Ruf nach Reformen laut. Was also lag näher, als dass die neuen Missionare wieder an der Westküste landeten. Das aber war ein Fehler, denn was dort mit dem armen Heinrich von Zütphen passierte, das hängt den Dithmarschern bis heute an.

Der Niederländer – er war zugleich ein Ordensbruder Martin Luthers – war von der Meldorfer Gemeinde für die Weihnachtspredigt des Jahres 1524 eingeladen worden. Sozusagen als Stargast. Der Erfolg überstieg alle Erwartungen, jedenfalls bei den schon evangelisch gesonnenen Gastgebern.

Es starb bei der Bekehrung der Dithmarscher: Heinrich von Zütphen

Umso größer war folglich die Empörung der noch katholischen Mehrheit, zu der auch der Rat der 48er, eine Art Landesregierung, gehörte. Aber statt für Gesetz und Ordnung zu sorgen, wie es ihre Pflicht gewesen wäre, zettelten die edlen Herren ein ganz übles Komplott an. Mit Hilfe von viel Bier, mehreren hundert Haudegen aus dem Gemetzel bei Hemmingstedt sowie mit der zusätzlichen Verpflichtung der für Schandtaten jeglicher Art bereiten Mönche von Meldorf und Lunden wurde der fromme Reformer nach einem

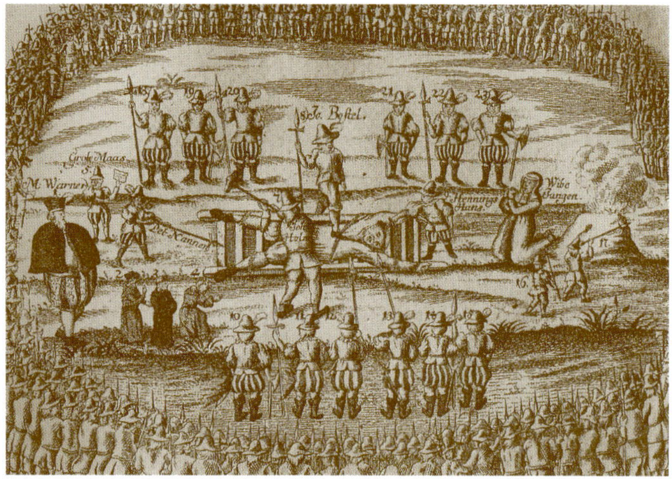


Die Hinrichtung Heinrich von Zütphens

Schauprozess auf eine selbst für mittelalterliche Zeiten besonders grausame Art und Weise vom Leben zum Tode befördert.

Nun hat sich oft genug gezeigt, dass gerade religiöse Bewegungen durch Gewalt nicht einzudämmen sind, sondern nur Märtyrer geschaffen werden. So war es auch in diesem Fall. Dem ersten Reformer folgten andere (Hermann Tast und Johann Bugenhagen), und nur wenige Jahre später bekannte sich sogar der dänische König Christian III. persönlich zum reformierten Glauben.

Das bedeutete Sieg auf der ganzen religiösen Linie, und da die Schleswig-Holsteiner von Natur aus nicht gerade heißblütige Aufrührer sind, die heute hüh und morgen hott rufen, hielt man unter dem Einfluss der skandinavischen Herrscher an der einmal gefassten Glaubensentscheidung fest.

Die neue Form der christlichen Lehre passt ohnehin besser zur Lebensführung der „Nordlichter". Wichtig ist vor allem, dass es im Evangelischen nicht ganz so streng wie bei der katholischen Konkurrenz zugeht und es folglich schon reicht, wenn man am Sonntag den Weg zur Kirche antritt, ohne dort – siehe oben – auch noch ankommen zu müssen.

Auf die Aufforderung: Nenne mir etwas typisch Schleswig-Holsteinisches, kann die Antwort nur lauten: Die Knicks. Oder, damit kein Missverständnis entsteht: der Knick. Kein Urlauberbus fährt durch das Land, ohne dass der Reiseführer erklärt: Und rechts sehen wir eine der berühmten „Wallhecken", auch Knicks genannt, weil sie von Zeit zu Zeit geknickt werden müssen ...

## KNICKS – GELIEBT VON MENSCH UND TIER

Aber wenn schon „Knickkunde", dann bitte etwas genauer. Zum Beispiel: Wie fing es mit diesem grünen Bandwurm an, wozu ist er gut, und warum bereitet er so viel Ärger?

Die Ursprünge lassen sich erfreulicherweise schnell berichten. In der zweiten Hälfte des 18. Jahrhunderts war es, allmählich ging die Leibeigenschaft zu Ende, und im Rahmen von Bodenreformen wurde das Grundeigentum neu verteilt. Eine Fläche wurde nun nicht mehr von einem ganzen Dorf in Gemeinschaft genutzt, große Güter wurden aufgeteilt, und viele kleine Bauernstellen entstanden. Sie mussten gekennzeichnet und getrennt werden, und zwar durch Zäune. Der Stacheldraht war glücklicherweise noch nicht erfunden, und so behalf man sich mit etwas sehr Natürlichem: Ein Wall wurde an der Grenzlinie aufgeschüttet und mit den Gewächsen des nahen Waldes bepflanzt.

Oeconomisch-practische
Anweisung
zur
Einfriedigung
der
Ländereien
nebst
einem Anhang
von der Art und Weise,
wie die Feldsteine können gesprenget und
gespalten werden,
auch
nöthigen Kupfern,
mitgetheilet
von
Nicolaus Oest,
der Königl. Dänischen Ackeracademie Mitgliede.

Flensburg,
verlegt von Johann Christoph Korte.
1767.

Ein früher Knick-Ratgeber

Dieses einfache Trennungsverfahren war allerdings nicht überall im Lande möglich oder nötig. Während im mittleren Landesteil viele und vorbildlich angelegte Wallhecken entstanden, blieben im Osten zahlreiche große Güter mit prächtigen Herrensitzen bestehen. Dort brauchte man keine oder nur wenige Knicks. Auch auf das anfallende Brennholz war die finanziell gut ausgestattete Herrschaft auf den Gütern nicht angewiesen.

Im Westen dagegen, wo das Marschenland auch damals schon flach und nass war, bestanden bereits seit langer Zeit besondere „Zäune": Gräben, die zugleich trennten und entwässerten. Außerdem waren es die Dithmarscher gewohnt, sich mit ihren berühmten

Sprungstäben über die Feldgrenzen hinwegzuschwingen. Bei vier Meter hohen Knicks wäre das etwas schwieriger. Und da die Dithmarscher gute alte Sitten nicht gerne aufgeben, wäre die Einführung der neuen Naturzäune schon an der Tradition gescheitert.

Was das erwähnte „Knicken" der Knicks betrifft, so ist es längst nicht mehr das, was es einmal war. Etwa alle zehn Jahre sollen die Wallhecken „auf den Stock gesetzt", das heißt einigermaßen radikal abgeholzt werden, damit sie anschließend, von überflüssiger Last befreit, zu neuem Leben aufwachsen können.

Wie bedeutsam die Knicks sind, erkennt man besonders mühelos daran, dass ihre Gesamtlänge das Netz der deutschen Autobahnen (12 000 Kilometer) deutlich übertrifft. Die neueste Nachmessung hat eine Länge von 46 000 Kilometer ergeben, das ist mehr als der Erdumfang. Im Jahre 1950 waren es sogar noch 76 000 Kilometer.

Wer heute seinen Knick zur Seite schiebt, sollte sich dabei nicht ertappen lassen, denn die grünen Wallanlagen sind gesetzlich geschützt. In ihrer reichhaltigen Pflanzenwelt haben sich etwa 7 000 Tierarten eingenistet. Wissenschaftliche Zählkolonnen haben ermittelt, dass in einem Kilometer Knick etwa dreißig Vogelpaare brüten.

Der Knick ist ein kompliziertes Bauwerk

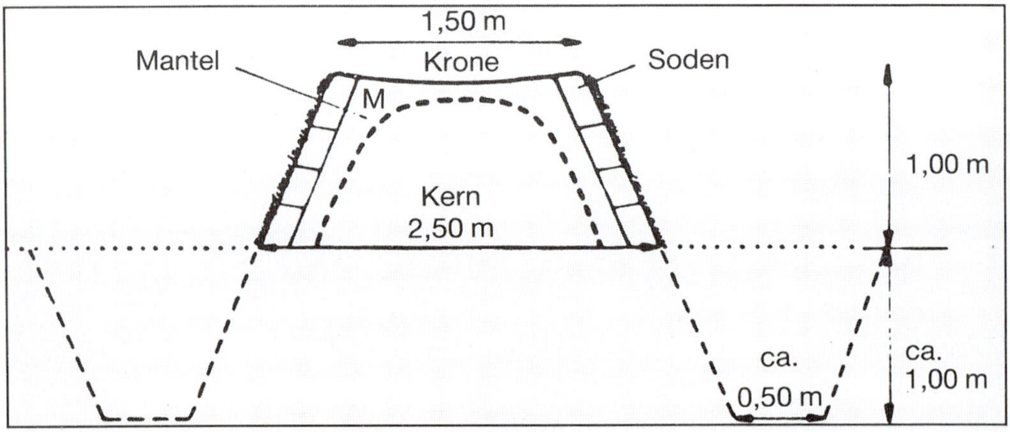

Als der Knick erfunden wurde – Zeichnung aus dem 18. Jahrhundert

Ein vorbildlicher Knick hat mit einem Eisberg gemeinsam, dass sein größter Teil verborgen unter dem Buschwerk liegt. Im Idealfall soll der lebende Zaun einschließlich der Gräben zu beiden Seiten rund 4,50 Meter breit sein. Für den eigentlichen Wall sind auf der

Knicklandschaft in Ostholstein

Krone, das heißt dort, wo die Büsche wachsen, 1,50 Meter Breite angesetzt, und er soll sich gut einen Meter aus der Erde erheben.

Schleswig-Holstein ohne seine Knicklandschaft, das wäre wie Bayern ohne Berge, und doch würde mancher Eigentümer die grünen Wälle am liebsten dem Erdboden gleich machen, denn Knicks müssen gepflegt werden. Sie behindern den Einsatz großer Landmaschinen, beherbergen Schädlinge und verursachen Nässe auf dem Feld, weil beispielsweise im schattigen Schutz eines Knicks Schnee langsamer schmilzt als auf einer freien Fläche.

Den Nachteilen stehen aber genügend Vorteile gegenüber. Der Knick verhindert, dass die obere Bodenschicht der eingerahmten Äcker im Winde davonfliegt. Das Weidevieh findet einen gewissen Schutz vor Sonne und schlechtem Wetter, die Tier- und Pflanzenwelt gedeiht, es fällt Brennholz an, und im Zeitalter des alternativen Lebens liefern die auf den Wallhecken wachsenden Brombeeren, Schlehen und Fliederbeeren reiche Erträge.

Dass sich im Schutz der grünen Knicks auch manche zwischenmenschliche Beziehung angebahnt hat, sei nur der Vollständigkeit halber erwähnt.

## KÖGE – MAN SIEHT, WER KOMMT

Zu den schleswig-holsteinischen Besonderheiten gehören die Köge, jenes flache, dem Meer durch Deichbau abgerungenes Neuland. Wer in einem Koog zuhause ist, lebt zwar in ständiger Gefahr vor der wilden Flut, vor einer anderen Überraschung aber ist er sicher: Wenn Besuch anreist, kann man den möglichen „Feind" schon in weiter Ferne erkennen. Dann gibt es zwei mögliche Reaktionen: entweder den Kaffee aufsetzen oder die Flucht ergreifen.

Von „normalen" Landstrichen unterscheiden sich die Köge dadurch, dass sie einen Namen tragen. Entweder den einer richtigen Person oder den einer fiktiven. Theodor Storms Schimmelreiter Hauke Haien ist auf diese Weise auch geographisch verewigt, und der frühere schleswig-holsteinische Ministerpräsident Friedrich-Wilhelm Lübke ist der einzige Politiker, dem diese Ehre zuteil geworden ist.

Versuchte den Krieg zu verhindern – Birger Dahlerus

Als die fruchtbaren Landstriche an der Wattenküste noch von Privatpersonen in Goldgräber-Manier unter gewaltigen Kosten und Verlusten der Nordsee abgerungen wurden, da war es selbstverständlich, dass der Hauptgeldgeber jedenfalls einen Lohn empfing: Nicht nur eine Straße oder einen Platz, sondern eine ganze Gegend trug seinen Namen.

Jean Henri Desmercières, aus Frankreich angereist, war am Ausgang des 17. Jahrhunderts ein privater Deichbauer, ein anderer war Sönke Nissen, der letzte Privatunternehmer, der sich einen Herzenswunsch erfüllte. Er wollte einen Deich errichten, wie andere eine Strandburg bauen. Die Vorbedingungen, jedenfalls die finanziellen, waren sehr gut, denn Sönke Nissen aus Klockries bei Niebüll hatte in Südwestafrika mit Diamanten gehandelt und dabei ein Vermögen gemacht.

Einmal Deichgraf spielen, das war sein Kindheitstraum, und im Jahr 1922 verwirklichte er ihn, indem er sich an einem Eindeich-

Die Dächer sind grün –
Bauernhof im Sönke-Nissen-Koog

ungsprojekt beteiligte. Die Fertigstellung erlebte Sönke Nissen zwar nicht mehr, doch der neue Koog erhielt seinen Namen.

Ein Gerücht ist allerdings, die grünen Dächer der dort entstandenen Gehöfte habe Sönke Nissen als Erinnerung an seine Afrika-Jahre angeregt. Die ordentliche preußische Regierung hatte vielmehr aus Gründen der Ästhetik für die großen Gebäude eine einheitliche Farbe verordnet. Zur Auswahl standen rot, schwarz, grün und weiß, und die Koog-Bewohner entschieden sich für das matte Grün.

Nur wenigen Eingeweihten ist bekannt, dass der Sönke-Nissen-Koog in der großen Vorkriegs-Politik beinahe noch eine friedensstiftende Rolle gespielt hätte. Im August 1939 lud der schwedische Industrielle Birger Dahlerus den damaligen Reichsluftfahrtminister und preußischen Ministerpräsidenten Hermann Göring sowie eine Delegation britischer Politiker zu einem Geheimtreffen auf den Hof „Elisabethbay".

Dahlerus, der Sönke Nissens Witwe Elisabeth geheiratet hatte, verfügte sowohl in England als auch in Deutschland über einflussreiche politische Beziehungen und setzte alles daran, den drohenden Krieg durch persönliche Vermittlung zwischen den möglichen Gegnern vielleicht im letzten Augenblick zu verhindern. Doch obwohl er nach dem Treffen mit Göring auch noch mehrfach mit Hitler und dem britischen Premierminister Neville Chamberlain konferierte, musste der Amateurdiplomat erkennen, dass er die schon warm gelaufene Kriegsmaschine nicht mehr bremsen konnte.

Und somit ging der Sönke-Nissen-Koog dann doch nicht in die Weltgeschichte ein.

## KRIEGSENDE – DÖNITZ ALS VERZÖGERER

Nein, aller guten Dinge müssen wirklich nicht immer drei sein. Welch ein Glanz, als sich Karl der Große Anno 800 in Rom die Kaiserkrone aufs Haupt setzte, welche Pracht auch noch 1871 im Spiegelsaal von Versailles, als das zweite deutsche Reich vom preußischen Ministerpräsidenten Otto von Bismarck aus der Taufe gehoben wurde. Und dann dieses trübe Ende am 23. Mai 1945, als Karl Dönitz und seine geschäftsführenden Regierungsmitglieder in Flensburg von den alliierten Siegern abgesetzt und festgenommen wurden.

Nachdem sich die Lage in Berlin zugespitzt hatte, war Dönitz in seiner Eigenschaft als Oberbefehlshaber des Nordraumes am 2. April 1945 zunächst nach Plön ausgewichen und beim Heranrücken der Engländer am 2. Mai in den äußersten Norden geflohen.

Nachdem er aus dem Berliner Führungsbunker die Nachricht erhalten hatte, dass ihn Hitler kurz vor seinem Selbstmord zum Reichspräsidenten ernannt hatte, wurde Flensburg drei Wochen lang eine Art Mittelpunkt der Welt, wenngleich aus ziemlich unrühmlichem Anlass; denn als Dönitz zum Konkursverwalter aufstieg, befand sich das Deutsche Reich mit 54 Staaten auf allen fünf Kontinenten im Kriegszustand. Das Ergebnis dieser selbstmörderischen Herausforderung stand bereits fest: Es war der totale Zusammenbruch, an dessen Ende die bedingungslose Kapitulation stehen musste. Die aber wollte Dönitz so lange hinausschieben, bis die an der Ostfront eingesetzten Soldaten sowie die nach Westen strebenden Flüchtlinge hinter die angloamerikanischen Linien und damit vor der Roten Armee in Sicherheit gebracht worden waren.

Acht bis zehn Tage, so hatten Dönitz und seine Berater ausgerechnet, werde diese Massenflucht über See in Anspruch nehmen. Während die Alliierten auf eine sofortige Kapitulation an allen Fronten drängten, bemühte sich Dönitz, die Kampfhandlungen stufenweise einzustellen. Sein einziges Ziel war dabei Zeitgewinn, und

Ohne Reue – Karl Dönitz

er schaffte es, durch diese Verzögerungstaktik das Ende der Kämpfe bis zum 8. Mai hinauszuschieben. In dieser Zeit gelang fast 1,9 Millionen deutschen Soldaten und einer großen, wenngleich nicht genau feststellbaren Zahl von Zivilisten die Flucht aus dem Osten. Unter teilweise dramatischen Umständen und verbunden mit vielen Opfern kam der größte Teil der Flüchtlinge über die Ostsee nach Schleswig-Holstein, dessen Bevölkerung sich dadurch um rund eine Million Menschen auf 2,5 Millionen Einwohner erhöhte.

Die Folge waren gewaltige Probleme bei der Unterbringung, bei der Versorgung mit Nahrungsmitteln und bei der Schaffung von Arbeitsplätzen.

Auch Dönitz verbrachte sein Lebensende in Schleswig-Holstein. Nachdem er in Berlin-Spandau eine zehnjährige Gefängnisstrafe als Kriegsverbrecher bis auf den letzten Tag verbüßt hatte, ließ er sich in Aumühle im Kreis Herzogtum Lauenburg nieder und gab sich dort als Biedermann. 89-jährig starb er am Heiligen Abend des Jahres 1980. Es ist nicht bekannt, dass er seine Taten bereut hat.

Bleibt nur noch festzustellen, dass der Gründer des zweiten Deutschen Reiches, Otto von Bismarck, und der Konkursverwalter des Dritten Reiches wenigstens im Tode fast Nachbarn geworden sind.

Vom Aussterben bedrohte Tierarten kommen auf eine „rote Liste". Doch wer sorgt sich um den literarischen Nachwuchs? Drei Nobelpreisträger (Günter Grass, Thomas Mann, Theodor Mommsen) machen deutlich, dass Schleswig-Holstein die wichtigste Provinz im Lande der Dichter und Denker ist. Doch wie lange noch?

Zwar altersweise und erfolgreich sind die im Norden tätigen Literaten, aber auch reich an Jahren und niemand mag offenbar ihr Erbe antreten.

In den vergangenen Jahrzehnten, da wurde Schleswig-Holstein so etwas wie eine neue Heimat für vertriebene Literaten. Von der Großstadt genervt und dem DDR-Regime schikaniert, suchten Günter Kunert und Sarah Kirsch Zuflucht in verlassenen Schulhäusern von Kaisborstel vor den Toren Itzehoes und in Tielenhemme am Dithmarscher Eiderdeich. In ländlicher Idylle schmiedeten sie dort ihre Verse, von Ur-Einwohnern zunächst misstrauisch beobachtet, dann akzeptiert und voller Stolz „unsere Dichter" genannt.

Auch der 1996 verstorbene Sprach-Experimentator Helmut Heißenbüttel gehörte dazu. Gerade noch Stadtmensch in Stuttgart und Hamburg, bezog er im weltfernen Borsfleth eine alte Zimmermanns-Werkstatt, spielte sich 1000 klassische Schallplatten vor, schrieb seine schwer verständlichen Textbücher und lieferte den Beweis, dass man ein Gedicht auch nur aus Zahlen herstellen kann.

Dass Siegfried Lenz seinen Sommersitz im Kropper Vorort Tetenhusen bezog, ist störrischen dänischen Behörden zu verdanken. Auf der Insel Alsen fühlte sich das Ehepaar Lenz nämlich ausgesprochen wohl. Als jedoch das Alter einen kleinen Umbau am Ferienhaus verlangte, sagten die Gastgeber „Nej" und erhielten als Antwort ein „Tschüs denn". Der Umzug war insofern konsequent, als Siegfried Lenz ohnehin einige seiner bekanntesten Romane, darunter die „Deutschstunde", in Schleswig-Holstein angesiedelt hat.

## KÜNSTLER – VERSAMMLUNG DER PROMINENZ

Günter Grass

Günter Kunert

Siegfried Lenz

Sarah Kirsch

Peter Rühmkorf

Helmut Heißenbüttel

Doris Runge

Mit der Provinz kann man durchaus Weltliteratur schaffen. Nach Thomas Mann hat es Günter Grass noch einmal bewiesen. Zu Wewelsfleth, dort, wo „sich das Dorf unter tief jagenden Wolken hinter den Deichen duckte", hat er sein 700-Seiten Ungeheuer „Butt" an Land gezogen. Auch „Die Rättin" vergnügte sich im schleswig-holsteinischen Untergrund, und da sich schon seine literarische Tierwelt im Norden so wohl fühlte, setzte sich auch ihr geistiger Schöpfer in Behlendorf am Elbe-Lübeck-Kanal unter dem Dach einer ehemaligen Försterei fest.

Fast in Rufweite dichtet im lauenburgischen Rosendorf Peter Rühmkorf unterm Reetdach einer 300-jährigen Räucherkate.

Es sind die pivilegierten Literaten, die sich je nach Jahreszeit einen passenden Arbeitsplatz wählen können. Den anderen dient nur der Stadtpark als Sommerfrische. Das Lyriker-Ehepaar Hans-Jürgen Heise und Annemarie Zornack gehören dazu. Ihre bildreichen Verse entstehen in einem sehr nüchternen Kieler Mietshaus, während die in jüngster Zeit kräftig hofierte Doris Runge wenigstens den feurigen Hausgeist in der Klosteranlage von Cismar geben darf.

Seit Johann Wolfgang von Goethe wissen wir, dass Literaten sich zuweilen als Doppelbegabung fühlen. Meistens besteht zwischen den ausgeübten Kunst-Zweigen jedoch ein nicht zu übersehender Niveau-Unterschied. Erkennbar auch am malenden und formenden Günter Grass.

Mehr bildender Künstler als Dramatiker war dagegen Ernst Barlach, den selbst ein kritischer Bertolt Brecht für einen der größten Bildhauer hielt, den die Deutschen je gehabt haben. Über viele Generationen hinweg stammten Barlachs Vorfahren aus Schleswig-Holstein, er selbst wurde in Wedel geboren (1870) und in Ratzeburg begraben (1938). Sein Leben war ruhelos, Selbstzweifel quälte ihn, und seine Umwelt machte ihm nicht gerade Mut. Er sei völlig unbegabt, behauptete sein Lehrer an der Hamburger Gewerbeschule, und als sich Barlach der Bildhauerei widmete, sprach ihm auch der neue Ausbilder jegliche Eignung ab, ließ ihn vorwiegend Gips und Wasser für die angeblichen Leistungsträger schleppen. Als Barlach dann den Weg nach oben doch geschafft hatte, erklärten ihn die Kunst-Machthaber „des 1000-jährigen Reichs" zum Nicht-Künstler.

Aus dem berühmten „schwebenden Engel" im Dom seiner Wahlheimat Güstrow wurden Granaten gegossen, und mit dem Kieler „Geistkämpfer" wäre ähnliches passiert, hätten nicht mutige Freunde den Engel mit dem erhobenen Schwert in der Lüneburger Heide verborgen. Auf diese Weise blieb das Original der mit Kunstschätzen nicht gerade gesegneten Landeshauptstadt erhalten, während in Güstrow nur noch ein nachgegossener Engel an die literarische und bildnerische Doppelbegabung Barlachs erinnert.

Ein Einzelgänger voller Melancholie war auch Friedrich Hebbel (1813-1863), dessen düstere Dramen „Judith", „Maria Magdalena" und „Agnes Bernauer" heute nicht gerade Zugnummern auf den deutschen Bühnen sind. Dabei hatte der Maurersohn aus Wesselburen nach ruheloser Wanderung in Wien die populäre Burgschauspielerin Christina Enghaus geheiratet und dadurch Eingang in die stets fröhliche Runde reicher Großgrundbesitzer gefunden.

Auch der aus Heide stammende Klaus Groth (1819-1899) war ein Melancholiker, und auch er floh aus der Enge seiner Heimat. Zunächst allerdings mit einem ungewöhnlichen Ziel, nämlich Fehmarn, das nicht gerade die große weite Welt darstellte. Die abgeschlossene Ostseeinsel erschien ihm aber immer noch besser als die Last des Schuldienstes.

Der nach Theodor Storm und Friedrich Hebbel dritte Mann in der literarischen Westküsten-Szene wurde durch seine niederdeutsche Gedichtsammlung „Quickborn" so etwas wie ein Volksdichter, ein sehr

Klaus Groth

Ernst Barlach

Christian Friedrich Hebbel

populärer dazu. Bei seinen Bemühungen, auch zu wissenschaftlichen Würden aufzusteigen, warfen ihm jedoch die selbstbewussten Kieler Professoren alle nur möglichen Knüppel zwischen die Beine. Klaus Groth war für sie der „Plattdeutsche" und gehörte nicht auf den Lehrstuhl der Germanistik, den er so sehnlichst anstrebte, aber nie erreichte.

Doch damit nicht der Eindruck entsteht, in der erlauchten Phalanx der schleswig-holsteinischen Künstler säßen ausnahmslos Anverwandte des Ritters von der traurigen Gestalt, muss unbedingt der in Kiel geborene Weltmann Detlev von Liliencron (1844-1909) erwähnt werden. Dass er als Chronist nicht sonderlich zuverlässig war, zeigt sein Gedicht über den Untergang von Runghold, dass er aber ein ungewöhnlicher Poet war, erkennt man an seinem Hauptberuf. Er übte nämlich als Offizier das Kriegshandwerk aus, wollte dabei jedoch gleichzeitig Pazifist sein.

Mit den erwähnten Dichterkollegen von der Westküste hat Detlev von Liliencron gemeinsam, dass auch er sein Glück in der Fremde suchte. Nachdem er sich in Amerika als Klavierspieler, Stallmeister und Sprachlehrer herumgeschlagen hatte, kam er dann doch wieder zum Dichten in die Heimat zurück.

Hans Fallada

Zu den besonders schillernden Literaten des Nordens gehörte Hans Fallada (1893-1947). Den Stoff für seine Romane, ob „Bauern, Bonzen, Bomben" oder „Wer einmal aus dem Blechnapf frisst", fand er im eigenen Leben. Es bestand aus einem einzigen Chaos, mit Drogen, Gefängnisaufenthalten, Nervenzusammenbrüchen und geradezu rauschhaften Schreiborgien.

Mehr als zwei Dutzend Romane hinterließ Fallada. Sie sind von unterschiedlicher Qualität, aber selbst der kritische Kollege Kurt Tucholsky nannte ihn einen Glücksfall.

# L

## LANDLEBEN – ALLE UNTER EINEM DACH

Mit Vorurteilen lebt es sich zuweilen zwar recht gut, aber bei Gelegenheit sollte man sie doch besser ausräumen. Viele Bundesbürger sehen in Schleswig-Holstein immer noch das Agrarland, in dem der Bauer „im Märzen die Rösslein" anspannt, wie es in einem Volkslied heißt. Aber die „guten alten Zeiten" haben sich geändert.

Nur noch etwa fünf Prozent der Erwerbstätigen arbeiten in der Landwirtschaft.

Ursprünglich waren es hundert Prozent, doch das ist etwa 5000 Jahre her. Damals in der Steinzeit beschlossen einige Nomaden, die durch das frisch vom Eis befreite Land streiften, in Schleswig-Holstein sesshaft zu werden. Das war zu einer Zeit, als beispielsweise in Ägypten die Kultur bereits in höchster Blüte stand.

Mit der einsetzenden Bequemlichkeit der Neubürger ändert sich auch das Leben der Tiere. Da der Mensch ihnen nicht mehr mit Pfeil und Bogen, Speer und Steinaxt hinterher jagen wollte, jedenfalls nicht über weite Entfernungen, musste er einige Tiere zähmen.

Fortan gab es auch bei den Vierbeinern eine Klassengesellschaft. Die einen durften einigermaßen bequem neben den Menschen grasen, die anderen mussten weiterhin in der freien Wildbahn ihren Lebensunterhalt suchen.

Ähnlich war es mit den Pflanzen. Auch hier wurden einige aus der Wildnis zur Weiterentwicklung in die menschliche Gemeinschaft aufgenommen.

Sehr vereinfacht kann man behaupten, dass sich die nächsten 4800 Jahre in der Agrarproduktion nicht sehr viel veränderte (um Christi Geburt wurde allerdings die Katze als Haustier erfunden). Doch vor etwa 200 Jahren brach dann auch in der Landwirtschaft eine Revolution aus: Der Dünger wurde gezielt zur Erhöhung der Bodenproduktion eingesetzt. Etwa um die gleiche Zeit drangen die ersten Maschinen in die Landwirtschaft vor. Die wirklich brauchbaren aber erst hundert Jahre später.

1852 kam die erste Mähmaschine auf den Markt, was für die Bauern eine ähnliche Sensation war wie für die NASA-Techniker das erste Raumschiff. Schon 1882 wurde in Dithmarschen, wo man immer schon weiter war als die anderen, bereits auf jedem vierten Hof mit einer Maschine gedroschen.

Warum das alles so wichtig für die Entwicklung Schleswig-Holsteins war? Zum Beispiel deshalb, weil in dieser Zeit die Städte an Bedeutung, sprich an Einwohnern gewannen. Die Maschinen setzten auf dem Lande nämlich Arbeitskräfte frei, wie man heute verniedlichend zu sagen pflegt. Folglich zogen die arbeitslosen Landbewohner in die Städte oder auch gleich nach Amerika, wo noch immer viele Ortschaften schleswig-holsteinische Namen tragen.

Landleben um 1900

Nachgestelltes Landleben – Im Meldorfer Museum

Drei Vergleichszahlen reichen aus, um die Bevölkerungsverschiebung zu verdeutlichen. 1871 lebten erst 13 Prozent der Schleswig-Holsteiner in Orten mit mehr als 20 000 Einwohnern, 1910 waren es 32 Prozent und 1990 schon 40 Prozent.

Was den Wohnkomfort auf dem Lande betrifft, ging es dabei noch bis ins 19. Jahrhundert reichlich tierisch zu, ja, es bestand eine besondere Form der Wohngemeinschaft.

Zentraler Raum der Bauernhäuser, wie sie noch bis 1880 gebaut wurden, war die große Diele, die eine regionale Version der Arche Noah bot. Rinder, Schweine, Hühner und andere heimische Lebewesen mischten sich mit den menschlichen Bewohnern, und nur zur Nacht fand eine Trennung durch dünne Türen statt. Wobei jeder hörte, was der andere trieb.

Wie romantisch, hört man heute Besucher des Freilichtmuseums Molfsee vor den Toren der Landeshauptstadt seufzen, wenn sie das Innere der alten Bauernhäuser besichtigen. Dabei waren die Betten nicht einmal lang genug, um sich auszustrecken. Eine Nacht gehockt im Bettkasten, das muss die gleiche Wirkung haben wie eine durchzechte Nacht.

## LANDTAGE – MIT STOCKFISCH UND ALLERLEI TYPEN

Zuweilen finden sich in den alten Akten Dokumente, die mehr über eine Institution oder einen Menschen aussagen als eine hochwissenschaftliche Abhandlung. Dazu gehört ein „Küchenzettel" aus dem Jahr 1608, auf dem der Amtmann von Tondern notiert hat, was er als Wegzehrung für die Landessitzung in Schleswig mitzunehmen wünschte.

Drei „Schwienskoppe" sollten eingepackt werden, dazu sechs „Schwiensrughen", zehn „Rochenn", acht „Gense" und drei „Siden Speck". Außerdem zwei Pfund gewiss wunderbar duftenden Stockfisch und mehrere Sorten Gemüse wie „geele Worteln" und „witte Röubenn".

Die früheren Landtagsabgeordneten mussten aber nicht nur die Kosten für Anreise und Verpflegung selber zahlen, sondern sich zusätzlich sehr warm anziehen, denn getagt wurde nicht in einem wohl temperierten Plenarsaal, sondern im Freien.

Das ging aber nur solange, wie die Verhandlungen mündlich abgewickelt werden konnten. Mit dem Aufkommen der „Drucksachen", und das war etwa ab 1570, mussten die Verhandlungen in die örtlichen Rathäuser verlegt werden. Aus verständlichen Gründen: Die Dokumente wären von der steifen Brise davongetragen worden, und die ehrwürdigen Ritter und Prälaten hätten wie Schuljungen hinterher hasten müssen, um sie wieder einzufangen.

Landtage gab es in den Herzogtümern schon erstaunlich früh. Christian I. (der von Ripen) lud wahrscheinlich 1462 zum ersten Mal ein. Natürlich nicht, weil er die Demokratie erfinden wollte, sondern vermutlich, weil er Geld brauchte. Der Landtag war damals nämlich nichts anderes als eine Versammlung derjenigen, die über Einnahmen verfügten und vom Landesherrn „gemolken" werden sollten. Kein Wunder, wenn die adligen Gutsbesitzer, die Kirchenführer oder die Vertreter der Städte bald die Lust an dieser kostspieligen Veranstaltung verloren. Um 1675 jedenfalls verschwanden die Landtage sang-

und klanglos. Aus vielerlei Gründen, unter anderem auch deshalb, weil die Landesherren nun selber genug Geld hatten.

Erst in den 40er Jahren des 19. Jahrhunderts tauchten die Landtage wieder aus der Versenkung auf. Zwar waren sie noch immer von der Gnade des Herrschers abhängig, aber immerhin wurden die „Volksvertretungen" bereits gewählt. Allerdings nicht etwa vom gesamten Volk, sondern nur von denen, die auch Besitz hatten. Getreu dem Werbeslogan: „Haste was, biste was". Das traf gerade auf zwei Prozent der Bevölkerung zu.

Gut hundert Jahre später schienen die parlamentarischen Gepflogenheiten schon wieder ins 17. Jahrhundert zurückgefallen zu sein. Der erste schleswig-holsteinische Landtag nach dem Zweiten Weltkrieg wurde nämlich nicht vom Volk gewählt, sondern von der britischen Besatzungsmacht ernannt.

Er trat am 26. Februar 1946 zu seiner ersten Sitzung zusammen, und zwar im Kieler Stadttheater. Es mag an diesem Geburtsort gelegen haben, dass sich zwischen Politik und Theater eine so enge Beziehung entwickelt hat.

An die 2000 Landespolitiker haben inzwischen in Regierung und Parlament die viel zitierten Weichen im Land gestellt, und wer skurrile Charaktere und kuriose Geschichten sucht, der findet Material in Hülle und Fülle. Teils schriftlich, teils mündlich überliefert. Oft scheinen es Banalitäten zu sein. Sie sagen dennoch viel über die Zeit aus, als auch in Schleswig-Holstein die Demokratie das Laufen lernte.

Womit sich eine Landtagsverwaltung einst zu beschäftigen hatte, verdeutlicht ein Schreiben, das der Pastor und frisch ernannte Abgeordnete Rudolf Muß unter dem Datum vom 8. September 1946 an das Sekretariat der Volksvertretung richtete. Darin bittet der schon etwas betagte Herr, man möge ihm doch eine Bereifung für seinen DKW-Reichsklasse zur Verfügung stellen, damit er aus dem nordfriesischen Leck zu den Sitzungen nach Kiel fahren könne.

Rudolf Katz

Erich Arp

Friedrich Wilhelm Lübke

Es gebe unter den Landespolitikern zu wenig Originale, wird heute immer wieder beklagt. Das trifft zu. Ein Blick zurück liefert den Beweis. So stellte der legendäre Ministerpräsident Hermann Lüdemann Ende 1947 im Landtag seinen neuen Justizminister Rudolf Katz vor, der ein ungewöhnliches Vorleben hatte. Vor seinem Eintritt in die Landespolitik war er zwei Jahre in Peking Berater der dortigen Regierung. Anschließend arbeitete er in den USA als Journalist und nahm auch die amerikanische Staatsbürgerschaft an.

Ein echtes politisches „Enfant terrible" war der damalige Landwirtschaftsminister Erich Arp. Ausgerechnet in der heißesten Phase des kalten Krieges schlich der Minister bei Nacht und Nebel in die Ostzone und traf sich zum Plausch mit DDR-Ministerpräsident Otto Grotewohl, den er noch aus gemeinsamen Jugendtagen kannte. Anschließend wettete er auch noch mit Walter Ulbricht über den Ausgang der nächsten Wahlen um einen Kasten Bier. Als der brisante Abstecher bekannt wurde, nannte der SPD-Landesvorsitzende Andreas Gayk den Genossen Arp einen „Verräter" und veranlasste seine Entfernung aus der Partei und aus dem Ministeramt.

Zu den besonders kernigen Gestalten der Landespolitik gehörte Ministerpräsident Friedrich-Wilhelm Lübke, ein Bruder des späteren Bundespräsidenten Heinrich Lübke.

Bevor der Flensburger Landrat 1951 das Ruder des Regierungsschiffs übernahm, war er Kapitän einer Vier-Mast-Bark, mit der er mehrfach Kap Horn umrundete. Seine Erfahrungen auf See hatte Lübke zu spannenden Abenteuerromanen verarbeitet, die vor allem bei jungen Lesern große Begeisterung hervorriefen und hohe Auflagen erzielten. Ein Titel lautete: „Sidney Head oder die Hölle in 60 Tagen".

In seinen Reden vor dem Landtag bevorzugte Lübke die kräftige und bilderreiche Sprache der Seefahrt. Für ihn befand sich das Land „in Seenot", er forderte „alle Mann an Deck" und verlangte Solidarität, „wenn es um unser Schiff geht".

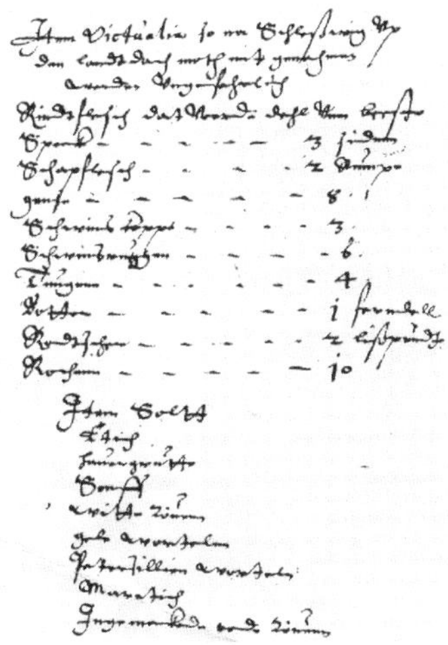

*Item Victualia so na Schleßwig vp*
*den landtach moth mit gennahmen*
*werden vnge fehrlich*
*Rindtflesch dat Veerde dehl vum beeste*

| | | |
|---|---|---|
| *Speck* | 3 | *sidenn* |
| *Schapflesch* | 2 | *Rumpe* |
| *gense* | 8 | |
| *Schwinskoppe* | 3 | |
| *Schwinsrughen* | 6 | |
| *Tungenn* | 4 | |
| *Botter* | 1 | *ferndehl* |
| *Rodtscher*[1]) | 2 | *lißpundt* |
| *Rochenn* | 10 | |

*Item Soltt*
*Etich*
*Hauergrutte*
*Senff*
*witte röuenn*
*gele wortelnn*
*Petersillien worteln*
*Maretich*
*Ingemakede rode röuenn*

[1]) *Stockfisch*
[2]) *Nagel- oder Glattrochen*

Küchenzettel des Amtmannes von Tondern für seine Reise zum Landtag

Nach außen wirkte die Landespolitik schon immer ziemlich trocken, hinter den Kulissen wurde aber auch so manch feucht-fröhliches Fest gefeiert.

Berühmt und gefürchtet waren die Herrenabende, die Landtagspräsident Paul Rohloff im Weinkeller des Kieler Schlosses zu veranstalten pflegte. Serviert wurde stets „Bocksbeutel", und zwar bis zum Abwinken.

Damit der Gastgeber den Verbrauch im Auge behielt, musste der Kellner die leeren Flaschen paarweise auf die Treppenstufen stellen und erst, wenn die Flaschenparade die in ziemlicher Ferne liegende erste Biegung erreicht hatte, galt der Abend als gelungen und konnte beendet werden.

Wer ein Anhänger des berühmten Wiener Tatort-Kommissars Fritz Eckardt ist, der hätte auch an dem Abgeordneten Ernst Schoof aus Dithmarschen sein Vergnügen gehabt. Er pflegte mit einer uralten braunen Aktentasche zur Plenarsitzung anzureisen, und da der Rechtsanwalt und Notar ein begeisterter Jäger war, transportierte er in der Tasche zuweilen Geschenke für einen Parteifreund. Einen Fasan beispielsweise. Und um dem bunten Vogel auch im Tod etwas Würde zu belassen und um gleichzeitig diskret auf das Jagdglück

Ernst Schoof

hinzuweisen, durfte der einst so stolze Hahn mit dem Kopf aus der Tasche herausblicken. Da der Empfänger der Beute nicht sofort greifbar war, wanderte Schoof ungeniert mit dem im Takt seiner schweren Schritte nickenden Fasanenkopf durch Büros und Lobby.

Wurst statt Orden – Fritz Latendorf gratuliert

Nur wenige Geschichten sind in den Gängen des Landtags so oft erzählt worden, wie die von Schoof und dem Pferd. Es gibt eine lange, eine mittlere und eine kurze Version. Die stenografische Fassung lautet: Schoof fragt bei einem benachbarten Landwirt, ob er dessen Pferd kaufen könne. Der wundert sich, sagt aber ja, woraufhin Schoof gesteht, er habe den Gaul gerade im Dämmerlicht versehentlich erlegt.

Eng mit Fleischwaren ist auch die parlamentarische Tätigkeit von Fritz Latendorf verbunden. 30 Jahre lang gehörte er dem Landtag an, und in dieser Zeit hat er ein kleines Vermögen verschenkt.

Ob ein runder Geburtstag, eine Ordensverleihung oder eine schlichte Weihnachtsfeier, Fritz Latendorf war immer dabei, und wenn alles gesagt war, ergriff er das Wort zu einer nicht selten einstündigen politischen Büttenrede. Die endete damit, dass er hinter oder unter sich griff, eine große Mettwurst hervorzog und sie irgend jemandem feierlich überreichte.

Da Latendorf bei der morgendlichen Abfahrt nie wusste, welche Ehrung er im Laufe des Tages noch zu vollziehen hatte, lagerten in seinem uralten VW zwischen Bergen von Zetteln und anderem Gerümpel auch stets mehrere Würste, was dazu führte, dass der Agrarexperte selbst dann etwas angeräuchert duftete, wenn er einmal keine Mettwurst unter dem Arm trug.

So unterschiedlich wie diese und 100 vergleichbare Geschichten auch sind, eines haben sie gemeinsam: Sie stammen aus einer ziemlich weit zurückliegenden Vergangenheit. Ihre Fortsetzungen aus der Gegenwart dagegen wirken so, als würde man das heutige Kantinenessen mit dem bei den früheren Landtagssitzungen gebotenem Stokkfisch, dem Schweinekopf und der Speckseite vergleichen.

## LAUENBURGER – IMMER ETWAS BESONDERES

Geschichtlich gesehen sind die Lauenburger so etwas wie die Weltmänner unter den Schleswig-Holsteinern. Im Laufe der Jahrhunderte haben sie mächtig viel erlebt. Sie waren Engländer, Franzosen, Dänen und schließlich Preußen, kurzum, immer etwas Besonderes. Man erkennt es noch heute daran, dass sie einen richtigen Titel tragen: „Herzogtum Lauenburg". Das gibt etwas her, auch wenn man keinen Herzog mehr hat.

Es gab allerdings einmal einen, der hieß Otto von Bismarck, aber der wollte den Titel eigentlich gar nicht haben, weil er ihn als Trostpflaster dafür ansah, dass er von Kaiser Wilhelm II. in den ungeliebten Ruhestand getreten wurde.

Lauenburg

Warum die Lauenburger eine internationale Vergangenheit haben, lässt sich schnell berichten; die Geschichte ist wieder einmal derart kompliziert, dass man sie notgedrungen kurz fassen muss, um verständlich zu bleiben.

Bis zum Jahr 1689 kann man die Lauenburger – historisch gesehen – einfach vergessen. Bis dahin regierten dort nämlich die Askanier. Es waren mächtige Raufbolde (immer von Ausnahmen abgesehen), was sich erst änderte, als sie 1689 in der männlichen Linie ausgestorben waren. Anschließend schlug sich eine Schar von Bewerbern solange die Köpfe blutig, bis die Welfen schließlich gesiegt hatten und 1716 vom deutschen Kaiser offiziell als Nachfolger der Askanier anerkannt wurden. Allerdings vorwiegend deshalb, weil der Welfen-Chef Georg Ludwig von Hannover neuer König von England geworden war. Mit einer so mächtigen Herrschaft musste man sich selbst als Kaiser gut stellen.

Die Lauenburger waren damit zu Engländern geworden, sprachen aber natürlich weiterhin lauenburgisches Deutsch. Da London weit entfernt von Ratzeburg lag, konnten die Lauenburger machen, was sie wollten. Der gute Georg schickte dennoch reichlich Geld, an dem es im Lauenburgischen bis zur Beförderung ihres Landesherrn immer gemangelt hatte.

Es war eine schöne Zeit. Dies änderte sich allerdings, als Napoleon die Lauenburger entdeckte und zu Franzosen erklärte. Auch jetzt sprachen die Lauenburger natürlich weiterhin Deutsch. So schnell wie der jeweils neue Herrscher kam, konnte ja auch kein Mensch eine neue Sprache lernen. In diesem Fall wäre es zudem ausgesprochen ärgerlich gewesen, denn nachdem der kleine Korse von der Überzahl seiner Gegner noch kleiner gemacht worden war, wurde die europäische Landkarte 1814 auf dem Wiener Kongress völlig neu zusammengeklebt. Dabei verlor Dänemark Norwegen, erhielt dafür Schwedisch-Pommern nebst der Insel Rügen und tauschte beides bei den Preußen gegen Lauenburg ein.

Nachdem sie schon kein Englisch und Französisch gelernt hatten, wollten die Lauenburger natürlich erst recht kein Dänisch lernen. Kopenhagen lag zwar schon etwas näher als Paris oder London, war aber doch immer noch weit genug entfernt, um sich im Lauenburgischen von der neuen Herrschaft im Eigenleben nicht sonderlich stören zu lassen.

Leider ging auch diese angenehme Zeit bald zu Ende, denn mit dem Sieg der (noch) verbündeten preußisch-österreichischen Armee über die Dänen Anno 1864 schlug die deutsche Stunde der immer deutschen Lauenburger. Sie taktierten in dieser wichtigen Phase ihrer Geschichte übrigens sehr geschickt, indem sie rechzeitig erkannten, wer den Sieg davontragen würde. Daher verkündeten sie noch vor Dänemarks Niederlage ihren Anschluss an Preußen. Das war psychologisch sehr geschickt und musste geradezu belohnt werden. Bis 1876, also zehn Jahre länger als die Schleswiger und Holsteiner, durften die Lauenburger einen großen Teil ihrer alten Rechte behalten, erst dann wurden sie echte Preußen. Damit es ihnen nicht ganz so schwer fiel, blieb ihnen der Titel „Herzogtum" erhalten. Etwas später gab es dann sogar einen „Minister für Lauenburg", nämlich Otto von Bismarck, der im lauenburgischen Sachsenwald grollend seinen Hauptwohnsitz nahm und auf den Ruhestand ebenso gerne wie auf die Ehrenbezeichnung verzichtet hätte.

## Leibeigenschaft – von Herren und Knechten

Beim Gang durch die schleswig-holsteinische Geschichte wird stets mit Wohlgefallen der freie Bauernstand gewürdigt, der sich tapfer und trotzig seiner Unterwerfung durch König und Adel widersetzt habe. Doch dieses historische Bild bezieht sich vor allem auf Dithmarschen, wo bis heute vieles anders ist als im Rest des Landes. Namentlich im ländlichen Bereich der Ostküste dagegen herrschte in mancher Hinsicht das Mittelalter noch bis in die Neuzeit hinein. Man erkennt es an den prächtigen Herrenhäusern, deren Einrichtung das Herz jedes Antiquitätensammlers höher schlagen lässt.

Dieser Wohlstand hat bei allem äußeren Glanz auch eine Schattenseite, und die heißt Leibeigenschaft. Nun kann man gewiss keinem der heutigen Gutsbesitzer nachsagen, er habe seinen Besitz auf Kosten anderer zusammengetragen. Alles ist vielmehr ordnungsgemäß erarbeitet und vererbt worden. Der eine oder andere Vorfahre dagegen hätte schon Gewissensbisse haben müssen.

Einen besonders schweren Fall von Machtmissbrauch leistete sich 1722 der Gutsherr Heinrich Rantzau von Bürau. Er ließ drei seiner Leibeigenen, die über die Flucht eines anderen Leidgenossen aussagen sollten, im hauseigenen Gefängnis derart misshandeln, dass sie an den Verletzungen starben. In einer Denkschrift mit dem langatmigen Titel „Gründlicher und wahrhafter Bericht wegen der auf dem Adelichen Guth Bürau in Hollstein im Monath Mario 1722 inhaftierten und gestorbenen Unterthanen, deren bißhero hievon ausgesprengten und falschen Erzehlungen entgegengesetzt" zeigt der rabiate Gutsherr nicht einmal die Spur von Reue. Er wurde übrigens zu fünfjähriger Landesverweisung und einer Geldstrafe verurteilt.

Nur bei Verbrechen dieser Art griff der Landesherr ein, ansonsten waren die Gutsbesitzer kleine Könige, die auch die Gerichtsbarkeit ausübten. Oft genug erbarmungslos, und es wird berichtet, dass ein Gutsbesitzer auch schon einmal einen Leibeigenen gegen zwei Jagdhunde eintauschte oder beim Kartenspiel mit dem Nachbarn einen seiner Knechte verlor. Es war aber auch keine Seltenheit, dass ganze Dörfer mitsamt der Bewohner von einem Gutsherren an den anderen verkauft wurden.

Der Leibeigene selbst durfte das Gut nicht verlassen, und wenn er flüchtete, musste er von jeder Obrigkeit in den Herzogtümern wieder an den rechtmäßigen Besitzer ausgeliefert werden. Allerdings hatten die Gutsherren gegenüber ihren Untertanen nicht nur starke Rechte, sondern auch einige Pflichten. So mussten sie beispielsweise für das Altenteil, für die medizinische Betreuung sowie für Schulunterricht sorgen.

In der Mitte des 18. Jahrhunderts setzte sich bei einigen Gutsbesitzern die Überzeugung durch, dass ihre Bauern sicherlich freudiger arbeiten würden, wenn sie das Joch der Leibeigenschaft ablegen könnten. Neben diesen wirtschaftlichen Gesichtspunkten spielte aber sicherlich auch der humanitäre Gedanke eine Rolle. Im Jahre 1805 kam schließlich das gesetzliche Ende der Leibeigenschaft, und davon profitierten in den Herzogtümern auf dreihundert adligen Gütern etwa 20 000 leibeigene Familien.

Wie so oft in der Geschichte war das viel zitierte Rad dorthin gerollt, wo es sich ein paar Jahrhunderte zuvor schon befunden hatte. Die alte Frage, ob es erst das Huhn oder erst das Ei gegeben hat, lässt sich damit in diesem Fall eindeutig beantworten: Es gab zunächst freie Bauern, die jedoch durch Kriegsdienste, sei es für den eigenen Fürsten oder zur Verteidigung ihres Besitzes, so beschäftigt waren, dass sie kaum noch Zeit für die Bestellung ihrer Felder fanden. Daraufhin machten sie den Fehler, Leute zu engagieren, die etwas vom Kriegführen verstanden, und das waren die Ritter. Besoldet wurden sie mit Land, das die Bauern bewirtschafteten.

Die Ritter aber verloren bald die Lust am ständigen sehr gesundheitsschädlichen Kämpfen, besorgten sich mit nicht immer feinen Methoden immer mehr Land und wurden immer mächtiger, was man

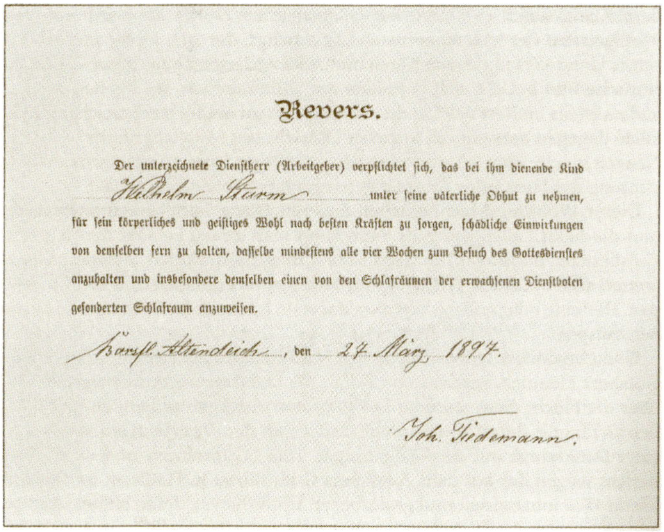

# Revers.

Der unterzeichnete Dienstherr (Arbeitgeber) verpflichtet sich, das bei ihm dienende Kind Wilhelm Sturm unter seine väterliche Obhut zu nehmen, für sein körperliches und geistiges Wohl nach besten Kräften zu sorgen, schädliche Einwirkungen von demselben fern zu halten, dasselbe mindestens alle vier Wochen zum Besuch des Gottesdienstes anzuhalten und insbesondere demselben einen von den Schlafräumen der erwachsenen Dienstboten gesonderten Schlafraum anzuweisen.

Barsfl. Altendeich, den 27. März 1897.

Joh. Tiedemann.

Reste von Leibeigenschaft gab es noch vor 100 Jahren. Der Landbesitzer konnte Kinder weitgehend vom Schulunterricht befreien und als Arbeitskräfte einsetzen

daran erkennt, dass sie 1523 die Gerichtsbarkeit sowie die Steuerbefreiung erhielten. Die auf diese Weise bedrängten Bauern versuchten, sich dem neureichen Grundadel durch Abwanderung zu entziehen. Doch daraufhin setzten die zu Herren aufgestiegenen Angestellten aus dem Ritterstand 1614 ein Gesetz durch, das die Bauern an die Scholle band. Und damit waren die einst freien Landleute zu Leibeigenen degradiert. In der rauen Wirklichkeit verlief der Prozess natürlich wesentlich komplizierter.

Eine gewisse Abhängigkeit der Bauern vom Gutsherrn blieb in Form der Patrimonial-Gerichtsbarkeit, die sich mit kleineren Delikten befasste, sogar bis ins Jahr 1867 bestehen.

Wenn gerade die schleswig-holsteinischen Landwirte heutzutage bei der Vertretung ihrer durchaus berechtigten Interessen auf nationaler und Brüsseler Ebene besonders energisch auftreten, dann liegt vielleicht eine Ursache auch in dem Nachholbedarf an Freiheit.

## LEUCHTTÜRME – WIE MENSCHEN, HÖCHST KOMPLIZIERT

Es gibt Seefeuer und Leitfeuer und Quermarkenfeuer und Richtfeuer und Hafeneinfahrtsfeuer, und wer sich mit einem Fachmann über Leuchtfeuer und ihre Funktion unterhält, der betrachtet die Seefahrer mit steigender Hochachtung.

Ein Leuchtfeuer sei ein „Verwaltungsakt in Gestalt einer Allgemeinverfügung", heißt es in einem Kommentar zum Bundeswasserstraßengesetz, und Hans Magnus Enzensberger beginnt sein Gedicht „Leuchtfeuer" mit den Zeilen „Dieses Feuer beweist nichts, es leuchtet, bedeutet: dort ist ein Feuer".

„Seefahrt tut not", schrieb Gorch Fock, aber ohne Licht geht auch auf dem Wasser bei Nacht nichts. Das wussten schon die alten Ägypter und bauten um 300 vor Christi Geburt bei Alexandria einen vermutlich 122 Meter hohen Leuchtturm, an dessen Spitze ein Holzfeuer Seefahrern bereits in 55 Kilometer Entfernung die Hafeneinfahrt wies, und so wunderbar soll der Anblick des marmorverzierten Leuchtturms gewesen sein, dass er zum Weltwunder erklärt wurde.

Leuchttürme sind wie Menschen, keiner gleicht dem anderen, und die Unähnlichkeit gilt für die Form und erst recht für die Kennung, wie das jeweilige Lichtzeichen genannt wird. Es ist bei einem Leuchtturm das, was beim Menschen den Charakter ausmacht. Man sieht: Ein Leuchtturm ist ein höchst kompliziertes Wesen.

Von außen kennt jeder einen Leuchtturm, im Inneren waren wenige, und das hat seinen Grund, denn der in seinem Bauwerk so robuste, jedem Unwetter mannhaft trotzende Riese ist hinter seiner Eisen-, Aluminium- oder Steinhaut leicht verwundbar.

Als noch jeder Leuchtturm seinen individuellen Wächter besaß und keine ferngesteuerte Elektronik den Lichtstrahl mit unbestechlicher Präzision über das Meer schickte, da standen am Fuße der makellos polierten hölzernen Wendeltreppe die Filzschuhe, auf dass niemand Infektionen der Außenwelt einschleppe.

Der Leuchtturm von Neuwerk im Wintersturm 1840

Einlass in ein Schloss zu erhalten, das ist kein Kunststück, aber in einen Leuchtturm zu gelangen, das schaffen nur Auserwählte. Die aber werden in die letzten Geheimnisse der christlichen Seefahrt eingeweiht. Zunächst einmal lernt man das Herzstück eines jeden Leuchtturms kennen: die Laterne, den Kennungsgeber, der die Birne im richtigen Rhythmus ein- und ausschaltet, und die Gürtellinse, die das Licht bündelt und hinaus auf die See trägt.

An dieser Stelle wird selbst der bereits als vertrauenswürdig eingestufte Besucher noch einmal vorsichtig daran erinnert wird, dass hier alles Präzision sei und dass schon die geringste Verschiebung dieses oder jenes anscheinend willkürlich angebrachten farbigen Plexiglasstreifens weit draußen auf See den Navigator gefährlich in die Irre führen könnte.

Recht einfach klingt das alles, ist es aber doch nicht, denn mit dem hinzukommenden Quermarkenfeuer wird das Navigieren schon schwieriger, und dann noch das Richtfeuer mit seinem Ober- und

Berühmter ist keiner –
Leuchtturm Westerhever

Unterfeuer. Und neben den zwanzig Leuchttürmen gibt es an der schleswig-holsteinischen Westküste zwischen der dänischen Grenze und der Elbe noch Leuchtfeuer, Funkfeuer und Funkortungsketten, daneben Leuchttonnen und unbefeuerte Tonnen …

Sicherheit sei nun einmal oberstes Gebot, sagt jeder Leuchtturmwärter, den es in seiner alten romantischen Gattung leider nicht mehr gibt. Heute ist er nicht nur für „seinen" Turm verantwortlich, sondern gleich für mehrere, und auch nur noch für die bauliche Anlage, die Technik besorgen die Elektroniker. Sie werden im Bedarfsfall von der Zentrale in Tönning für die Westküste oder aus Lübeck für die Ostküste abgerufen. Und sie allein kennen die Bedeutung der bunt flakkernden Lampen im Schalterschrank, die Kippschalter und den Diesel, der anspringt, wenn das auch den Leuchtturm versorgende öffentliche Elektrizitätsnetz ausfällt.

Die sorgfältig zusammengefaltete Segeltuchplane, mit der in früheren Jahren die handgeschliffene Optik vor Staub und Beschädigungen und Sommerhitze abgedeckt wurde, benutzt heute niemand mehr, und es stehen auch keine Filzschuhe an den Treppenstufen. Aber es ist immer noch verboten, falsche Lichtzeichen auszusenden, um Schiffe stranden zu lassen und anschließend auszurauben.

## LORNSEN – SEINER ZEIT WEIT VORAUS

Beamte stehen bei Nicht-Beamten in keinem sonderlich guten Ruf. Wer nach Rendsburg kommt, versäume daher nicht, am Paradeplatz das Denkmal für einen mutigen Staatsdiener zu besuchen. Der Geehrte heißt Uwe Jens Lornsen und war das, was man einen Querdenker nennt. Das ist auch nicht weiter verwunderlich, denn er war ein Friese von der Insel Sylt.

Ein Raufbold soll Uwe Jens Lornsen in jungen Jahren gewesen sein und ein Hitzkopf, der nächtelang diskutieren konnte. Und beide Eigenschaften sind wahrlich keine guten Voraussetzungen für einen „Kanzleirat" am Kopenhagener Königshof. Dort war der blond gelockte Hüne für die Verwaltung der „Kolonien" Schleswig, Holstein und Lauenburg zuständig. Neun Jahre lang, bis 1830, dann wurde der Posten des Landvogts auf seiner Heimatinsel Sylt frei und Lornsen bekam die Stellung zugesprochen. Aber statt sich darüber zu freuen und sich daheim ein angenehmes Beamtenleben zu machen, ließ er sich von der frischen Seeluft, beziehungsweise den Parolen der französischen Julirevolution des Jahres 1830, zur Aufmüpfigkeit verleiten und schrieb seine „rebellischen" Gedanken in ein gerade zwölf Seiten starkes Büchlein mit dem wahrlich nicht aufregenden Titel „Über das Verfassungswerk in Schleswig-Holstein".

Kaum war die dünne Schrift (Auflage 9000) auf dem Markt, wurde Lornsen als Beamter abgesetzt und zu einem Jahr Festungshaft ohne Bewährung verurteilt. Und dieser Spruch war sogar noch milde, hatte der Verfasser doch für einen Beamten Unerhörtes gefordert, nämlich eine bürgernahe und wirkungsvoll arbeitende Verwaltung. Die für Schleswig-Holstein zuständige Regierungsbehörde sollte nach Lornsens Empfehlung von Kopenhagen in die Städte Schleswig und Kiel verlegt werden, was zwar logisch, aber auch unerhört war. In der von Lornsen geforderten Verfassung war außerdem ein Parlament vorgesehen, das das ganze Land repräsentieren und sogar Gesetze beschließen sollte.

Selbstverständlich räumte der brave Lornsen dem dänischen König als Oberherrn über die Herzogtümer das Recht ein, zu allem, was die Volksvertretung beschließen würde, ein kategorisches Nein zu sagen. Schon an diesem absoluten Vetorecht erkennt man, dass kein Revolutionär am Werk war, der die Loslösung der Herzogtümer von Dänemark verlangte.

Nun könnte man meinen, mit seinen Forderungen hätte der aufmüpfige Landvogt bei den Mitbürgern offene Türen eingelaufen. Aber Lornsens Aufforderung, die Schleswig-Holsteiner sollten mit einer Flut von Petitionen an die Obrigkeit ihre Begeisterung für die Verbesserungsvorschläge kundtun, verhallte so gut wie ungehört.

Enttäuscht flüchtete er in die Fremde nach Brasilien, zusätzlich in eine Krankheit, bevor er sich 1838 im Genfer See das Leben nahm. Eine Generation später feierte man ihn dann als „Befreier Schleswig-Holsteins", was reichlich übertrieben war. Aber auch wenn viele Würdigungen ebenso wie das Rendsburger Denkmal etwas groß geraten sind, Lornsen hat doch einen heftigen Anstoß zur Beseitigung des absolutistischen dänischen Regierungssystems gegeben. Zur Tat schritten später andere.

Dort, wo der bürgerliche Revolutionär in Rendsburg einsaß, kann man heute in historischer Umgebung wieder sitzen. Bei einem guten Bier. Mit Blick auf das Denkmal vom mutigen Beamten, der seiner Zeit weit voraus war.

Uwe Jens Lornsen

## LÜBECK – SELBSTBEWUSSTE HANSESTADT

Wenn die Kieler Landesregierung besonders hohen Besuch erhält, dann führt sie ihn nach Lübeck. An dieser Geste erkennen die Hanseaten, dass sie noch immer in der heimlichen Landeshauptstadt leben. In Kiel, so sagen sie, werde eben nur regiert, in Lübeck dagegen repräsentiert.

Mit dieser Arbeitsteilung können die beiden größten Städte des Landes leben. Oder besser gesagt, man hat sich arrangiert. Richtig überwunden haben die Lübecker ihre 1937 erfolgte Eingliederung in Schleswig-Holstein noch immer nicht.

So versuchten sie beispielsweise noch Anfang der 50er Jahre, beim Karlsruher Verfassungsgericht eine Volksabstimmung über die Zugehörigkeit zu Schleswig-Holstein oder die Wiedereinsetzung als Bundesland zu erreichen. Mit Urteil vom 5. Mai 1956 lehnten die Richter diesen Wunsch jedoch ab.

Die Hinrichtung des Bürgermeisters Johann Wittenborg im Jahre 1363

Trotz dieser Niederlage können sich die Lübecker zu Recht als „etwas Besseres" fühlen. Nicht nur, weil ihnen kein geringerer als Stauferkaiser Friedrich II. (der mit den Falken) 1226 das Privileg einer freien Reichsstadt verliehen hat, sondern vor allem, weil Lübeck zur Zeit der Hanse eine glanzvolle Rolle spielen durfte.

Die Stadt an der Trave galt vom 13. bis ins 17. Jahrhundert als Hauptstadt der ersten Europäischen Gemeinschaft. Diese frühe internationale Wirtschaftsvereinigung war kein fester, durch Verträge zusammengehaltener Bund wie die moderne EG, sondern eine Art Genossenschaft der großen, vom Export lebenden Kaufleute in den wichtigsten europäischen Städten.

Nowgorod, London, Brügge, das war die Ebene, auf der die Lübecker einst verkehrten. Da ist es nur allzu verständlich, wenn die stolzen Hanseaten nicht gerade begeistert waren, nach dem Verlust ihrer Unabhängigkeit 1937 erst nach der Berliner und jetzt nach der Kieler Pfeife tanzen zu müssen. Sie tun es übrigens so wenig wie möglich, und wer nicht genau hinsieht, muss den Eindruck erhalten,

Lübeck sei eine selbständige Hansestadt wie Hamburg oder Bremen. Die Stadträte heißen noch immer Senatoren, eine Bürgerschaft ersetzt das in gewöhnlichen Städten übliche Stadtparlament, und obwohl man als eine der vier kreisfreien Städte (Kiel, Neumünster, Flensburg) eigentlich einen Oberbürgermeister haben dürfte, residiert im Rathaus gemäss hanseatischem Understatement nur ein Bürgermeister.

Wenn das politische Stadtoberhaupt heute durch sein prächtiges Renaissance-Rathaus wandert und die Portraits seiner Vorgänger betrachtet, dann wird der Bürgermeister vielleicht unbewusst den Kopf einziehen, denn für Fehler mussten seine Amtsvorgänger fast immer den Kopf „hinhalten". Johann Wittenborg war das erste Opfer. 1363 wurde er auf dem Lübecker Markt hingerichtet, weil er als Oberbefehlshaber der Hanseflotte für die Niederlage gegen Dänemark verantwortlich zeichnete. Sein Kollege Jürgen Wullenwever erlitt 1537 das gleiche Schicksal, obwohl er seinen Feldzug gegen die Holländer gewonnen hatte. Aber bei den Friedensverhandlungen war zu wenig herausgekommen.

Mit dem Niedergang der Hanse, der durch die Entdeckung Amerikas eingeleitet wurde, verlor zwar auch Lübeck an Glanz, allerdings hatte die Stadt schon so viel Pracht entfaltet, dass sie wie ein Magnet die Großen der Welt anzog, Künstler genauso wie Eroberer. Die eindrucksvollen Kirchen beispielsweise verlangten geradezu nach berühmten Organisten. Der prominenteste war Dietrich Buxtehude. Er kam 1668, nachdem er zuvor die Tochter seines Amtsvorgängers geheiratet hatte.

Es wird berichtet, dass an der ungewöhnlichen Lübecker Sitte, mit dem Organistenposten auch die Tochter des Pensionärs übernehmen zu müssen, die Verpflichtung Georg Friedrich Händels und Johann Sebastian Bachs als Nachfolger Buxtehudes gescheitert sei. Aus verständlichen Gründen, denn Anna Margarethe Bux-

Schiffsverkehr auf der Lübecker Untertrave, Holzstich von H. Lauterbach

tehudes Äußeres soll sicheren Quellen zufolge im umgekehrten Verhältnis zu den musikalischen Qualitäten ihres Vaters gestanden haben. Händel und Bach reisten nach mehrwöchigem Aufenthalt jedenfalls wieder ab.

Das angesehene und für damalige Zeiten geradezu fürstlich bezahlte Organistenamt von St. Marien übernahm anstelle der beiden geflüchteten Starkandidaten nach Buxtehudes Tod 1707 der inzwischen vergessene Johann Christian Schiefferdecker. Natürlich erst, nachdem er zuvor ordnungsgemäß die vorher vergeblich angepriesene Anna Margarethe geehelicht hatte.

Über Geschichten dieser Art kann man lächeln. Gar nicht zum Lachen ist dagegen ein Streich, den der hohe hanseatische Rat Anno 1863 plante. Damals wäre um Haaresbreite eine nicht wieder gutzumachende Vernichtungsaktion beschlossen worden.

Als nämlich das 1478 errichtete Holstentor ein neues Dach benötigte, wurde gleich die Abrissfrage gestellt. Mit einer einzigen

Stimme Mehrheit konnte diese Radikallösung gerade noch verhindert werden.

Natürlich ist es Zufall, wenngleich ein merkwürdiger, dass 1955 die Ehrenbürgerschaft an Thomas Mann auch nur mit einer Stimme Vorsprung durchzusetzen war. Dieses Ergebnis hat sich der berühmteste Sohn der alten Hansestadt allerdings selber zuzuschreiben. Schließlich kamen einige der hanseatischen Kaufleute in dem literarischen Welterfolg „Buddenbrooks" nicht gerade vorteilhaft davon.

Lübeck um 1820 mit dem Holstentor

M

## MANN GEGEN MANN – DIE LÜBECKER UND IHR DICHTERFÜRST

Waren die Lübecker „Pfeffersäcke" allesamt Kulturbanausen? Dachten Sie nur an ihre Geschäfte und erkannten nicht, welches Genie in ihren Mauern aufgewachsen war?

Über die Lübecker und ihr Verhältnis zu Thomas Mann ist viel geschrieben und viel erzählt worden, und das meiste fällt nicht zum Vorteil der Lübecker aus. Doch mag man den ebenso stolzen wie geschäftstüchtigen Hanseaten von der Trave auch manches nachsagen, aber dass sie ihren mittlerweile berühmtesten Sohn nicht sofort als Prominenten höchsten Grades erkannten, ist wirklich keine Schande.

Jede andere Gemeinschaft hätte doch kaum anders reagiert, wäre da ein Jüngling gekommen, der ein mächtig dickes Buch auf den Tisch gelegt und erklärt hätte: Seht her, das ist Kunst, ganz große sogar.

Die Mehrheit der Hanseaten, und es lebten 1901 nur um die 30 000 Menschen in der Stadt (heute 200 000), hatte allerdings weder Zeit noch Lust, das angebliche Kunstwerk zu lesen. Aber es gibt nun einmal überall Leute, die nichts Ordentliches zu tun haben und stattdessen behaupten, es mit der Kunst zu treiben. Einige von dieser Gattung jedenfalls schlugen das Buch auf und anschließend sogleich Alarm. „Das sind ja wir", hallte alsbald der Schreckensschrei durch die engen Gassen, und die Aufregung war genauso groß, als wäre das Feuerhorn geblasen worden.

Wiedersehen nach Kriegsende – Thomas und Katia Mann in Lübeck

Plötzlich lasen alle oder jedenfalls viele in dem „Buddenbrooks"-Wälzer des gerade 26-jährigen Thomas Mann. Nicht so sehr wegen des Kunstgenusses, sondern um herauszufinden, ob man vielleicht selbst auch eine Rolle spiele. Die meisten suchten vergeblich, andere dagegen wurden fündig und waren zunächst erst einmal empört. Zu diesen zählte auch des hoffnungsvollen Autors Onkel Friedrich Wilhelm, der sich im Roman als Thomas Buddenbrooks missratener Bruder Christian wiederfand. Noch zwölf Jahre nach Erscheinen des Buches ließ er in der örtlichen Zeitung eine Notiz einrücken, in der er sich über jenen „traurigen Vogel, der sein eigenes Nest beschmutzt", bitterlich beklagte. Zu diesem Zeitpunkt hatte sich die ursprüngliche

Empörung unter den Lübeckern allerdings schon gelegt, und Onkel Friedrich Wilhelm erntete mit seiner reichlich späten Reaktion vorwiegend Spott. Er habe wohl solange gebraucht, um überhaupt zu merken, dass er mit dem neurotischen Christian gemeint sei, hieß es.

Tatsächlich hatte es Friedrich Wilhelm alias Christian natürlich schon eher gewusst, denn nachdem das Buch als eine Art Schlüsselroman entlarvt worden war, wurden beim Verkauf Personenverzeichnisse mit der angeblich wahren Identität der Haupt- und Nebenpersonen gleich mitgeliefert. Wie ein Zeitgenosse berichtet, befand sich Lübeck nach Erscheinen der „Buddenbrooks" in einer ungeheuren Erregung über das Buch, das den einen als niedrige Rache eines Missvergnügten, den anderen als der Ausfluss einer ehrfurchtslosen Frechheit, allen gleichermaßen aber als ein übles Machwerk erschien, mit dem ein missratener Sohn die Vaterstadt geschändet habe.

Und den endgültigen Beweis dafür, dass sich nicht Kunst, sondern nur Missratenes zwischen den Buchdeckeln verberge, lieferte ein Lehrer des von Thomas Mann besuchten Katharineums. Sein vernichtendes (Fehl-)Urteil lautete: „Das soll ein bedeutender Schriftsteller sein? ... Er hatte nie einen ordentlichen Aufsatz schreiben können."

Zur Ehrenrettung der Lübecker muss aber gesagt werden, dass es auch schon sehr früh Stimmen gab, die die Genialität des jungen Mannes würdigten. Nur fünf Monate nach Erscheinen der „Buddenbrooks" lobten die „Lübecker Blätter" das Buch als Werk „eines bedeutenden und nach einem großen Ziel strebenden Künstlers", und als Thomas Mann 1904 in der „Literarischen Gesellschaft" seiner Geburtsstadt vor ausverkauftem Saal aus dem umstrittenen Roman las, spendete das Publikum heftigen Applaus. Zusätzlich wurde der Autor mit einem Lorbeerkranz geschmückt.

Zum 700. Geburtstag der Stadt im Jahre 1926 waren die Lübecker auf ihren literarischen Sohn dann so stolz, dass der hohe Senat dem zu diesem Zeitpunkt bereits gut zwanzig Jahre in München lebenden Thomas Mann die Professorenwürde verlieh.

Aber erst 1955, dem Todesjahr des Schriftstellers, folgte die Ehrenbürgerschaft. Mit der berühmten Mehrheit von nur einer Stimme, und daran ist erkennbar, dass die Lübecker mit dem Nobelpreisträger stets ihre Schwierigkeiten hatten. Das wiederum ist völlig unverständlich, denn neben dem Marzipan und dem Holstentor ist der „Literat des Bürgertums" schließlich das berühmteste Wahrzeichen der Travestadt.

Und wenn jemand Werbung für seine Vaterstadt gemacht hat, dann Thomas Mann. Unabhängig davon, wo seine großen Romane spielten, ein Stück Heimat war immer eingebaut. Ob im „Dr. Faustus" eine Nachbarin aus der Breiten Straße eine Nebenrolle spielt, oder ob der Hochstapler Felix Krull bei einer Kurkapelle den Virtuosen mimen darf, stets wird PR-Arbeit für Lübeck und Umgebung geleistet. Gleiches gilt übrigens für Heinrich Mann. Sein durch die Verfilmung mit Marlene Dietrich berühmt gewordener Roman „Professor Unrat" enthält auch viel Lübecker Ambiente.

Es ist nur nicht so vielen aufgefallen.

Doch dies ist schon das Feld, auf dem sich die Experten tummeln, die ständig neue literarische Sensationen entdecken. Wer zum Beispiel noch die volkstümliche Meinung vertritt, in den Buddenbrooks werde der Niedergang eines mittelständischen Unternehmens dargestellt, das sich der neuen Zeit nicht anzupassen verstand, der beweist damit, dass er nicht den letzten Stand der Wissenschaft kennt.

Die Thomas-Mann-Forscher haben nämlich herausgefunden, dass Vater Mann sein Handelsunternehmen keineswegs in den Konkurs gewirtschaftet hat, wie es sein in die Literatur verschlagener Sohn Thomas der Nachwelt weiszumachen versuchte. In kluger Voraussicht, dass keiner seiner drei Söhne die Firma weiterführen wolle oder könne, hatte das Familienoberhaupt testamentarisch die Auflösung des Geschäfts angeordnet. Und dieser Entschluss war in der Tat weitsichtig, denn wer mag sich den älteren Sohn Heinrich oder gar Thomas als Lübecker Getreidehändler vorstellen?

Brüder und Kontrahenten – Thomas und Heinrich Mann

## MINDERHEITEN – VORBILDER IM GRENZRAUM

Nationale Minderheiten bringen meistens Ärger. Doch wie in so vielen anderen Bereichen ist in Schleswig-Holstein einmal mehr alles anders. Obwohl es gleich drei Minderheiten gibt, verursachen sie keinerlei Probleme. So ungewöhnlich ist dies, dass von weit her Beobachter anreisen, um zu sehen, warum ausgerechnet bei den Nordlichtern funktioniert, was andernorts zu Hass und Terror führt.

Mehrere Erklärungen bieten sich an: Zunächst einmal haben sich die Betroffenen in früheren Jahren so oft gegenseitig den Schädel eingeschlagen, dass sie inzwischen wissen, wie weh das tut. Man hat aus Fehlern und Schmerzen gelernt und sich auf andere Lösungen geeinigt. Etwa darauf, Meinungsverschiedenheiten durch heftige Diskussionen mit anschließendem Vertragsabschluss beizulegen. Führt dieser Weg nicht zum Ziel, bleibt immer noch die Lösung der Probleme mit Hilfe zahlreicher „Runden" sehr scharfer Getränke. Diese Art des Zusammenraufens führt zwar auch zu Kopfschmerzen, aber jedenfalls nicht zu blutigen.

Doch nun zu den Einzelheiten. Bei den erwähnten schleswig-holsteinischen Minderheiten handelt es sich um die Nordfriesen, die Dänen und die Deutschen, letztere treten natürlich nicht im Lande selbst auf (dann wären sie ja Mehrheit), sondern nördlich der Grenze, das heißt in Dänemark.

Da kleine Volksgruppen mit kleinen Menschen die Empfindlichkeit gemeinsam haben, muss man ihren Charakter entweder ganz genau beschreiben oder von vornherein bekennen, von der Angelegenheit eigentlich nichts zu verstehen, daher sicherlich einen Fehler an den anderen reihen werde, aber alles in bester Absicht tue. Mit diesem Bekenntnis ist Generalamnestie verbunden, und man darf zum Thema kommen.

Zunächst zu den Nordfriesen, weil sie einen besonders komplizierten Fall von Minderheit darstellen. Genau genommen sind sie nämlich gar keine Minderheit, jedenfalls nicht in ihrer Mehrheit.

Abstimmung 1920 –
Aus Dänemark landen
Stimmberechtigte in Flensburg

Wie schon der Name sagt, leben die Nordfriesen vorwiegend in Nordfriesland. Die meisten Bewohner dieses Landstrichs am Nordseerand fühlen sich allerdings nicht als Friesen.

Von denjenigen, die es tun, sprechen nur noch etwa 10 000 die friesische Sprache, und davon wiederum versteht sich nur ein Teil als nationale Minderheit, das heißt als etwas Eigenständiges unter den „normalen" Schleswig-Holsteinern.

Ein wenig erinnern diese Minderheiten in der Minderheit an die berühmte russische Holzpuppe, in der mehrere kleine Puppen verborgen sind.

Bleibt noch hinzuzufügen, dass die schleswig-holsteinischen Friesen besonders bodenständig sind. Etwa im 9. Jahrhundert kamen sie aus Richtung Süden in den Gebieten zwischen Eider, Wiedau sowie den Nordfriesischen Inseln an (die natürlich sehr viel anders aussahen als heute) und haben sich seither nicht von der Stelle gerührt.

Gegen diese Veteranen aus germanischer Urzeit nehmen sich die zwei „richtigen" Minderheiten zu beiden Seiten der deutsch-dänischen Staatsgrenze wie Neugeborene aus. Es gibt sie nämlich erst seit 1920, jedenfalls in der heutigen Größenordung. Grundlage bildete die Bestimmung des Vertrages von Versailles, der im Norden eine

Ein Wahlplakat für die Abstimmung 1920. Als Slogan diente eine Aussage von Uwe Jens Lornsen

Volksabstimmung vorschrieb, um auf diesem Wege festzustellen, wer Deutscher und wer Däne sein möchte. Wie nicht anders zu erwarten war, sprach sich im äußersten Norden eine deutliche Mehrheit der Bevölkerung für den Anschluss an Dänemark aus.

Das bedeutete für Schleswig-Holstein den Verlust von 4000 Quadratkilometern Fläche mit 166 000 Einwohnern und für Dänemark einen Kriegsgewinn, ohne am Krieg überhaupt teilgenommen zu haben. Oder vielleicht war dies auch nur späte Gerechtigkeit für den Verlust der von Dänemark ehemals beherrschten Herzogtümer Schleswig und Holstein. Im Zeitalter der Bauarbeiten am Haus vom Typ „Europa" bleibt dieses Thema bei aller guten Nachbarschaft ein sehr heißes. Man sollte es stets besonders vorsichtig oder noch besser gar nicht anfassen.

Jedenfalls blieben bei der Abstimmung des Jahres 1920 diesseits der Grenze Menschen zurück, die eigentlich für Dänemark votiert hatten und auf der anderen Seite lebten Deutsche, die plötzlich Dänen waren. Nun hätte man nach der Auszählung der Stimmen sagen können: Hier die Gewinner, dort die Verlierer, jetzt liegt die neue Grenze fest, und Extrawünsche sind nicht möglich. Doch stattdessen bemühten sich die deutsche und die dänische Seite mit viel gutem Willen, die nationalen Minderheiten zu respektieren. Höchstwahrscheinlich wären die in vorangegangenen Kriegen geborenen Gegensätze auch schon viel früher beigelegt worden, hätte 1939 nicht ein neuer Waffengang aus friedlichen Nachbarn wieder Feinde gemacht. Es bestand zwar ein deutsch-dänischer Nicht-Angriffspakt, dennoch marschierte die Wehrmacht am 9. April 1940 ins Königreich ein. Die Mitglieder der in Dänemark lebenden deutschen Minderheit erwiesen sich als besonders eifrige Anhänger der braunen Ideologie und hofften auf eine Rückkehr ins Reich, dass heißt eine Verschiebung der Grenze Richtung Norden.

Für die Anhänger der in Deutschland lebenden dänischen Minderheit brachte die NS-Zeit dagegen schwere Jahre mit Schikanen und Verhaftungen. Trotz dieses Rückfalls in die Zeit alter Feindschaft bahnte sich nach dem Krieg doch erstaunlich schnell eine Versöhnung an. Offiziell vereinbart wurde sie in den „Bonn-Kopenhagener Erklärungen" des Jahres 1955, in denen die Regierenden in Kopenhagen und Bonn eine Art „Grundgesetz" für die beiden Minderheiten festlegten.

Diese neue Vereinbarung trat an die Stelle einer „Kieler Erklärung" aus dem Jahr 1949, die so etwas wie einen vorläufigen Freundschaftsvertrag für die beiden Minderheiten darstellte. Anfang der 50er Jahre verhärtete sich das Verhältnis allerdings erneut, da einige Heißsporne auf dänischer Seite das Reizwort „Grenzverschiebung" in die Sonntagsreden aufnahmen. Auch auf schleswig-holsteinischer Seite waren die regierenden Politiker nicht ganz schuldlos an der neuerlichen Klimaverschlechterung, denn ein 1951 vom Landtag beschlossenes Wahlgesetz erhöhte die Hürde, die eine Partei für ihren Einzug in das Parlament überspringen musste, von 5 auf 7,5 Prozent. Davon war in erster Linie der Südschleswigsche Wählerverband (SSW), die politische Organisation der dänischen Minderheit, betroffen und klagte deshalb beim Bundesverfassungsgericht.

Die Karlsruher Richter stuften daraufhin die 7,5-prozentige Sperrklausel als verfassungswidrig ein, der Kieler Landtag musste sie wie-

Freilicht-Idylle – Jahrestreffen der dänischen Minderheit

der auf 5 Prozent senken. Durch diesen Erfolg ermutigt, wagte die dänische Minderheit einen zweiten Gang nach Karlsruhe und forderte, auch nicht mehr durch die 5-Prozent-Klausel behindert zu werden. Das aber lehnten die Richter ab. Prompt verfehlte der SSW bei den Landtagswahlen des Jahres 1954 erstmals nach dem Krieg den Einzug in das Parlament, da sich nur 3,5 Prozent der Wähler für die Partei der dänischen Minderheit entschieden hatten.

Die Stimmung hatte damit den Tiefpunkt erreicht und die Politiker in Bonn, Kiel und Kopenhagen erkannten den dringenden Handlungsbedarf. Auf höchster Ebene wurden nach zähen Verhandlungen zwischen Bundeskanzler Konrad Adenauer und seinem dänischen Amtskollegen H. C. Hansen die „Bonn-Kopenhagener Erklärungen" vereinbart und anschließend von den Parlamenten beider Staaten gebilligt.

Die Kernpunkte der Abmachung bestehen darin, dass der SSW bei Landtagswahlen von der 5-Prozent-Klausel ausgenommen wird und dass gleichzeitig jeder Bürger diesseits und jenseits der Grenze selbst entscheiden darf, ob er sich der dänischen oder der deutschen Minderheit anschließt.

Mit dieser Vereinbarung war dann auch offiziell festgeschrieben, was zuvor trotz einiger Meinungsverschiedenheiten weitgehend funktionierte, nämlich das Zusammenleben von Hausherr und Untermieter, die in diesem Fall über die gleichen Rechte verfügen.

In welcher Größenordnung sich Mehrheit und Minderheit gegenüberstehen, ist nur annähernd zu ermitteln. Wahrscheinlich zählt die deutsche Minderheit in Dänemark etwa 20 000 Köpfe, während sich im nördlichen Teil Schleswig-Holsteins 50 000 Bundesbürger mit deutschem Pass zum dänischen Volkstum bekennen.

Beide Staaten lassen sich ihre Minderheiten in der Fremde durchaus etwas kosten, für eigene Schulen, Zeitungen, Bibliotheken sowie Betreuungsstätten werden ganz erhebliche Summen bereitgestellt. Aushängeschilder müssen nun einmal blankgeputzt sein.

## MOHREN – EINER MACHTE KARRIERE

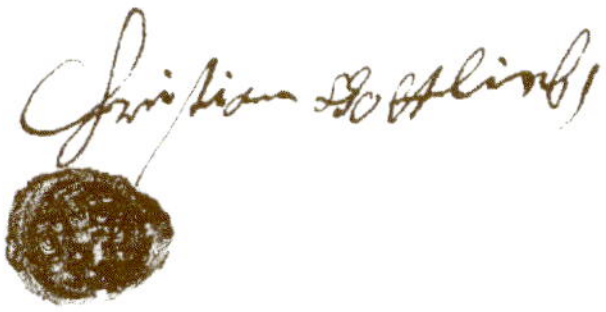

Die Signatur Christian Gottliebs

Eine Geschichte, die an einem Grabstein beginnt, ist eine vielversprechende Geschichte. Logischerweise führt sie in die Vergangenheit und handelt vom Leben und vom Tod. Natürlich auch von der Liebe.

Der Grabstein lehnt an der kleinen Plöner St. Johannis-Kirche. Die Inschrift berichtet: „Dieser Stein gehört Herrn Christian Gottlieb Ihro Hochfürstlichen Durchlaucht Hof- und Feld-Trompeter, ist gestorben Ao 1690, den 3. Junius..."

Das klingt zunächst weder geheimnisvoll noch aufregend. Wer allerdings im Sterberegister blättert, der erfährt, dass „die allererste Leiche ..., die Mitten im Gange ordentlich und öffentlich begraben wurde", ein Farbiger war, „ein Mohr", wie man damals noch sagte.

Und diese Auskunft muss Neugierde erwecken. Wieso erhielt ein Mohr vor über 300 Jahren in einer schleswig-holsteinischen Kirche ein Ehrengrab?

Die Auflösung des Rätsels beginnt an einem Januar-Tag des Jahres 1683. Der Obrist Bartram Rantzau, Herr auf Gut Ascheberg, reitet in Begleitung seines schwarzen Büchsenspanners und Feld-Trompeters Christian Gottlieb nach Plön. Dort hat er sich mit dem Kollegen Detlev von Brockdorff zum Jagen verabredet.

Als Abkürzung nimmt man den Weg über den zugefrorenen See. Am Plöner Ufer sehen die Reiter eine aufgeregte Menschenmenge, und im eisigen Wasser drohen zwei Männer zu ertrinken. Der Feld-Trompeter zieht einen von ihnen aufs Eis, der Zweite wird mit Hilfe von Leitern und Stangen in Sicherheit gebracht. Einer der Geretteten ist der Sohn von Bürgermeister Hans Radeleff, und der dankbare Vater bittet den mutigen Feld-Trompeter in sein Haus, auch um die nassen Kleider zu wechseln.

Es wurde ein folgenreicher Besuch; denn es dauerte nicht lange, da kam der Feld-Trompeter auffallend häufig nach Plön. Warum, das war bald kein Geheimnis mehr: Christian Gottlieb, der Mohr, und Gertrud, des Bürgermeisters hübsche Tochter, waren sich näher gekommen. Das war etwas Ungeheures.

Es war schon etwas ganz und gar Ungewöhnliches, dass der Oberst Rantzau unter nicht näher bekannten Umständen einen schwarzen Sklaven erworben, ihn wie einen Sohn aufgezogen und christlich getauft hatte. Außerdem zahlte er für dessen Ausbildung als Feld-Trompeter. Ob Christian Gottlieb jemals eine richtige Schlacht erlebt hat, ist ungewiss, wahrscheinlich hat er nicht einmal am kleinen Fürstenhof zu Ascheberg zur Festtafel geblasen. Er war daher wohl das, was man heute einen „persönlichen Referenten" nennt.

Aber eben ein Mohr, der zwar des Bürgermeisters Sohn retten durfte, aber allein der Gedanke, er könnte das jungfräuliche Töchterlein berühren ...

Hans Radeleff war empört, seine Gattin war es auch und die Verwandtschaft erst recht. Doch der Bürgermeister starb überraschend, und das Mutterherz ließ sich von Gertruds Tränen erweichen. Zudem sicherte Oberst Rantzau dem schwarzen Feld-Trompeter eine reiche Mitgift zu, befreite ihn schriftlich von der Leibeigenschaft, schaltete sogar den auf Schloss Plön residierenden Herzog Hans Adolf ein, der zwar nicht wirtschaften konnte, aber ein erstaunlich aufgeklärter Herrscher gewesen sein muss. Was man daran erkennt, dass er sich auf die Seite des Mohren schlug. Zwar versuchten Familienangehörige der Radeleffs mit wirklich allen Mitteln, einschließlich der Gewalt, die Verbindung zu verhindern, es half jedoch nichts: An einem März-Tag des Jahres 1685, also zwei Jahre nach der Rettungsaktion am See, holte Christian Gottlieb seine Gertrud mit einer feinen Kutsche von Plön ab, musste sie genauer gesagt fast entführen, denn in einer Art einstweiligen Verfügung hatte der Familien-Clan die Auslieferung der Braut im letzten Augenblick zu verhindern versucht.

Das junge Paar ließ sich auf Gut Ascheberg nieder, wo Christian Gottlieb von seinem inzwischen verstorbenen Ziehvater das Wohn-

Mohren als Statussymbol – Der Plöner Herzog Friedrich Carl mit seiner Familie und einem schwarzen Diener. Ein Gemälde von J.H. Tischbein d. Ä. (1759)

recht geerbt hatte und wo bereits im Frühjahr das erste Kind der beiden, die Tochter Margaretha Magdalena, geboren wurde. Es brach allerdings schon bald heftiger Streit mit der übrigen Verwandtschaft aus. Die Schuldfrage lässt sich nicht klären, sicher ist nur, dass auch Christian Gottlieb nicht nur ein edler Retter, sondern auch ein ziemlicher Sünder war. Den Beweis liefert eine im Schleswiger Landesarchiv aufbewahrte Urkunde. Aus ihr geht hervor, dass Christian Gottlieb seine gerade zum dritten Mal schwangere Gertrud per Seitensprung betrogen hat.

Na und, würde man heute sagen, doch vor drei Jahrhunderten konnte das eine sehr ernste Angelegenheit sein. Wenige Monate vorher erst hatte der Plöner Hofpauker Dietrich Sievers nach demselben Delikt zur Strafe seinen Kopf verloren.

Der sündige Feld-Trompeter kam gnädiger davon, aber 200 Reichstaler sollte er als Buße zahlen. Das war ein stattlicher Betrag, für den man seinerzeit acht sehr gute Reitpferde kaufen konnte. Die Strafe war aber gewiss nicht zu hoch angesetzt, denn Christian Gottlieb hatte sich zu einem tüchtigen Geschäftsmann entwickelt, er konnte sogar Kredite vergeben.

Christian Gottliebs Grabstein in der Plöner Kirche. Die Inschrift lautet: *„Dieser Stein gehört Herrn Christian Gottlieb Ihro Hochfürstlichen Durchlaucht Hof- und Feldtrompeter, ist gestorben Ao 1690, den 5. Junius. Hier ruhet Gottlieb als ein Christ, Bedenk das End, der du dies liest, Weil du gleich ihm auch sterblich bist.“*

Zumindest der Plöner Herzog verzieh den Fehltritt schnell. Man erkennt es daran, dass Christian Gottlieb im Herbst 1689 als herzoglicher Hof- und Feld-Trompeter geführt wird.

Zu diesem Zeitpunkt hatte er Ascheberg bereits verlassen und sich in Eimsbüttel einen eigenen Hof gekauft. Den Umzug hat er allerdings nicht lange überlebt. Am 3. Juni 1690 starb er unter nicht bekannten Umständen etwa 30-jährig während eines Aufenthaltes in Plön. Wahrscheinlich hatte er dort für sich und seine Frau eine Grabstätte gekauft. Seine Witwe heiratete noch einmal, starb aber auch schon 1692, und beide fanden ihre letzte Ruhe in der Johannis-Kirche.

Zunächst unter dem eingangs erwähnten mächtigen Grabstein, der später durch einen kleineren Stein ersetzt wurde.

Die eigentliche Geschichte ist damit beendet; dennoch ist etwas anzuführen.

In vielen Orten der Herzogtümer gab es bereits damals Menschen anderer Hautfarbe. Sie erreichten jedoch nie eine ähnlich bedeutende Position wie Christian Gottlieb. Zu verdanken hatte er diesen Aufstieg natürlich der eigenen Tüchtigkeit, aber mehr noch der geradezu liberalen Einstellung seines Förderers Bartram Rantzau. Und auch der in Plön regierende Herzog muss seiner Zeit weit voraus gewesen sein. Man erkennt es allein daran, dass er der Taufpate von Christian Gottliebs Sohn Hans Adolph wurde.

## MOLTKE – SCHWEIGEN IST GOLD

Was das Temperament betrifft, sind sich die Schleswig-Holsteiner und die benachbarten Mecklenburger sehr ähnlich. Etwa darin, dass man gerne an das Sprichwort glaubt, demzufolge Reden Silber, Schweigen aber Gold sei.

Als einer der berühmtesten Schweiger gilt der legendäre Generalfeldmarschall Helmuth Graf von Moltke, und obwohl er im mecklenburgischen Parchim geboren wurde (im Jahr 1800), haben ihn die Schleswig-Holsteiner stets als Landsmann betrachtet. Zu Recht, und zwar aus mehreren Gründen. Zunächst einmal gehörte Moltke einfach zu Bismarck, der schließlich auch fast ein Schleswig-Holsteiner war, jedenfalls in seinen letzten Lebensjahren. Wo immer während des 19. Jahrhunderts ein Krieg ausbrach, hatten die beiden alten Herren, die man sich jung gar nicht vorstellen kann, ihre Finger im Spiel. Daran änderte auch die Tatsache nichts, dass sich die urpreußischen Edelmänner gegenseitig nicht sonderlich grün waren und einer den anderen für kriegslüstern hielt. Ein „blutrünstiger Mensch" sei Moltke, auf den die Aussicht auf einen Krieg belebend wirke, „wie auf unsereins ein Glas Champagner", behauptete Bismarck. Der „Eiserne Kanzler" war in dieser Hinsicht bekanntlich aber auch kein Kostverächter.

Ohne die Bindestrich-Herzogtümer, die im besagten Zeitraum immer für einen Konflikt gut waren, hätten die beiden Herren aus Politik und Kriegshandwerk ihr berufliches Tätigkeitsfeld sicherlich auch in andere deutsche Regionen verlagert.

Anders als der ostelbische Junker Bismarck war Moltke wirklich ein „echter Holsteiner Jung", denn schon im zarten Alter von drei Jahren kam er mit seinen Eltern nach Lübeck. Mit elf Jahren steckte ihn der Vater in die Kopenhagener Kadetten-Akademie. Ganz nach dem Motto: Früh übt sich, wer ein Meister werden soll. Heute wird der Nachwuchs schließlich auch schon als Kleinkind ins Schwimmbad geworfen oder auf den Tennisplatz geschickt, damit die Eltern auf ihre „Sportskanone" später einmal stolz sein können.

Moltke war allerdings eher ein Spätentwickler, denn seine erste „Eroberung" schaffte er im fortgeschrittenen Alter von zweiundvierzig Jahren, als er schon die Fahne gewechselt und in Preußens glorreiche Armee eingetreten war. Der erwähnte Erfolg betraf den zivilen Bereich, nämlich die Brautschau. Sie erfolgte in Itzehoe und erregte insofern Aufmerksamkeit, da die Auserwählte Maria Burt gerade sechzehn Jahre alt geworden war. Hinzu kam, dass sie ihren Gatten gleichzeitig Onkel nennen konnte. Nachdem Moltke das Familiäre geregelt hatte, konnte er sich ganz der militärischen Karriere widmen.

Als die Schleswig-Holsteiner 1848 den ersten Versuch starteten, sich von der dänischen Oberherrschaft zu befreien, da hatte „ihr" Feldherr Moltke zwar schon einen ordentlichen Titel (Major, und das bedeutete damals viel mehr als heute), aber einsatzfähig war er aus mehreren Gründen nicht.

Zum einen stand er im Dienst des preußischen Königs, und der gab mit seinen Truppen nur ein sehr kurzes Gastspiel auf Seiten der Schleswig-Holsteiner, zum anderen aber war Moltke von dem Aufstand seiner Landsleute nicht sonderlich begeistert. Revolutionen mochte er einfach nicht, schon gar nicht solche, die sich gegen die gute alte Ordnung richteten. In dieser Hinsicht war er mit Bismarck völlig d'accord.

Viel hätte nicht gefehlt und der große Schweiger hätte auch den nächsten schleswig-holsteinischen Waffengang anno 1864 dem militärischen Altmeister, Friedrich Graf Wrangel, überlassen müssen. Erst als der Generalfeldmarschall die Dänen nicht recht in den Griff bekam, setzte König Wilhelm I. seine Geheimwaffe Moltke ein. Der kam ins Hauptquartier nach Flensburg, sah, was zu machen war und siegte im Eilverfahren auf der ganzen Linie.

Der Erfolg brachte dem 64-jährigen zwei ehrenvolle Orden ein, und da er die für den Bezug der vollen Pension erforderlichen Dienstjahre vorweisen konnte, gab er zu erkennen, dass ihn der Ruhestand reize. Vielleicht nur, um zum Weitermachen gebeten zu werden, warum soll es früher auch anders als heute gewesen sein. Wie erhofft, fasste ihn sein König jedenfalls am Portepee und sagte: „Halten Sie aus, ich brauche Sie." Woraufhin Moltke eine kleine Zugabe in Form von vierundzwanzig weiteren Dienstjahren lieferte und im Alter von 71 Jahren noch zusätzlich in den Reichstag einzog.

Helmut von Moltke, der „große Schweiger"

Zu diesem Zeitpunkt hatte Moltke durch seine Siege bei Königsgrätz (1866 gegen Österreich) und Sedan (1871 gegen Frankreich) bereits den Rang eines Unsterblichen erworben.

Als er dann 91-jährig sozusagen beiläufig am Rande einer Hausmusik doch starb, hatte er nebenbei auch noch einen Eintrag ins Guinnessbuch der Rekorde erreicht: Fünf preußischen Königen war er treuer Diener gewesen ...

Seinen Ruf als der große Schweiger hätte Moltke auf seine alten Tage aber beinahe verspielt. Beim Diner, das er zu Kaisers Geburtstag traditionsgemäß für den Generalstab gab, wettete ein Offizier um ein Austernfrühstück, dass der Gastgeber in seiner Rede höchstens neun Worte sagen werde. Er verlor, weil Moltke seiner Rede unerwartet noch ein „Meine Herren" hinzugefügt hatte.

„Er fängt an, geschwätzig zu werden", lautete der Kommentar des Verlierers.

## MOMSEN UND MOMMSEN – ZWEI KLUGE KÖPFE

Es gibt noch immer viele Mommsens in Schleswig-Holstein. Zwei von ihnen haben es über die Literatur zu weltweitem Ruhm gebracht, und zwar auf sehr unterschiedlichen Wegen.

Genau genommen haben beide allerdings gar nichts mit Literatur zu tun, obwohl der eine den entsprechenden Nobelpreis erhalten hat und der andere in einem Werk von internationalem Rang eine Rolle spielt, wenngleich nur eine sehr kurze.

Doch Schluss mit dem Versteckenspielen. Von Hans und Theodor Mommsen ist die Rede. Sie sind übrigens weder verwandt noch verschwägert, jedenfalls soweit man weiß. Man erkennt es auch daran, dass der Mommsen-Hans in Wirklichkeit nur mit einem „m" geschrieben wird, obwohl Theodor Storm ihm ein zweites hinzugedichtet hat.

Auf der ersten Seite des „Schimmelreiters" beginnt der Schulmeister die Geschichte vom legendären Deichgrafen mit den Worten „Ihr ... habet wohl auch schon über unseren Hans Mommsen aus Fahretoft reden hören ..."

Als Theodor Storm Ende der 80er Jahre des 19. Jahrhunderts sein literarisches Meisterstück ablieferte, da kannten zumindest die Bewohner der Westküste den zitierten Hans Momsen sehr genau. Heutzutage dagegen ist der kleine Mann aus Fahretoft so gut wie vergessen. Dabei war er ein Universalgelehrter, obwohl er nie eine richtige Schule besucht hatte. Er sprach Lateinisch und Französisch und trug Holzpantoffeln und Wollmütze, er beschäftigte sich mit den mathematischen Lehren von Euklid und mit den astronomischen Gesetzen von Kepler, er baute Orgeln und Uhren, er war Deichrichter und Landvermesser, und nach seinem Tod im Jahre 1811 wurden alle seine Schriften verbrannt. So hatte es Hans Momsen verfügt. Geblieben sind nur eine Gedenktafel in der kleinen Kate, in der er gelebt hatte, dazu einige Rechenstäbe, eine Brille, ein Fernrohr, eine Taschenuhr und die ehrenvolle Würdigung im „Schimmelreiter".

Sechs Jahre nach dem Tod des kleinen, bescheidenen Mannes aus Fahretoft wurde einige Kilometer weiter südlich, im verträumten Städtchen Garding, sein Namensvetter Theodor geboren.

Er ist drei Jahre alt, da wird der Vater nach Oldesloe versetzt, und damit ist die Voraussetzung für eine Karriere geschaffen, denn wer an der Westküste blieb, dem war das Schicksal eines Hans Momsen vorbestimmt. Theodor hat zudem das Glück, in der Zeit des Umbruchs aufzuwachsen.

Als in Kiel und in Rendsburg ehrenwerte Bürger den Aufstand gegen die dänische Oberherrschaft proben, nimmt er aktiv an der Revolution teil, wird eine Art Chefkommentator der Schleswig-Holsteinischen Zeitung, die in Rendsburg erscheint. Das Blatt ist ein Kind der Provisorischen Regierung, und die einzig lesenswerten Artikel stammen aus der Feder Theodor Mommsens. Er setzt sich aber nicht nur mit scharfsinnigen Analysen für die schleswig-holsteinische Sache ein, sondern ist auch ein „rasender Reporter" Marke Egon Kisch. Am Tag reist er zur Schlacht, am Abend schreibt er im Stil des Kriegsberichterstatters seinen Artikel: „Die preußischen Husaren griffen an; es war dies das einzige Mal, dass Cavallerie ins Gefecht kam, ... die Dänen wichen; ein Theil derselben wurde von der Straße ab in die rechts gegen die Schlei hin sumpfige Niederung abgesprengt, und was sich nicht durch Schwimmen rettete, fiel unter den preußischen Kugeln und ertrank."

Hans Momsen

Als Mommsen klar wird, dass die Zeitung als Regierungsorgan nur eine einseitige Darstellung erlaubt, verlässt er das Blatt. Doch nachdem es der Rendsburger Unternehmer Dr. Wilhelm Ahlmann erworben hat, übernimmt Mommsen noch einmal die Schriftleitung, aber dieses zweite journalistische Gastspiel dauert nur wenige Wochen. Im Herbst 1848 erhört er den Ruf der Universität Leipzig für einen Lehrstuhl der Jurisprudenz.

Das waren noch Karrieren!

Und nachdem er erst einmal den Fuß in die Tür zur großen Welt gesetzt hatte, nutzte der Pastorensohn von der Westküste seine Chance. Er klammerte sich nicht an sein Spezialfach, das römische Recht, sondern studierte daneben die römische Geschichte. Diese an sich verworrene Angelegenheit verstand er locker vorzutragen und begeisterte damit zwei Verlagsbuchhändler, die gerade eine „Griechische Geschichte" herausgeben wollten. Warum nicht auch ein römisches Gegenstück, sagten sich die beiden und engagierten für diese Aufgabe den jungen Professor.

Mommsen kam das Angebot insofern gelegen, als er wegen seiner politischen Aktivitäten ohnehin gerade aus dem Amt geworfen worden war und nach Zürich ins Exil hatte gehen müssen. Fünf Jahre lang versenkte er sich in die komplizierte Materie, dann kam 1854 der erste Band auf den Markt. Der Erfolg war riesig, und nur die üblichen Neider aus dem eigenen Berufsstand bemäkelten die populäre Darstellungsform. Auch damals galt offenbar schon bei vielen Historikern die Devise: Geschichte muss so geschrieben werden, dass sie nur versteht, wer sie ohnehin kennt.

Auf fünf Bände hatte Mommsen sein Werk angelegt. Wer allerdings die Nummer vier sucht, der tue es nicht zu lange: es gibt sie nicht! Trotz dieser Lücke reichte es für den Nobelpreis. Allerdings erst 1902. Fast fünfzig Jahre hatte die Stockholmer Findungskommission offenbar für die Lektüre des Riesenwerkes gebraucht.

Ganz im Gegensatz zum Nobelpreiskollegen Thomas Mann hatte Theodor Mommsen seine heimatlichen Bande schon lange vor dem einsetzenden Ruhm gekappt, und der Bruch mit den politischen Freunden aus der 48er Revolution war gründlich. Preußen über alles, lautete sein neues Glaubensbekenntnis, Schleswig-Holstein betrachtete er nur noch als lästigen Unruhestifter. Einen „Wendehals" würde man Theodor Mommsen heute nennen, hatte er doch noch 1863

nach dem Tod des Dänenkönigs Friedrich VII. dem „Augustenburger" zugejubelt und dessen Einsetzung als Herzog von Schleswig-Holstein ausdrücklich befürwortet.

„Werft ihn zu den Toten", wetterte deshalb auch der „Altonaer Merkur" in einem Kommentar, und als Theodor Mommsen 1903 in Berlin-Charlottenburg starb, nahm kein Vertreter Schleswig-Holsteins an der Trauerfeier teil. Nur die Gemeinde Oldesloe hatte einen Kranz geschickt: gebunden aus Blumen vom Grab der Eltern.

## MOORLEICHEN – DIE BERÜHMTESTEN SCHLESWIG-HOLSTEINER

Wer die berühmtesten Schleswig-Holsteiner sind? Und wo man sie treffen kann? Nichts leichter als das, auch wenn die Antwort etwas makaber wirkt: Es sind die im Landesmuseum Schloss Gottorf in ihren gläsernen Särgen ruhenden Moorleichen.

Könnte man die schwarzgegerbten Gestalten zum Reden bringen, es gäbe auf der Welt keine aufregenderen Gesprächspartner. Zu Hunderttausenden würden die Menschen herbeiströmen, um ihren Bericht zu hören über das Schleswig-Holstein zu Beginn der Zeitrechnung und – natürlich – vor allem darüber, ob sie eines natürlichen oder eines gewaltsamen Todes gestorben sind.

Obwohl die ledernen Wesen schweigen, hat ihnen die Wissenschaft erstaunlich viele Einzelheiten entlockt. Dennoch, es bleiben auch viele Fragen offen. Hat das junge Mädchen wirklich genauso ausgesehen, wie der nachmodellierte Kopf mit den strohblonden Haaren? Und welche Beziehungen bestanden zwischen ihr und dem älteren Herrn von nebenan?

Das ungleiche Paar von Windeby ist verständlicherweise die Attraktion in der Ausstellungs-Gruft, und ihre Lebensgeschichte könnte nicht weniger dramatisch sein, als die der aus goldenen Pharaonengräbern geborgenen Königsmumien.

Nicht allein Forscherglück, sondern auch einer Fülle von Zufällen ist es zu verdanken, dass zwei namenlose Moorbewohner der älteren Eisenzeit zu so spätem Ruhm gelangen konnten. Begonnen hat ihre Auferstehung aus dem Domland-Moor von Windeby bei Eckernförde damit, dass im Jahre 1952 eine Firma den Auftrag erhielt, auf einer kleinen Fläche die zwei bis drei Meter dicke Torfschicht abzutragen.

Zufall Nummer eins: Normalerweise geschieht dies mit einem Bagger. In diesem Fall bediente man sich einer etwas unmodernen Methode. Mehrere mit großen Schaufeln ausgerüstete Arbeiter warfen die Torfmassen auf ein Förderband, und diese „Rollbahn" mündete am Grubenrand in eine Torfpresse.

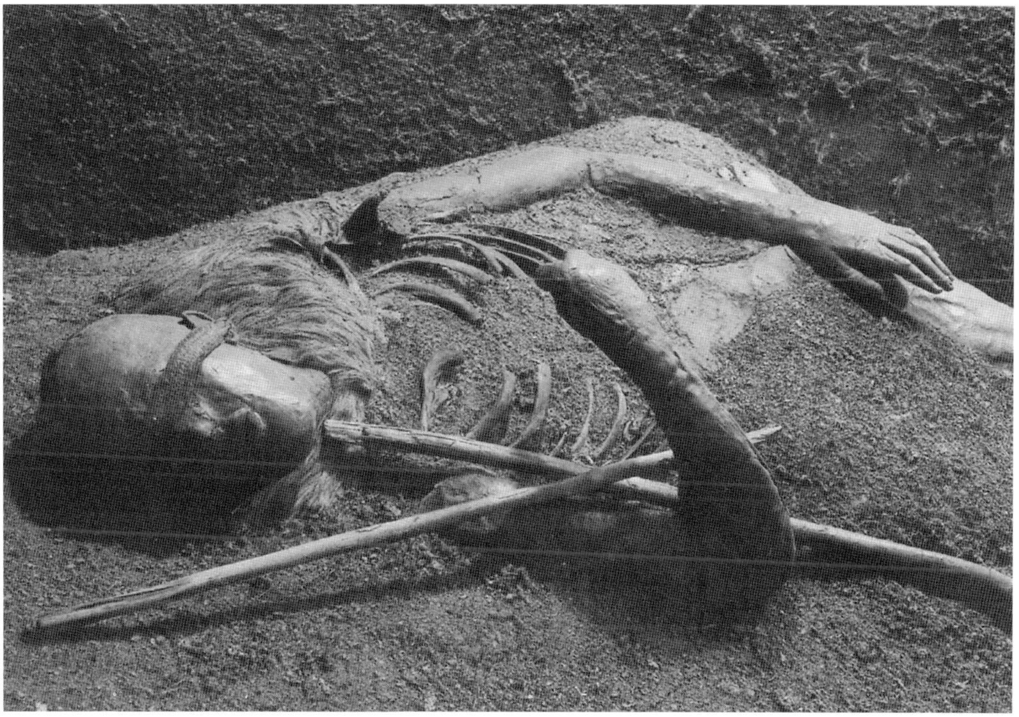

Das junge Mädchen aus dem Moor von Windeby

Zufall Nummer zwei: Als einer der Arbeiter einen besonders großen Torfklumpen auf das Förderband geworfen hatte, sah er einen Knochen herausragen. Daraufhin rief er dem Maschinisten zu: „Paß up, dor kümmt en Hirschbeen." Für die Walzen der Pressmaschine wäre die Zerkleinerung kein Problem gewesen.

Zufall Nummer drei: Der Maschinist legte den Hebel dennoch herum. Für die Moorleiche war diese Entscheidung „lebensrettend", denn die Arbeiter erkannten schnell, dass sie keinen Hirsch, sondern einen Menschen ausgegraben hatten. Und zwar einen derart gut erhaltenen, dass alsbald die Mordkommission ihre Spurensuche aufnahm. Die ebenfalls alarmierten Mitarbeiter des Landesmuseums für Vor- und Frühgeschichte konnten die Kriminalisten allerdings schnell davon überzeugen, dass der Fall für die Justiz eindeutig verjährt sei und vor annähernd zwei Jahrtausenden auch schon einigermaßen rechtmäßig abgehandelt worden war.

Wie dies im einzelnen (wahrscheinlich) geschehen ist, konnten die Wissenschaftler der unterschiedlichen Sparten allerdings ihrerseits auch erst nach mühsamer kriminalistischer Spurensuche ermitteln.

Und dies nur mit Hilfe von Zufall Nummer vier: Denn zwanzig Tage nach dem ersten Fund entdeckten die inzwischen noch heller gewordenen Arbeiter des gleichen Unternehmens eine weitere Leiche. Sie war unbekleidet, mit armdicken Holzstangen bedeckt, und um ihren Hals war eine Schlinge aus Haselnuss-Strauch gelegt.

Was sich mit etwas Phantasie ausmalen lässt, das haben die Gelehrten unter Hinterlassung seitenlanger Formeln und Diagramme inzwischen so gut wie bewiesen. Danach handelt es sich bei dem gefundenen Paar um ein Mädchen von etwa vierzehn Jahren und um einen Mann in den „besten" Jahren, und die Vermutung liegt nahe, dass die beiden „etwas miteinander hatten". Mit einem doppelten Todesurteil seien die beiden Sünder bestraft worden, wollen einige Experten ermittelt haben.

Andere dagegen behaupten, zumindest bei dem jungen Mädchen habe es sich um einen ganz normalen Todesfall gehandelt. Mit einem ordentlichen Begräbnis auf einer Torf-Wiese. Geradezu revolutionär ist die neueste These, dass die aufregende Geschichte von dem Liebespaar nicht länger zu halten sei, weil der Mann schon Jahrzehnte oder noch länger vor dem Mädchen im Moor versenkt wurde. Eine wirklich bedauerliche Entdeckung.

## MUSIK – EIN FESTIVAL DER GROSSEN NAMEN

Da es eine vorzügliche Idee war, hat sie viele Väter. Und um niemanden zu kränken, soll die Geburtsstunde des Schleswig-Holstein Musik Festivals einfach auf den Tag festgesetzt werden, an dem der Ende 1990 verstorbene Leonard Bernstein eines sehr warmen Sommertags im Jahre 1985 vom Himmel fiel. Der Vater der West-Side-Story war einfach da. Eingerahmt von einem jugendlichen Intendanten und einem noch unbekümmerten Ministerpräsidenten. „Lenny" nannten beide zärtlich den prominenten Gast aus dem fernen Massachusetts, und der war offenbar so eilig aufgebrochen, dass er nicht einmal mehr Socken anziehen konnte. Dafür aber trug er eine Rose im Knopfloch und ein großartiges Lächeln auf dem Gesicht. Dazu hielt er in der linken Hand einen silbernen Becher, in dem sich eine wohlriechende, bernsteinbraune Flüssigkeit befand, und immer wenn der Becher leer war, kam eine dienende Seele, um ihn wieder zu füllen.

Auf Schloss Tremsbüttel fand dieses denkwürdige Treffen zwischen den Planern und dem Stargast statt. Alles, was im Lande Rang und Namen hatte, war geladen und gekommen. Die Kerzen flackerten in silbernen Leuchtern, ein lauer Wind streichelte das alte Gemäuer, und um Mitternacht brach ein gewaltiges Unwetter über Schloss und Gäste herein.

Als die ersten Tropfen schwer gegen die Fenster schlugen, da erhob sich Lenny, stellte den silbernen Becher auf den Tisch, küsste noch einmal seine Tischnachbarn und verabschiedete sich mit den feierlich gesprochenen Worten: „Ich retiriere mich jetzt von Ihnen, und im nächsten Jahr werde ich wiederkommen." Im folgenden Sommer war Leonard Bernstein tatsächlich wieder da. Mit ihm kamen viele andere Stargäste, und damit war das Musikfestival aus der Taufe gehoben.

„Holsatia non cantat", hieß es bis dahin, und die aus grauer Vorzeit überlieferte Weisheit, dass im Norden nicht gesungen wird, hatte über Nacht ihre jahrhundertealte Gültigkeit verloren.

Was kann am Rande der Packeisgrenze schon an Konkurrenz erwachsen, höhnten zunächst die traditionellen Festspielorte von Salzburg bis Bayreuth. Was nicht in Generationen gewachsen sei, könne gerade im Musikleben nicht viel taugen, wollten andere Neider wissen.

Doch die bissigen Kommentare über den Festival-Parvenü im Norden erinnerten eindeutig an das furchtsame Pfeifen im dunklen Wald. Und die heimlichen Befürchtungen der Konkurrenz waren berechtigt, denn wofür andere Regionen Generationen gebraucht hatten, das schafften die Schleswig-Holsteiner in einem Jahr.

Was ein Bernstein in Bewegung setzt, das muss etwas Besonderes sein, sagten sich Solisten mit klingenden Namen und kamen aus Moskau nach Emkendorf, aus New York nach Hasselburg und aus London nach Neumünster.

Seither verwandelt sich das sommerliche Schleswig-Holstein zur besten Jahreszeit in einen großen Konzertsaal. Nicht, wie man ihn kennt, mit Plüsch ausgeschlagen und mit der Sektbar für die Pause. Musiziert wird in riesigen Reetdach-Scheunen, in Herrenhäusern, in Kirchen.

Beim Fortissimo hangelt sich schon einmal eine dicke Spinne auf den Flügel, oder eine Schwalbe jagt im Tiefflug über die Bühne. Statt Champagner wird Rote Grütze mit Schlagsahne serviert, und selbst wenn nach dem Schlussakkord das Auto auf der feuchten Parkplatz-Wiese versunken ist, tut das der guten Stimmung noch lange keinen Abbruch. Bei den Nordlichtern ist eben vieles anders. Selbst das Festspiel-Musizieren.

Leonard Bernstein

# N

## NARREN – TILL EULENSPIEGEL LEBT

Es ist zwar eine betrübliche Erkenntnis, aber sie lässt sich einfach nicht länger verheimlichen: Die Zeit der großen Narren ist vergangen. Einen Münchhausen wird es ebenso wenig wiedergeben wie einen Till Eulenspiegel. Ihre Nachfolger sind nichts als karnevalistische Eintagsfliegen. Sie werden mit großem Pomp in die Bütt gehoben, auch live einem Millionenpublikum in die gute Stube übertragen, aber kaum haben sie ihre närrischen Reden beendet, sind sie auch schon in Vergessenheit geraten. Ihr Denkmal ist das Fernsehbild, und mit dem Abschalten bricht es spurlos in sich zusammen.

Wenn die Narren verschwunden sind, liegt es gewiss nicht am eigenen Nachwuchs, sondern daran, dass ihre Aufgaben heute von anderen wahrgenommen werden – unter viel geringeren Gefahren; denn welcher Herrscher würde es noch wagen, denjenigen an den Galgen zu bringen, der ihm den Spiegel vorhält, auf dass er seine eigene Torheit erkennt.

Till Eulenspiegel war einer der letzten und prominentesten seiner närrischen Zunft, und er wurde berühmt, obwohl er nicht am Kaiserhof seinem lebensgefährlichen Gewerbe nachging, sondern in der vermeintlich sicheren Provinz. Eigentlich war Till auch nur auf der Durchreise in seine Heimatstadt Braunschweig, als ihn in Mölln die schwarze Krankheit befiel; das war im Jahre 1350. Aber obwohl Eulenspiegel den Stadtvätern durch mancherlei Scherze übel mitgespielt hatte, erkannten die Opfer der Eulenspiegelei doch rechtzeitig, welche Fremdenverkehrsattraktion der Narr mit Spiegel und Eulen bieten könnte.

Die eiserne Kiste, die Till dem Rat und den Kirchenherren testamentarisch vermacht hatte, enthielt zur Enttäuschung der Erben zwar nur Wackersteine, im Laufe der Jahrhunderte aber hat sie sich aus den Taschen der Besucherströme mit klingender Münze gefüllt.

Die Beine übereinander geschlagen sitzt Till nun auf seinem Brunnenpodest und betrachtet amüsiert das Treiben seiner Fan-Gemeinde,

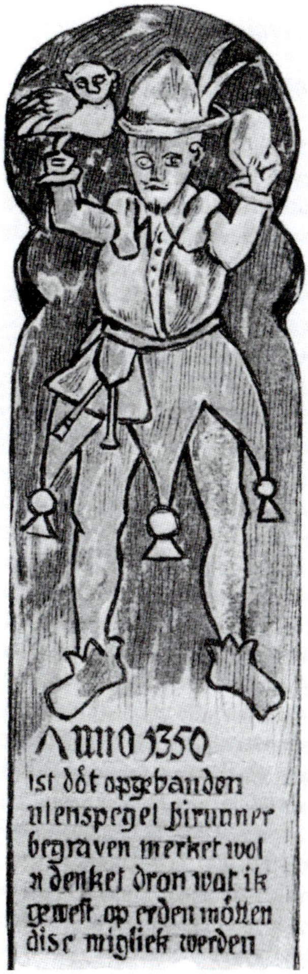


Der Grabstein des Möllner Narren

Alte Ansicht der Narren-Stadt Mölln

deren Mitglieder ihm schon so oft den Schuh und den Daumen gestreichelt haben, dass beide Teile blank gescheuert sind.

Sein Grabstein neben dem Hauptportal der Nicolai-Kirche muss sogar schon durch ein eisernes Gitter geschützt werden. Statt eines herausgebrochenen Souvenirs kann der Besucher jetzt nur noch die eingemeißelte Weisheit mit nach Hause nehmen, die da lautet:

*„Anno 1350 is düsse sten up ghaven*
*Tille ulenspegel lent hir under begraven*
*morcket wol un dencket dran*
*wat ick gwest si up erden*
*ol die hir voräwer gan*
*moten mi glick werden"*

(„Anno 1350 ist dieser Stein aufgehoben, Till Eulenspiegel lehnt hier unten begraben. Merket wohl und denket dran, was ich gewesen bin auf Erden. Alle, die hier vorübergehen, müssen mir gleich werden.")

Eine Eulenspiegelei ist aber auch dieser Grabstein, denn er entstand erst zweihundert Jahre nach dem Tod des Möllner Narren, dessen Geburtstag jeweils am ersten Sonnabend im Juli publikumswirksam gefeiert wird. Und wenn aus diesem Anlass einige der oft derben Streiche von Laien-Schauspielern in Szene gesetzt werden, dann mag man gar nicht glauben, dass es sehr alte Geschichten von Dummheit, Geiz, Hochmut und Machtgier sein sollen. Sie klingen so, als seien sie brandaktuell.

Blickt der Zuschauer während des Spiels auf die Bronzefigur am Brunnen, könnte er den Eindruck gewinnen, dass Till Eulenspiegel unruhig mit den Fußspitzen wippt und am liebsten vom Podest springen würde, um seinen wieder dringend erforderlichen Aufklärungspflichten nachzugehen.

Ein Schelm als Denkmal

## NOLDE – EIN MALER DER „GLÜHENDEN“ FARBEN

Emil und Ada Nolde

Als wenn seine Bilder nicht rätselhaft genug wären, hat er zusätzliche Verwirrung mit seinem Namen gestiftet. Emil Hansen hieß er richtig, später nannte er sich nach seinem Geburtsort Nolde (seit 1920 zu Dänemark gehörend), und in dem Roman „Deutschstunde" verfremdete Siegfried Lenz ihn dann noch einmal zu Max Ludwig Nansen.

Fragt man nach dem berühmtesten schleswig-holsteinischen Künstler, es könnte ein Kopf-an-Kopf-Rennen zwischen Emil Nolde und Thomas Mann geben. Sucht man den teuersten, geht der Maler mühelos als Sieger durchs Ziel. Hunderttausende kostet heute ein Öl-Original.

Als der immerhin schon 47-jährige Nolde 1904 ein Altarbild für die heute dänische Kirche in Ölstrup (Westjütland) malte, stellte er nach mehrwöchiger Arbeit 304,57 Kronen in Rechnung. Etwa 110 Mark. Dennoch gab es in der Gemeinde nach Fertigstellung des Bildes Streit darüber, ob es von guter oder schlechter Qualität sei.

Erst als Noldes Werke unbezahlbar geworden waren, setzte sich die Meinung durch, dass ihr Schöpfer zu den wirklich großen Künstlern zähle. Mittlerweile ist er sogar volkstümlich geworden, und wenn sich an der sommerlichen Nordseeküste die Wolkenberge über einem glutroten Sonnenuntergang ballen und die Meeresoberfläche wie das berühmte flüssige Blei glitzert, dann kann man schon einmal einen ansonsten eher nüchternen Küstenbewohner verzückt seufzen hören: „Ist das nicht wie von Nolde?!"

Ja, hätte sich der spät Verehrte auf diese himmlische Idylle spezialisiert, sein fast 90-jähriges Leben wäre für ihn einfacher verlaufen. Doch der Experte für leuchtende Farben beschränkte sich eben nicht auf heimische Sonnenuntergänge und Schweizer Alpenmotive für Postkarten (obwohl er damit in jungen Jahren gut verdient hatte), er stieg in die Halbwelt hinab, malte die Kehrseite des Lebens, etwa im Berliner Rotlichtviertel. Von dort bis zum Vorwurf, entartete Kunst zu produzieren, war es zur Zeit der „braunen Farbenlehre" dann nur noch ein kurzer Schritt.

In dieser dunklen Zeit kann sich wirklich abgespielt haben, was Siegfried Lenz in seiner „Deutschstunde" schildert: Der nördlichste Polizeiposten Deutschlands besteigt das Dienstfahrrad, um sich mit aufgeblähtem Regenmantel über den sturmgepeitschten Deich nach Seebüll zu stemmen, auf dass er im Haus Nolde die Einhaltung des Malverbots kontrolliere. Dies war die Zeit der „ungemalten Bilder", in Form von Papierfetzen, auf denen der Künstler seine Visionen festhielt. Hunderte dieser schnell und leicht verbergbaren Miniaturen entstanden während der bitteren Zeit des Berufsverbotes.

Wie eine Trutzburg –
Das Nolde Museum in Seebüll

Spaziergang im Garten

Forschungen aus jüngster Zeit haben ergeben, dass Nolde dem nationalsozialistischen Gedankengut durchaus Sympathien entgegen brachte. Er trat sogar einem Ableger der NSDAP in Nordschleswig bei und konnte daher nicht verstehen, dass auch seine Bilder beschlagnahmt wurden. Im Gegensatz zu anderen Kunstschaffenden, die sich mit dem Nationalsozialismus arrangierten, machte Nolde bei seinen Bildern jedoch keine Kompromisse. Sein Ansehen als Künstler hat daher auch keinen Schaden genommen.

Sehr gefragt sind aber nicht nur Noldes Bildes, auch die von ihm persönlich entworfene eigenwillige Kunstburg Seebüll in der noch intakten Landschaft des deutsch-dänischen Grenzgebietes ist zu einer Pilgerstätte geworden. Schier unerschöpflich scheint das Reservoir der Vorratskammer zu sein, denn jedes Jahr werden neue Bilder ausgestellt. Und wem im Inneren der ungewöhnlichen Galerie die überschwenglichen Farben auf den Blumenbildern noch nicht ausreichen, der kann sich draußen im üppig blühenden Garten an den Originalen erfreuen.

Den wahren Nolde-Experten erkennt man allerdings nicht an dem erwähnten Sonnenuntergang, sondern bei der Antwort auf die Frage: Wer schnitzte die vier Eulen in den Schreibtisch von Theodor Storm? Es war Emil Nolde, als er noch Hansen hieß und beim berühmten Flensburger Kunsttischler Heinrich Sauermann das Holzkunst-Handwerk erlernte.

Es gibt eine offizielle und eine inoffizielle Landeshymne. Letztere wird vorwiegend im Laufe von fröhlichen Festen gesungen, und jeder Schleswig-Holsteiner kennt die betrübliche Geschichte von „Herrn Pastor sien Kauh".

Damit ein Zugereister eine Ahnung davon bekommt, worauf er vorbereitet sein muss, wenn er in eine ausgelassene Runde von Nordlichtern stößt, seien jedenfalls vier von vermutlich mehreren Dutzend Strophen als Kostprobe angeboten:

*Kennt ji all dat nije Leid, nije, Leid, nije Leid,*
*wat de ganze Stadt als wet, von Herrn Pastor sien Kauh?*
*Sing man tau, sing man tau von Herrn Pastor sien Kauh.*

*Ostern wör sei dick und drall, Pingsten leig sei dot in 'n Stall*
*uns Herrn Pastor sien Kauh. Sing man tau ...*

*As se wör in Stücken sneeden,*
*hett dat ganze Dörp wat kreegen*
*van Herrn Pastor sien Kauh. Sing man tau ...*

*Un de Köster Dümelang kreig en Stert as Glockenstrang*
*von Herrn Pastor sien Kauh. Sing man tau ...*

Im Zeitalter der Wegwerfgesellschaft wird den meisten fröhlichen Sängern sicherlich nicht klar, dass es sich bei dem alten Volkslied um einen durchaus modernen Song auf den Umweltschutz handelt. Aus der besungenen Pastoren-Kuh lässt sich nämlich so gut wie alles herstellen, was in Vor-Plastik-Zeiten im Haushalt benötigt wurde. An erster Stelle des Verbrauchs stand natürlich das Fleisch. Doch nach dessen Verzehr fing die Verwertung erst richtig an:

## OCHSENWEG – DIE AUTOBAHN DES MITTELALTERS

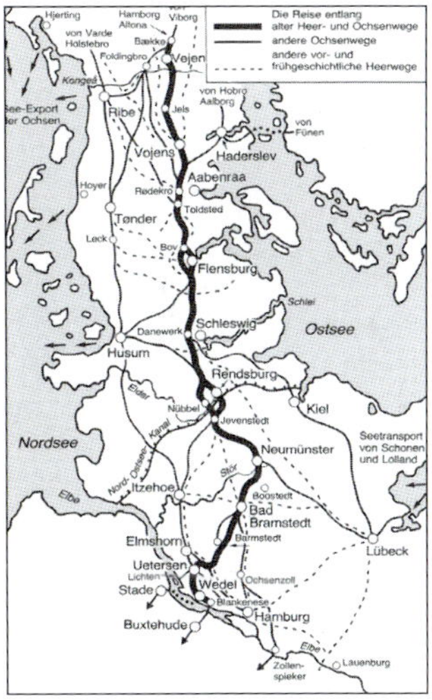


Von Jütland bis nach Wedel

Breit wie eine Autobahn – Der Ochsenweg

Aus dem Leder wurden Helme, Schilde, Stiefel, Gürtel und Jacke gefertigt, aus den Knochen entstanden Leim und Kämme, aus den Hörnern Trinkgefäße, die feinen Häute verwandelten sich unter geschickten Handwerkerhänden in Pergament, aus den Schwanzquasten wurden Pinsel, und der Talg lieferte das Material für die reichlich benötigten Kerzen.

Ob es ohne Rind „keine abendländische Kultur" gegeben hätte, wie behauptet wird, mag bezweifelt werden, sicher dagegen ist, dass Ochs und Rind eine Handelsware darstellten, die hin und her transportiert wurde wie heute das Öl. Und die Verdienstmöglichkeiten waren ähnlich gut.

Die große Bedeutung dieser Lebendprodukte zeigt sich an den

Darstellung des Ochsen-Treibens auf einem alten Stich

Ochsenwegen, deren Hauptstrang sich schon im 15. Jahrhundert wie eine Pipeline von Dänemark bis nach Wedel an der Elbe erstreckte. Vor allem von der Westküste stießen zahlreiche Seitenstränge auf die Nord-Süd-Verbindung, so daß der Eindruck eines modernen Straßennetzes entsteht.

In Wirklichkeit waren es aber staubige oder vom Regen aufgeweichte Wege, auf denen Herden von jeweils etwa 40 bis 50 Tieren aus Jütland oder von den fetten schleswig-holsteinischen Marschweiden in die größeren Städte des Südens oder zu den Viehmärkten in Husum, Bad Bramstedt, Itzehoe oder Wedel getrieben wurden.

Es war ein aufregendes und abenteuerliches Unternehmen, und obwohl dieses wilde Cowboyleben mit der Erfindung von Eisenbahn und Dampfschiffen im 19. Jahrhundert ein Ende nahm, kursieren noch heute viele Geschichten von den urigen, rauflustigen Treibern, die sich am Abend in den Krügen den Staub aus der Kehle spülten.

Nachdem die Tiere ihre Haut selbst zu Markte getragen hatten, konnten auch die Händler ihre meistens für alle Seiten guten Geschäfte begießen. In welcher Größenordnung sie stattfanden, zeigt sich daran, dass im Jahr 1886 von der Westküste aus fast 50 000 Ochsen nach England verschifft wurden.

Das waren Zeiten wie im Goldrausch. Zum Leidwesen der Beteiligten ließen Ende 1880 eine verheerende Maul- und Klauenseuche und später strenge britische Zollbestimmungen den Export zusammenbrechen.

Vielleicht ist es reiner Zufall, dass gerade in dieser Zeit mit dem Aufkommen des Fremdenverkehrs an der Nordseeküste eine neue Einnahmequelle erschlossen werden konnte.

Später wurden dann die Ochsenwege betoniert und in Autobahnen umgetauft. Manchen wilden Treiber trifft man dort heute wieder. Natürlich vorwiegend auf der Überholspur.

# P

## PATERNOSTER – ODER DER LAUF DER WELT

Wenn die Welt für den Menschen zu gefährlich wird, dann muss sie entschärft werden. Viel zu gefährlich sei der Paternoster im Kieler Landeshaus, stellten die Männer vom Technischen Überwachungsverein nach gründlicher Beobachtung der sich an endloser Kette durch die Stockwerke ziehenden Kabinen fest und forderten die Stilllegung.

Der letzte schwere Unfall mag die Prüfer vom TÜV in ihrem Todesurteil bestärkt haben: Ein Musiker hatte bei einer Festlichkeit im dritten Stock aufgespielt und wagte sich mit dem Kontrabass in den Paternoster. Dort passierte, was passieren musste. Der lange Hals des Klangkörpers verhakte sich an einem Vorsprung der Außenwelt, die offene Kabine jedoch setzte unbeirrbar ihren Abstieg fort, und mit einem hässlichen hellen Missklang verkleinert sich der Bass auf Cellogröße.

Wenn der Aufzug auch nach dem grässlichen Unglück unermüdlich seine Bahnen zieht, dann deshalb, weil Retter von höchster Stelle kamen. Nicht an den schwächsten Gliedern der technischen Gesellschaft sollten sich die Überwacher vergreifen, forderten in selten gewordener Einigkeit Regierung und Opposition, mit Strenge müsste vielmehr dort überwacht werden, wo nicht Gefahr für sperrige Transporte drohe, sondern wirklich für Leib und Leben.

Seit dieser mächtigen Fürsprache wandern die zwölf Kabinen deutlich erleichtert aus dem Keller durchs Parterre vom ersten in den zweiten und den dritten Stock, von dort über den Boden zurück in den Keller. So wie ein Gläubiger beim Vaterunser die Kugeln des Rosenkranzes über die Finger gleiten lässt.

Paternoster wurden nur für Behörden gebaut, versichert das Lexikon. Wohl deshalb, weil hier der Arbeitsrhythmus ähnlich monoton läuft wie der „Beamtenbagger". Die Akten kreisen, die Gespräche wiederholen sich und die Entscheidungen auch. Der Paternoster zeigt im Kleinen den Lauf der Welt, und der mitfahrende Mensch liefert jedem Verhaltensforscher Material für umfangreiche Studien.

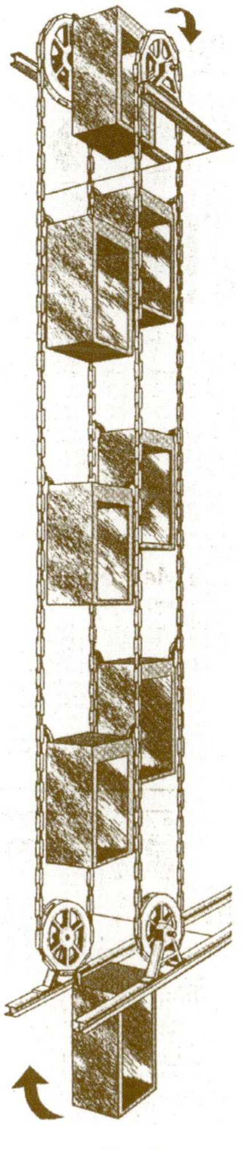

Der Paternoster – Sein Prinzip

Nur etwa zwei Minuten dauern jeweils Auf- und Abstieg über drei Etagen. Aber die Zeit reicht aus, um die unterschiedlichsten Typen kennen zu lernen.

Da ist der Dynamisch-Mutige, der, aus einer Amtsstube kommend, die Kabine eigentlich schon verpasst hat. Er müsste zwei Sekunden warten, bis er bequem die nächste besteigen könnte. Doch stattdessen wagt er den Sprung in die Tiefe oder zieht sich kraftvoll in den schon einen halben Meter aufgestiegenen Beförderungskorb. „Sportlich, sportlich" oder auch „das hat gerade noch geklappt", begrüßt der Mitreisende den Neuankömmling. Vorausgesetzt natürlich, es ist ein kommunikativer Typ. Der Zugestiegene kann den Gesprächsfaden mit der Erklärung aufnehmen, dass diese Art von Zusteigen schließlich eines der wenigen Abenteuer sei, die man in diesem Hause noch erleben könne.

Den krassen Gegensatz zu dem wagemutigen Dynamiker bildet der Zauderer. Er lässt die ersten drei Kabinen an sich vorbeifahren, weil er nicht entscheiden mag, ob er die Treppe oder den Paternoster benutzen soll, beschließt dann einen Kompromiss, indem er zu Fuß in den ersten Stock steigt und erst dort die mechanische Weiterreise antritt.

Mit dem Zauderer nicht zu verwechseln ist der Individualist. Er ist einwandfrei dadurch zu identifizieren, dass er grundsätzlich nur eine leere Kabine betritt. Diese Abneigung gegen zu engen körperlichen Kontakt kann zu peinlichen Situationen führen. Denn erreicht der bereits mit einer Person besetzte Korb eine Station, an der ein potentieller Passagier ganz offensichtlich auf die Mitfahrt wartet, dann tritt der bis dahin Alleinreisende einen Schritt zurück, macht vielleicht auch schon eine Geste des Willkommens und muss dann doch solo weiterreisen, weil der Wartende nicht zusteigt.

Mancher, der fröhlich den Fahrkorb bestiegen hatte, beendet somit die Dienstreise deprimiert. Wie soll er auch ahnen, dass nicht er die Schuld an diesem gescheiterten Doppel trägt, sondern der seelisch gestörte Nichtzusteiger.

Nicht selten kann man Allein-Reisende beobachten, die sofort nach dem Einstieg beginnen, in den mitgebrachten Akten zu lesen. Zwei Erklärungen sind für dieses Verhalten möglich: Es kann sich um einen Streber handeln, der auf der kurzen Fahrt zwar so gut wie nichts schafft, aber den erhofften Zuschauern zeigen will: Seht her, ich, der Oberregierungsrat Knotte, bin überfällig für eine Beförderung, nutze ich doch sogar den Weg zur Kantine zum Aktenstudium. Weniger ehrenvoll ist die zweite Erklärung: Schlichte Neugierde könnte das Motiv sein. Ein interessanter Vorgang, vielleicht sogar eine Personalie, soll von einer Abteilung in die nächsthöhere gebracht werden, und der Bote nutzt den dämmrigen Fahrstuhlschacht zu einem unerlaubten Einblick.

Nur der Vollständigkeit halber sei in der Paternoster-Typologie noch der Träumer erwähnt, der, in Gedanken versunken, zweimal über den Boden fährt. Dann gibt es außerdem den Pedanten, der grundsätzlich nur die Kabine vier oder sechs benutzt. Oder da ist der Verklemmte, der vor dem Mitfahrer nicht nur bis in die hinterste Ecke zurückweicht, sondern zusätzlich den vermeintlich gefährdeten Körperteil schützend mit übergeschlagenen Händen abdeckt. Vorsichtsmaßnahmen dieser oder anderer Art sind jedoch wirklich nicht nötig, denn weder im Petitionsausschuss des Landtages noch bei der Gleichstellungsbeauftragten sind bisher moralische Verfehlungen aus dem Paternoster gemeldet worden. Es mag an der frommen Bezeichnung des Gefährts liegen oder vielleicht an der Geschwindigkeit von 0,2 Metern pro Sekunde.

Die allerdings fördert nicht nur die Moral, sondern hat auch einen pädagogischen Effekt, nämlich die Konzentration auf das Wesentliche.

Da passiert der in einem abseitig gelegenen Büro seit 20 Jahren fast unbemerkt tätige Amtsrat Lindemann den ersten Stock, und steigt

Warnschild –
Ordnung am Aufzug

plötzlich ein Minister zu. Als erfahrener Benutzer des Fahrstuhls weiß Lindemann, dass die bevorstehenden 40 Sekunden seine Karriere verändern können. In dieser Zeit muss er alles vortragen, was er der hohen politischen Instanz schon immer sagen wollte. Er muss seine Person und seine Tätigkeit erklären, er muss schildern, was dringend verbesserungswürdig ist. Kurzum, er muss sich beim Gesprächspartner derart nachdrücklich einprägen, dass der nach Rückkehr an den Schreibtisch sofort Order gibt: Der Amtsrat Lindemann soll an meinem Wohlwollen teilhaben. Und er hat es verdient, denn wer innerhalb von 40 Sekunden überzeugende Argumente bieten kann, der ist zu Höherem berufen.

Nun muss aber an die von vielen Philosophen bekräftigte Erkenntnis erinnert werden, dass das wirklich Wesentliche erst hinter den Dingen zu entdecken ist.

Ganz unten im Keller, wohin der Paternoster schon nicht mehr fährt, dort sitzen die Menschen, die seinen beständigen Lauf garantieren und vor allem überwachen. Im roten Stammbuch mit der Geburtsurkunde vom 21. Juni 1950 ist festgelegt, dass der Aufzug morgens um 6 Uhr gereinigt und um 7.30 Uhr „für den öffentlichen Verkehr" freigegeben werden muss. Alle Krankheiten und ihre Heilung sind ebenso verbucht wie die maximale Belastbarkeit der Zugkette (28 440 Kilogramm). Die Bescheinigung „über die Prüfung zur Bestellung als Aufzugswärter" liegt gestempelt und von den beiden erfolgreich geprüften Kandidaten persönlich unterschrieben vor: Die letzte TÜV-Prüfung gibt keinerlei Anlass zur Besorgnis, nur „der Puffer unter dem Gegengewicht" wird als erneuerungsbedürftig angemahnt, und natürlich ist der geringe Mangel inzwischen behoben.

So kann das Musterbeispiel unverdrossenen Leerlaufs auch in Zukunft dezent ächzend seine Bahn ziehen, beladen mit Kontrabass und Zauderer, Dynamiker und Träumer, und ganz gewiss befindet sich unter den Reisenden auch immer wieder ein Nachkomme von

Der ewige Kreislauf
im Kieler Landeshaus

Heinrich Bölls literarisch berühmt gewordenem WDR-Redakteur Murke. Der bestieg jeden Morgen auf dem Weg ins Büro den Paternoster, hätte im zweiten Stock aussteigen müssen, fuhr aber weiter bis auf den Boden, wo „geölte Ketten, mit Fett beschmierte Stangen, ächzendes Eisenwerk die Kabine aus der Aufwärts- in die Abwärtsrichtung schob." Diese Sekunden der Angst inmitten knarrender Technik brauchte Murke wie andere ihren Kaffee. Danach war er hellwach für den Tag gewappnet.

## PETUHTANTEN – SIE PLAUDERN NUR IN FLENSBURG

Wenn man die älteren Damen das erste Mal sprechen hört, könnte man meinen, sie kämen geradewegs von der feuchtfröhlichen Besichtigung eines Flensburger Rum-Unternehmens.

„Ich kam vorhin auf der Treppe beinahe szu schnüffeln, szo hilde hatte ich das", hört man von der einen Gesprächspartnerin, während die andere sich gerade am Restauranttisch niedergelassen hat und die Frage stellt: „Wer szein Platz is es, ich szitz auf? Doch nicht Szie ihrn, Herr Doktor? Kommen szie doch auch nieder, kleines Frollein."

Da die Damen ausgesprochen gutbürgerlich wirken und auch nur Kaffee trinken, kann es kein alkoholbedingter Sprachfehler sein, der sie „am richtigen Deutsch" hindert. Und so ist es. Wir sind bei den Petuhtanten.

Die gibt es nur in Flensburg – und ihre Sprache auch. Warum, das muss erklärt werden. Zunächst der Name:

Was macht die Hausfrau, wenn der Ehemann zum Dienst gegangen ist, die Sonne scheint und die blaue Ostsee mit den schmucken Ausflugsdampfern lockt? Sie kauft sich eine „Partout", sprich Dauerkarte und fährt mit dem Schiff von einer Anlegestation zur anderen. Da die Nachbarinnen genau das Gleiche tun, ist die geeignete Gesprächsrunde unter den „Petuh"-Tanten gesichert.

Damit aber ist das Rätsel der Petuh-Sprache noch nicht gelöst. Für die Klärung ist wieder einmal die Geschichte des Landes und damit auch der Stadt Flensburg wichtig.

Hier oben im tiefsten Norden, den mancher Südländer bereits als grönländischen Vorposten ansieht, ist der dänische Einfluss bis heute besonders stark geblieben. Als die inzwischen in die Jahre gekommenen Petuhtanten noch kleine Mädchen waren, hörten sie neben ihrer deutschen Muttersprache überall um sich herum auch das Dänische.

Und die Mischung aus beidem ist eben jenes typische Flensburger Petuh-Deutsch.

Es hat übrigens durchaus eine feste Grammatik und eine eigene Aussprache. Sehr wichtig dabei ist vor allem das scharfe „s". Man kann es gut in dem häufig benutzten Ausruf üben und hören: „Wie Szünde!" Auf Hochdeutsch: „Ist das aber schade!"

Wenn die Petuhtanten in ihren Gesprächen das „und" besonders häufig verwenden, dann deshalb, weil es neben seiner Aufgabe als Bindewort auch noch anstelle von „zu" und „um zu" verwendet wird. Folglich hört man: „Das ist ja kein Wetter und jagen ein Hund aus in."

Außerdem gibt es im Petuh-Deutsch einige besondere Formulierungen, deren Gebrauch den Anhängern der deutschen Hochsprache geradezu auf den Magen schlagen muss, obwohl jeder weiß, was mit „ausses Licht", „aufe Türen" und „zue Fenster" gemeint ist.

Schwieriger wird es allerdings, wenn eine Petuhtante ihrer Nachbarin einen besonders gelungenen Kuchen anbietet und die Frage folgt: „Könnte ich da nicht mal das Verhältnis von kriegen?" Das Rezept wird natürlich gewünscht.

Verständnislos und erschrocken zugleich muss ein Stadtfremder reagieren, wenn die mit dem Nachwuchs auf Besuch gegangene Dame der feineren Gesellschaft das Dienstmädchen mit den Worten ruft: „Komm nieder Mamsell, und bring die Kinder um. Und wenn Szie szie abgezogen haben, dann legen Szie szie ein."

Nein, nein, kein Mordauftrag wird da erteilt, sondern lediglich die Bitte, die Mamsell möge herunterkommen, die lieben Kleinen nach Hause bringen, sie ausziehen und ins Bett stecken.

Die Flensburgerin Gerty Molzen
war eine typische Petuhtante

## „PHARISÄER“ – EIN GETRÄNK, DAS ES IN SICH HAT

Was Gorbatschow mit einem „Pharisäer“ gemeinsam hat? Vieles und nichts zugleich, und wer bei der Lösung der Preisfrage an den biblischen Heuchler aus der Bergpredigt denkt, der befindet sich ohnehin auf völlig falscher Fährte.

Aber damit der Fall noch etwas verworrener wird, und um zugleich die Auflösung zu erleichtern, sei daran erinnert, dass der Vater von Perestrojka und Glasnost seine Reformen der russischen Gesellschaft mit einem Bann gegen den traditionell übermäßigen Wodkakonsum begann.

Anschließend soll selbst im Politbüro nur noch klares Wasser getrunken worden sein. Aber Zweifel sind angebracht, denn in Schleswig-Holstein gab es schon einmal einen ähnlichen Reformer, und der wurde kräftig hinters Licht geführt.

Damit sind wir wieder bei den „Pharisäern“, wie sie an einem Sonntag in sehr fröhlicher Runde in einem der stattlichen Bauernhäuser auf der Insel Nordstrand saßen.

Eine Kindstaufe wurde gefeiert, und natürlich musste der Herr Pastor mit dabei sein. Besagter Gottesmann nun hatte es sich zum Ziel gesetzt, seine Schäfchen nicht nur von möglichst allen Sünden,

Die Geburtsstunde des Pharisäer

Soll am 12.10.1873 den Pharisäer erfunden haben: Bauer Peter Georg Johannsen aus dem Elisabeth-Sophien-Koog auf Nordstrand

sondern auch von dem in diesen Regionen stets reichlich genossenen Alkohol fern zu halten. Er führte diesen Kampf gegen das Teufelswasser mit Leidenschaft und mit Strenge.

Aber eine Taufe ohne „Taufwasser"? Das ist für den Nordfriesen wie ein Fußballspiel ohne Ball. Um weder ihre Gäste noch den Herrn Pfarrer zu verärgern, hatte sich die Hausfrau daher eine wohlschmeckende List ausgedacht. Bevor sie den köstlichen Kaffee in die Tassen füllte, goss sie einen Schuss Rum ein, und damit der strenge Gottesmann die kleine Sünde nicht „erschnupperte", wurde sie mit einem Löffel Sahne abgedeckt.

Zwar wunderte sich der Geistliche über die schnell aufsteigenden Wogen der Ausgelassenheit, aber erst als ihm versehentlich ein „veredelter" Kaffee zugeschoben wurde, da erkannte er den Grund für die Heiterkeit.

Als der fromme Gast verdächtig streng aufblickte, mag die Schar der ertappten Sünder erblasst sein. Doch satt des befürchteten Donnerwetters folgte nur der Ausruf „Ihr Pharisäer!", womit auch das neue Getränk aus der Taufe gehoben war.

Inzwischen kann man den „Pharisäer" überall an der Westküste bestellen. Serviert wird er in blauweißen Tassen, und wer die zwölfte leer getrunken hat, erhält die dreizehnte kostenlos. Die aber ist ähnlich mühsam zu erreichen wie auf dem Münchner Oktoberfest die dreizehnte Maß Bier.

Q

## QUALEN – EIN MORDFALL WIE VON AGATHA CHRISTIE

Die Familie Qualen gehört zum ältesten Adel des Landes, und ihre männlichen Abkömmlinge haben bis in allerjüngster Zeit (Hans-Hellmuth Qualen war von 1963 bis 1973 schleswig-holsteinischer Finanzminister) einflussreiche Regierungsämter innegehabt. Bekannt geworden sind die Qualens aber auch durch einen spektakulären Mordfall, der ungeheures Aufsehen erregte. Der Ablauf des anschließenden Mammut-Prozesses, der sich über sieben Jahre hinzog, zeigt sehr anschaulich, wie hoch entwickelt das Justizwesen und das Rechtsgefühl in jenen angeblich so dunklen Jahren am Beginn des 19. Jahrhunderts waren.

Der Tatort lag in Eutin. Zwar war der Ort 1830 nicht mehr Hauptstadt des Herzogtums Lübeck/Oldenburg, aber noch immer Sommerresidenz des Großherzogs. Mit wichtigen Behörden, einem prächtigen Schloss und einem dänischen Diplomaten im Ministerrang.

Opfer eines Mordanschlags: Anton Ludwig von Qualen

Eine Agatha Christie hätte sich kein geheimnisvolleres Verbrechen ausdenken können als jene rätselhafte Bluttat, die sich im Eutiner Garten des Ministers Rudolf Anton Ludwig von Qualen ereignete. Der Hausherr, der als überaus streng und geradezu penibel galt, hatte die Gewohnheit, jeden Abend zur genau eingehaltenen Stunde im prächtig angelegten und durch eine hohe Mauer von der Außenwelt abgeschlossenen Garten spazieren zu gehen.

Auch am Abend des 21. Februar nahm er kurz nach 19 Uhr seinen kräftigen Stock und betrat den vom Schnee gereinigten Garten. Eine Stunde lang wanderte er, zuweilen singend, zwischen Beeten und Treibhaus. Im erleuchteten Gartensaal an der Rückseite des Hauses spielten lärmend seine fünf Kinder, in der Küche wurde für die Gäste und die Familie gekocht, die Bediensteten eilten mit Aufträgen umher.

Etwa vierzig Schritt war der in einen Pelz gehüllte Minister vom Hauseingang entfernt, da trat ihm jemand in den Weg. Hätte sich ihm ein Fremder genähert, der einsame Spaziergänger wäre auf das höchste alarmiert gewesen. Alle Zugänge in den Garten waren schließlich verriegelt, so daß jeder Unbekannte ein unerwünschter Besucher gewesen wäre. Der kräftige Offizier hätte seinen schweren Stock bereitgehalten, hätte auch nach Bediensteten gerufen. Aber nichts dergleichen tat er. Offenbar völlig unerwartet traf ihn der erste Schlag mit der scharfkantigen Mordwaffe, und lautlos sank das Opfer in den Schnee.

Erst gegen 21 Uhr fiel im Haus auf, dass der Minister schon eine halbe Stunde länger als gewöhnlich ausgeblieben war. Das gab Anlass zur Unruhe, ein Diener wurde auf die Suche geschickt, aber er fand den Toten nicht. Zwei weitere Stunden verstrichen, eine neue Suchaktion begann und endete mit der Entdeckung des Ermordeten.

Der Täter könne nur aus dem Haus gekommen sein, vermutete die Justiz, und in einer groß angelegten Untersuchung wurden alle Angestellten genauestens verhört, der Knecht 39-mal, der Kutscher 80-mal und der Diener 63-mal. Auf 5000 Seiten wuchsen die Akten an, und allmählich richtete sich der Verdacht gegen den Kutscher sowie gegen einen Bediensteten. Beide wurden verhaftet; sie leugneten jedoch die Tat und verursachten damit besondere juristische Schwierigkeiten. Für Verfahren dieser schwersten Art galt nämlich immer noch die „Peinliche Halsgerichtsordnung" Karls V. von 1532. Sie ließ keine Verurteilung aufgrund von Indizien zu, sondern verlangte Geständnisse, wenn nicht freiwillige, dann erzwungene – doch inzwischen war die Folter untersagt.

Ob mit oder ohne Geständnis, in erster Instanz forderte der Ankläger für den vermeintlichen Hauptschuldigen Enthauptung durch das Schwert und anschließende Räderung. Das war schon eine juristische Verbeugung vor dem Fortschritt, denn die Constitutio Criminalis Carolina verlangte für ein derartiges Verbrechen eigentlich die umgekehrte Vollzugsfolge.

Eutin zur Tatzeit

In der Revision des Urteils setzte sich dann der moderne Rechtsgrundsatz „Im Zweifel für den Angeklagten" durch, und beide Be-

Hier geschah ein Mord – Das Haus der Familie von Qualen

schuldigten wurden nach siebenjähriger Untersuchungshaft freigesprochen.

Da der Mordfall von Qualen nie aufgeklärt wurde, ranken sich um ihn die abenteuerlichsten Gerüchte. So wurde die Vermutung geäußert, der Vater des Toten könnte ein Sohn des aus Schleswig-Holstein stammenden Zaren Peter III. gewesen sein. Auffallend ist jedenfalls, dass später auch eine Tochter des Eutiner Mordopfers und eine Tante umgebracht wurden.

Für die Verschwörer-Theorie fehlen allerdings in den noch heute im Schleswiger Landesarchiv einsehbaren Akten sämtliche Beweise. Wahrscheinlich waren es daher wohl Kriminalfälle, wie sie – siehe Agatha Christie – in den besten adeligen Familien vorkommen. Und die Qualens waren da sicherlich nicht schlechter als die Rantzaus, Ahlefeldts, Rumohrs, Reventlows, Buchwalds oder Brockdorfs.

## QUERFELDEIN – MAN MUSS DABEI GEWESEN SEIN

Es gibt zwei Wege, die zum Boßeln führen. Der eine endet am warmen Ofen, der andere auf einer kalten und nassen Wiese. Theorie und Wirklichkeit stehen sich wieder einmal unversöhnlich gegenüber.

Wer dieses merkwürdige Kugelspiel wirklich kennen lernen will, der sollte die doppelte Aufklärung wählen und sich vor der ungemütlichen Praxis zunächst mit Theodor Storms Bestseller „Der Schimmelreiter" in die Ofenecke zurückziehen, um zu erfahren, was ihn am nächsten Tag draußen in der Marsch erwartet:

„Auf der weiten Weidefläche, die sich zu Osten an der Landseite des Deiches entlang zog, sah man am Nachmittag darauf eine dunkle Menschenmasse bald unbeweglich stille stehen, bald, nachdem zweimal eine hölzerne Kugel aus derselben über den durch die Tagessonne jetzt vom Reif befreiten Boden hingeflogen war, abwärts von den hinter ihr liegenden langen und niedrigen Häusern allmählich weiterrücken …

Gesprochen wurde von all den Menschen wenig, nur wenn ein Kapitalwurf geschah, hörte man wohl einen Ruf der jungen Männer oder Weiber, oder von den Alten, einer nahm die Pfeife aus dem Mund und klopfte damit unter ein paar guten Worten dem Werfer auf die Schulter: ‚Das war ein guter Wurf!' oder ‚So warf dein Vater auch, Gott tröste ihn in der Ewigkeit …' ‚Oho, Hauke', rief es aus dem Haufen, ‚das war ja, als habe der Erzengel Michael selbst geworfen!'

Da flog es wie eine Stahlkraft in Haukes Arm, er neigte sich ein wenig, er wiegte die Boßel ein paar Mal in der Hand, dann holte er aus, und eine Todesstille war auf beiden Seiten, alle Augen folgten der fliegenden Kugel, man hörte ihr Sausen, wie sie die Luft durchschnitt, plötzlich, schon weit vom Wurfplatz, verdeckten sie die Flügel einer Silbermöve …

‚Hurra für Hauke', riefen die Marschleute, und lärmend ging es durch die Menge: ‚Hauke! Hauke Haien hat das Spiel gewonnen!'"

So weit das literarische Boßeln, das nach Auskunft der Fachleute ausgesprochen sachkundig dargestellt ist. Eine fehlerhafte Schilderung hätte sich der Literat und Advokat Storm auch gar nicht leisten können, denn als er 1888 seine umfangreichste und zugleich letzte Novelle beendete, hatte das Kugelwerfen an der schleswig-holsteinischen Küste etwa die Bedeutung, wie sie heute das Fußballspiel hat. Zehntausend oder mehr Zuschauer fanden sich beim wichtigen „Lokalderby" ein, und das waren für die dünn besiedelte Marsch gewaltige Menschenmassen. Angeheizt wurde die Spannung durch hohe Einsätze. So fand beispielsweise 1845 im Steinburgischen ein Wettkampf statt, bei dem es um die enorme Summe von 1200 Mark ging. 15 000 Zuschauer kamen und erlebten, wie der Schiffer Hinrich Doose aus Wilster mit einem das Spiel abschließenden Gewaltwurf von 140 Metern den Sieg errang. Es muss noch die früher benutzte leichte Kugel gewesen sein, denn das derzeit verwendete 500 Gramm schwere Wurfgeschoss lässt derartige Weiten nicht mehr zu. Wer 80 Meter schafft, ist eine „Kanone", etwa 60 Meter gelten beim Feldboßeln schon als ordentliche Leistung.

Suchen nach der Kugel

Wie sich denken lässt, waren den absoluten Herrschern Volksansammlungen in dem genannten Ausmaß höchst suspekt. Wer weiß, was dort alles ausgeheckt wurde, vielleicht sogar eine Revolution? Jedenfalls erließ der letzte Fürst von Ostfriesland, Friedrich August, für die damals preußische Provinz gleich mehrere Dekrete, die das dem Boßeln artverwandte Klootschießen unter Androhung von Gefängnisstrafe oder „scharfer körperlicher Züchtigung" untersagten. Nach dem Tode des Fürsten wurde das Verbot zwar aufgehoben, aber nur unter der Bedingung, dass Streitereien vermieden werden und sich alle Beteiligten um 21 Uhr nach Hause begeben müssen.

Doch grau ist alle Theorie, und damit sei das Boßeln in der warmen Ofenecke beendet. Auf geht's in die Praxis!

In der kleinen Ortschaft Eddelak, nahe Brunsbüttel gelegen, wurde 1894 der erste schleswig-holsteinische Boßelverband gegründet. Unzählige Male hat seither die heimische Traditionsmannschaft gegen die Männer aus Lunden gespielt, und zum Saisonabschluss ist nun erneut ein Kräftemessen abgemacht.

Grau ist der Himmel, als sich die Gegner in der Feldmark treffen. Ein heftiger Wind bläst über die baum- und strauchlose Ebene bei Lunden. Achtzehn Werfer stellt jede Seite, dazu je einen Fahnenträger. Kräftige junge Männer stapfen da auf die schon aufgeweichte Wiese, ziehen Schuhe mit langen Dornen unter der Sohle an, drehen in der Wurfhand die mit Blei auf ein Pfund Gewicht gegossene Kugel, recken die Arme, nehmen auch schon mal Anlauf und werfen mit leerer Hand. Dann werden lautstark gegen den heulenden Sturm Nummern zugerufen. „Hier mutt he röber" steht auf dem Banner der Eddelaker, während der Gegner trotzig die Landesfarben im Winde knattern lässt.

„Achter de Fahn", ertönt der Ruf, und der erste Werfer schleudert die Kugel in den dunkel gewordenen Himmel. Wie bei Hauke Haien begleiten Jubel und bissige Bemerkungen ihren Flug. Mal fliegt die Kugel in vorbildlicher Bahn, wie sie Boßel-Professor Wilhelm Peters mit Sinus-Cosinus-Kurve unter Berücksichtigung der Erdanziehung berechnet hat, dann schleudert sie der Werfer schräg in die Wiesen, so daß nur zwanzig oder dreißig Meter gutgeschrieben werden und der Gegner auf der Nebenbahn seinen Vorsprung ausbauen kann.

Noch keine fünfhundert Meter sind zurückgelegt, als sich die Wolken öffnen und Wassermassen herabwerfen. Bei jeder normalen Sportart würde der Schlusspfiff des Unparteiischen folgen, doch beim Boßeln gibt es kein Wetter. Schon lange sind alle Teilnehmer und die wenigen Zuschauer durchnässt, aber noch immer drehen sich die Werfer, fliegen die Kugeln und bohren sich beim Aufschlag so tief in den Marschenboden, dass sie mit den eisenbeschwerten Markierungsstöckchen ausgegraben werden müssen. Ein Flurstück ist schon durchmessen, über den Graben geht es auf das nächste. Es ist frisch gedüngt und duftet entsprechend.

Hinter den Fahnen ruft es: „Hier mutt he röber!" und ein weiterer Graben ist zu überwinden, und danach das Ganze im zweiten Durchgang zurück. Noch einmal 18 Würfe von jeder Mannschaft. Kein Faden ist jetzt mehr trocken, und plötzlich spricht doch jemand vom Wetter. Noch nie sei es bei einem Wettkampf so schlecht gewesen.

Als alle Mitglieder geworfen haben, liegt der Traditionsclub Eddelak mit dreißig Metern vorne, und der Verlierer muss eine Boßel-

Boßelwerfen in Dithmarschen auf einem alten Holzstich

kugel überreichen. Bei drei Siegen hintereinander gibt es eine goldene, jedenfalls eine goldfarbene Kugel.

Auch wenn der Regen strömt, die Tradition bleibt gewahrt. Jeder Mannschaftsführer hält eine Rede, erinnert an frühere Wettkämpfe, nennt Gründe für Erfolg oder Misserfolg, verspricht Revanche und versichert, dass es wieder ein mächtiges Vergnügen gewesen sei. Dann schallt ein zweimal dreifaches „Lüch op" („Heb auf" – nämlich die Kugel) gegen Wind und Regen.

Dies kann nicht der Tag gewesen sein, an dem der Schimmelreiter Hauke Haien zu seinem ersten Wurf ansetzte:

„... als er eben den Arm hinten ausschwang, um die Kugel fortzuschleudern, war eine Wolke von der Sonne fortgezogen, die sie vorhin verdeckt hatte, und diese traf mit ihrem vollen Strahl in seine Augen, der Wurf wurde zu kurz, die Kugel fiel auf einen Graben und blieb im Bummeis stecken."

Auch wenn der Regen strömt – Der Mann mit der Fahne weist die Richtung

# R

## RIPEN – „UP EWICH UNGEDEELT"

Das meiste der schleswig-holsteinischen Landesgeschichte braucht man nicht zu wissen, etwas sollte man, einiges muss man wissen.

Am Ereignis von Ripen führt kein Weg vorbei. Es ist ein historischer Meilenstein, auf dem geschrieben steht: „Up ewich ungedeelt". Dieser Ausspruch, zur rechten Zeit in die Debatte geworfen, weist den Betreffenden bereits als halben Gelehrten aus. Und daraus lässt sich mühelos ein ganzer machen, nämlich dadurch, dass man nicht die vereinfachte Formulierung zitiert, sondern die Originalfassung, die da lautet: „Dat se bliven ewich tosamende ungedeelt."

Von den beiden „Bindestrich-Ländern" Schleswig und Holstein ist die Rede, auch wenn der Nichtwissende durch diesen Hinweis zunächst noch nicht wesentlich mehr weiß.

Christian I.

Daher ist wieder einmal ein Rückblick erforderlich. Aber keine Angst, es wird nicht langweilig, denn obwohl die Angelegenheit alt ist, trägt sie gleichzeitig so moderne Züge, dass man sie mit ausgetauschten Namen in einem heutigen Landes- oder Bundesparlament jederzeit wieder erleben könnte. Es geht um die Frage, auf welche Weise Ämter schon immer vergeben wurden.

Durch den Tod des kinderlosen Herzogs Adolf VIII. war 1459 der Posten des Oberhauptes von Schleswig und von Holstein freigeworden.

Es gab keinen Erben, und das Gerangel der Kandidaten aus dem näheren und weiteren Verwandtenkreis konnte losgehen. Man kennt das Verfahren aus der heutigen Politik: Für den einen spricht dieses, für den anderen jenes. Erleichtert wurde die Suche nur dadurch, dass es keine Frau sein durfte.

Für die Herrschaft in Holstein oder für Schleswig allein gab es zwar legitime Bewerber, aber das entscheidende war eben, dass jemand auf den Schild gehoben werden musste, der beide Länder regieren konnte. Die gerade mühsam erkämpfte Vereinigung der „Bindestrich-Hälften" sollte unter allen Umständen gewahrt bleiben.

In dieser Situation meldete der dänische König Christian I. seine Ansprüche an. Er besaß zwar bereits Schweden und Norwegen, aber das Herzogtum Schleswig hatte er an die deutsche Verwandtschaft sozusagen nur ausgeliehen, und wenn die sich nicht einigen konnte, dann wäre es wohl doch besser, das Gebiet wieder zurück ins nordische Reich zu holen.

Man möge nach Ripen kommen und den Fall besprechen, teilte der König denen mit, die dort unten etwas zu sagen hatten. Das war in aller erster Linie der reiche Gutsadel, und das war ein „Rat", dem hohe Geistliche und Adlige angehörten. Eine Art Oberhaus, das den jeweiligen Landesherrscher beriet. Die Herren reisten folglich nach Ripen und taten dort etwas, was sie noch nie zuvor gewagt hatten und wozu sie wahrscheinlich auch gar nicht berechtigt waren: Sie wählten den Gastgeber Christian zum Herzog von Schleswig und zum Grafen von Holstein und Storman.

Nicht in seiner Eigenschaft als König, so jedenfalls wurde versichert, sondern weil er ein so tüchtiger Mensch sei: „Nicht alse eyn konigh to Dennemarken, men umme Gunst, de die inwonere dieser Lande to unser personen hebben."

Das klingt zwar sehr edel, aber hinter diesen und anderen schönen Worten verbirgt sich ein mächtiger Kuhhandel. Es begann schon damit, dass das Wahlgremium, das eigentlich gar keines war, die Gegner des ins Auge gefassten Kandidaten über das Vorhaben erst gar nicht informierte. Die Lübecker und Hamburger, die befürchteten, Christian könne ihnen nach der Kontrolle über den Seeweg nun auch noch den Handel über Land beeinträchtigen, erhielten einfach keine Einladung. Das war schon einmal die halbe Miete, die andere Hälfte zahlte der Kandidat. Zum einen in Form von barer Münze, zum anderen durch Gewährung großzügiger Mitspracherechte.

Und damit sind wir bei dem berühmten Ripener Freiheitsbrief. Schon äußerlich ist es ein Dokument, das einiges hergibt. Mit ei-

Der berühmte Vertrag von Ripen

nem großen königlichen Siegel und 17 kleineren Siegeln seiner Räte. Datiert ist das unbezahlbare Stück unter Mittwoch „nach dem Sonntag, an dem man in der heiligen Kirche Invocavit singt". Das war der 5. März (1460). Eigentümer des Freiheitsbriefes ist heute die Ritterschaft, die es als Art Gewerkschaft des Adels in Schleswig-Holstein noch immer gibt.

Wie mächtig diese „Pressure group" einst war, beweist ein Blick in den Freiheitsbrief, der im Schleswiger Landesarchiv aufbewahrt wird. Nicht nur, dass die schleswig-holsteinischen Verhandlungsführer von Ripen dem neuen Herrn die Zusage abtrotzten, dass Schleswig und Holstein stets vereint bleiben müssen, Christian verbriefte noch weitere ungemein wichtige Rechte. Dazu gehörte die Einrichtung eines zwölfköpfigen Rates aus Landeskindern, den der Herrscher über Krieg und Frieden mitentscheiden lassen musste. Noch wichtiger aber waren die Bestimmungen über die Wahl des Nachfolgers. Keine automatische Erbfolge sollte gelten, sondern die Stände, also Adel, Geistlichkeit und Bürger, erhielten das Recht, unter mehreren Erbberechtigten ihren neuen Landesherrn selbst zu wählen.

Das waren nur einige von vielen Zugeständnissen, die Christian als Gegenleistung für seine Wahl zum Oberhaupt von Schleswig und Holstein machte. Doch wer geglaubt hätte, die Wahlmänner wären mit dem Erreichten zufrieden gestellt, der unterschätzte das Verhandlungsgeschick der aus der Rüstung gestiegenen Ritter. Als nämlich Christian im April 1460 gen Süden reiste, um seine neuen Besitzungen zu inspizieren, da musste er auf Druck der adligen Großgrundbesitzer weiteres Entgegenkommen zeigen. Das Ergebnis sind die „tapferen", das heißt sehr wichtigen „Verbesserungen", datiert unter dem 4. April zu Kiel.

Das „Grundgesetz" für Schleswig-Holstein nennen die Landeshistoriker das damalige Verhandlungsergebnis. Der Vergleich ist richtig und falsch zugleich. Zwar blieb Schleswig-Holstein seither eine Einheit, doch innerhalb dieser wurde zwischendurch kräftig geteilt. Das begann schon dreißig Jahre nach dem Vertrag von Ripen und setzte sich später fort. Allerdings mit Zustimmung der Stände, so daß beide Seiten am schnellen Vertragsbruch Mitschuld tragen.

Als es für Schleswig und Holstein zwei Landesherren gab, erhielt nicht etwa jeder einen geschlossenen Landesteil, sondern hier ein Stückchen und da ein Teilchen. Das Ergebnis sah aus wie ein Flickenteppich. Diese Unübersichtlichkeit ließ sich aber sogar noch steigern.

Einige Landesteile verwaltete der dänische König direkt, andere der Herzog von Gottorf, und die dritten schließlich regierten beide zusammen. Um die Verwirrung zu vollenden, kam zeitweise dann noch ein dritter Landesherr hinzu, der auch etwas zum Regieren erhielt.

Daneben existierten mit besonderen Rechten die Hansestädte, und dann gab es noch ein Bistum, die Herrschaft Pinneberg und die querköpfigen Dithmarscher. Kurzum, Schleswig-Holstein glich einem verschachtelten Großunternehmen, dessen Teilhaber sich zeitweise in den Armen lagen und dann wieder bis aufs Messer bekämpften, früher noch im wahrsten Sinne des Wortes.

Doch hat diese Entwicklung eigentlich nur noch sehr bedingt etwas mit jenem königlich-adligen Kuhhandel im nach wie vor schönen dänischen Städtchen Ripen zu tun.

## „ROTER JOCHEN" – VON DER POLITIK ZUR KLEINKUNST

Gewiss hätte mancher Politiker den Kleinkunstpreis verdient, wirklich erhalten hat ihn bisher nur einer, nämlich Jochen Steffen (1922-1987). Allerdings wurde ihm diese einigermaßen offizielle Auszeichnung nicht für seine politische Tätigkeit verliehen, sondern für seine schriftstellerische und kabarettistische Begabung. Und damit ist eigentlich auch nicht Jochen Steffen gewürdigt, sondern Kuddl Schnööf, jener imaginäre Werftarbeiter vom Kieler Ostufer, der nicht hochdeutsch und nicht plattdeutsch spricht, sondern das haargenau dazwischen liegende Missingsch.

Und wenn Jochen Steffen, alias Kuddl Schnööf, vorwiegend im Monolog mit seiner Frau Natalje über grundsätzliche Themen dieser Welt räsoniert, etwa über den Missbrauch von Arzneimitteln, dann hört sich das wie folgt an:

Jochen Steffen

*„Öih, Macker, wennum hoitigen Tachs gesund lebm wiss, denn muß du auf Essen, Trinken und Luffholn verzichchen. Ischa allns voll von Schemie. Asso, noilich hat ein vonnie Schemiebosse in Pantoffelkino gesacht: ‚Wir ham das Giff in Griff!' Aber vielleicht isses scha auch umgekehrt. Hauptsache, die Schemie hat die Sachverständigen fess im Griff. Unnu is mein Nalalje von Teblettenfimmel erfaß, du. Da denk dir ma rein! Bei schede Tach- un Nachzeit beföhdert sie die Schietdingers mit ein gekonnten Schwung innie Speiseröhre. Noch'n büschen so weiter, un ihr schmeiß die Tebletten direck in Magen. Natalje sacht: ‚Pillen sünd konzentriäte Gesundheit! Ich könnte mich von sie ernährn!' – ‚Auf scheden Fall', sach ich, ‚ernährs du mit die Tablettenfresserei 'n ganzen fammazoitischen Konnzähn.'*

*Ich sach: ‚Natalje', sach ich, ‚es ischa die Frage, ob du mit all die Schluckerei nich die Innuschtrie gesund un diä krank machs! Du, das gibb Loite, die sagen: Tabletten sünd die Uäsache von die Krankheit, die sie bekämfen solln.'*

*Du, da kriechte Natalje Augen as ein paa Innuschtrickatoffeln, wurde rot an Kopp un weiß ummie Nase. Sie schluckt'n paa Tabletten gegen aufsteigenne Hizze oder so un sacht: ‚Ach du liebm heiligen Chott!'"*

Doch die aus Altersweisheit, vielleicht auch aus Resignation geborene Kunstfigur Kuddl Schnööf war nur die eine Seite des „roten

Jochen". Die andere Seite war der Marxist, der in seinen besten Zeiten mit dem politischen Gegner verbal Schlitten fuhr, dass die Funken sprühten. Steffen wollte die Welt verbessern, damit es allen gut gehe, notfalls sogar den Kapitalisten. In einem dicken Buch mit dem Titel „Strukturelle Revolution" hat er den „Weg zur Sonne" aufgeschrieben, doch selbst seine Jünger fanden sich schon nach der Lektüre von wenigen Seiten im ausweglosen Labyrinth wieder.

„Der Fisch stinkt am Kopf zuerst", pflegte Jochen Steffen zu sagen oder den guten Rat zu erteilen, ein Mensch, der sich beim Rasieren schneide, dürfe das Pflaster nicht auf den Spiegel kleben. Diese und viele andere Weisheiten, die Steffen erst als Journalist, später als Oppositionsführer im schleswig-holsteinischen Landtag und als SPD-Landesvorsitzender verbreitete, wurden stets mit Beifall und Heiterkeit belohnt, auch wenn sich der tiefere Sinn der Sprüche eher erahnen als verstehen ließ.

Zweimal, 1967 und 1971, nahm Jochen Steffen Anlauf im Wettkampf um das höchste Regierungsamt im Lande. Doch jedes Mal sprang er zu kurz, und der politische Gegner siegte mit seinen Kandidaten Helmut Lemke und Gerhard Stoltenberg.

Dann eben nicht, sprach daraufhin der „rote Jochen", nahm seine beiden Schusterhunde Kuddl und Hein an die Leine und den Golfschläger unter den Arm, schickte der SPD noch das Parteibuch zurück und ging mit den drastischen Worten des letzten Sachsenkönigs („Macht Euern Dreck alleene") ins Exil.

Zurück meldete sich dann Kuddl Schnööf als Mann von der Straße, der zu allen großen und kleinen Themen dieser Welt seine feste Meinung hatte – und zwar stets eine geistreiche, die zum Nachdenken anregte, zuweilen sogar auf höherer Ebene. Vergleichbar am ehesten mit Ludwig Thomas berühmten „Filser-Briefen".

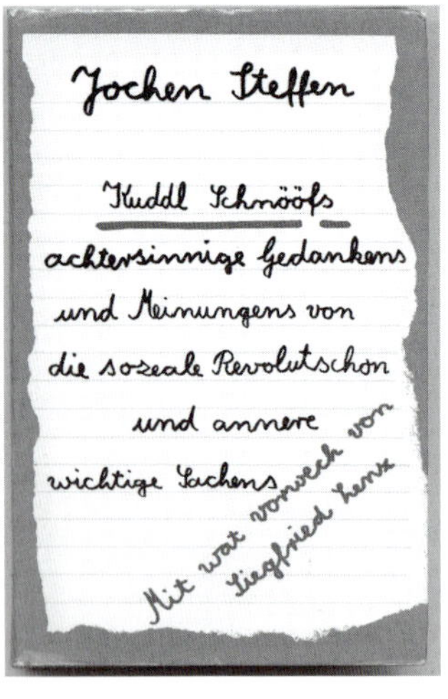


Ein ungewöhnlicher Buchdeckel

## RUNGHOLT – DIE STADT UNTER DEM WATT

*„Trutz, Blanke Hans*
*Heute bin ich über Rungholt gefahren,*
*Die Stadt ging unter vor sechshundert Jahren.*
*Noch schlagen die Wellen da wild und empört,*
*Wie damals, als sie die Marschen zerstört.*
*Die Maschine des Dampfers schütterte, stöhnte,*
*Aus den Wassern rief es unheimlich und höhnte:*
*Trutz, Blanke Hans."*

*„Ein einziger Schrei – die Stadt ist versunken.*
*Und Hunderttausende sind ertrunken.*
*Wo gestern noch Lärm und lustiger Tisch,*
*Schwamm andern Tags der stumme Fisch."*

Eine goldene Stadt soll Rungholt gewesen sein. Reich und mächtig wie das alte Rom? Der Überfluss soll die Bewohner gottlos und böse gemacht haben?

Die Sage schildert, was den Anlass für Rungholts Ende in jener „Groten Mandränke" anno 1362 war: Zechkumpanen wollten sich einen Spaß machen, legen eine mit Bier gefütterte Sau ins Bett und riefen den Pastor, damit er dem vermeintlich Totkranken die Sterbesakramente verabreiche. Als der Gottesmann den Frevel durchschaute, schlugen ihn die Trunkenbolde, nahmen den heiligen Kelch und entweihten ihn.

Noch in derselben Nacht kam das Meer und verschlang den sündigen Ort. Nur der Priester und einige Jungfrauen durften sich retten.

„Heut' bin ich über Rungholt gefahren, die Stadt ging unter vor 600 Jahren" dichtete Detlev von Liliencron, als er 1882 mit dem Dampfer von Husum nach Pellworm reiste und nährte mit seinen eingängigen Versen das Gerücht vom versunkenen Land.

Und nun steht man mit aufgekrempelten Hosenbeinen dort, „wo gestern noch Lärm und lustiger Tisch" herrschten und heute nicht einmal der stumme Fisch schwimmt. Weil nämlich Ebbe ist und statt Schwertfisch oder gar weißer Hai nur einige scharfkantige Muscheln die angeblichen Schätze sinnlos zu verteidigen suchen.

Doch gibt es überhaupt etwas zu schützen? Die Wattwürmer, die könnten Neuigkeiten aus dem Untergrund bringen, aber auch sie schweigen. Nichts deutet an diesem milden Sommertag auf eine versunkene Stadt hin. Oder fast nichts. Ein kopfgroßer Stein hebt sich aus dem platten Watt. Er ist zwar nicht golden, sondern grau, aber hat nicht gerade ein angeblicher Rungholt-Experte eine mittelalterliche Spange mit der frommen Aufschrift „Ave Maria gratia" unter einem Stein entdeckt? Robert Brauer war 20 Jahre Vogelwart auf Südfall, zugleich ist er Wattführer und Rettungswart und natürlich Rungholt-Experte. Er betrachtet den Stein und sagt: „Den hat das Eis gebracht, oder ein Lastschiffer hat ihn über Bord geworfen".

Echte Rungholt-Funde sind dagegen Tonscherben und Tierknochen, vor allem die großformatigen Ziegelsteine in dem kleinen Museum auf Südfall. Sie könnten erzählen, wie es war, als anno 1362 zwischen Riepen und Hamburg wohl an die 100 000 Menschen ihr Leben verloren und die Fluten nicht nur Rungholt, sondern mit Rungholt ganze Landstriche davon rissen.

Die angeblich goldene Stadt mit ihren vielleicht 2000 Bewohnern beflügelt noch immer die Phantasie der Nachwelt. Warum auch sollte das Titanic-Syndrom ein Einzelfall sein. Außerdem muss man nicht 4000 Meter in die Tiefe steigen, um die Überreste der Katastrophe zu entdecken. Der Untergang Rungholts hat nämlich an der Oberfläche erstaunliche Spuren hinterlassen.

Nur 50 Meter vom befestigten Rand der Hallig Südfall ziehen sich in gleichmäßigen Abständen eindeutig von Menschenhand angelegte Bodenmuster zum angrenzenden großen Priel. Von der vergan-

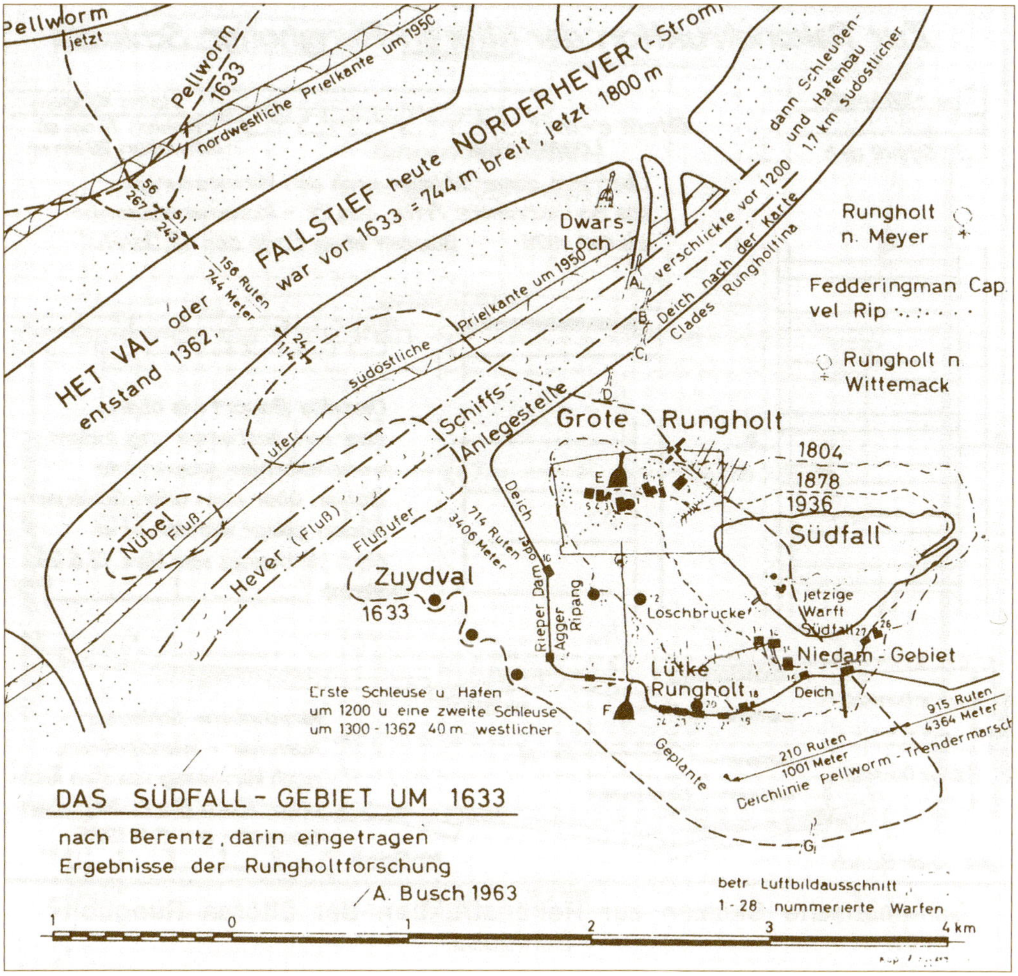




genen Woche scheinen sie zu stammen, doch es sind wirklich 600 Jahre alte Entwässerungsgräben. Von Bauern der Rungholt-Zeit auf dem Feld ausgehoben, mit Torf gefüllt und mit Marschenboden wieder abgedeckt. Es war eine perfekte Drainage, haltbarer als die heute verwendeten Plastikröhren.

Aber wo sind die Brunnenringe, die in keiner Rungholt-Darstellung fehlen? Und wo die viel zitierten Schleusenkammern?

Nichts ist trotz noch höher aufgekrempelter Hosenbeine zu fin-

Rungholt in der Phantasie des Zeichners Georg Leser

den, und den weiteren Weg Richtung England versperrt selbst bei Ebbe erst das Dwarstloch, und danach folgen bestimmt noch andere ähnlich abschreckend klingende Wasserbarrieren.

1990 habe er die hölzernen Schleusenkammern zuletzt gesehen, erinnert sich Robert Brauer. Dann hat sich eine wandernde Sandbank darüber gelegt. Und wie gewisse Himmelskörper im All verschwinden, um sich Jahrzehnte oder Jahrhunderte später wieder zu zeigen, so tauchen Rungholt-Reste von Zeit zu Zeit ab und sichern sich mit ihrer Rückkehr erneute Aufmerksamkeit.

Wie eine Art Haitabu müsse man sich Rungholt vorstellen, empfiehlt Robert Brauer draußen im Watt, wo man sich gar nichts vorstellen kann. Später zeigt er eine alte Zeichnung, die an einem winzigen Hafen eine Ansammlung kläglicher Hütten darstellt. So sollte man sich Rungholt denken.

Oder besser gesagt doch lieber nicht, weil damit die Phantasie gehemmt würde. Die aber wird überall im knöcheltiefen Watt zwischen den scharfen Muscheln verlangt. Wie sonst soll man sich vorstellen, dass auf einer knappen Erhebung am Rande des großen Priels einst ein Bauernhof gestanden hat. Ziemlich genau sechs Meter liegt das nicht mehr erkennbare Fundament unter dem höchsten Punkt der nahen Hallig Südfall, die jedes Jahr um einen Zentimeter wächst. In 600 Jahren sind das die besagten sechs Meter. Und damit wird wissenschaftlich erklärt, was Robert Brauer mit dem Satz meint: „Südfall ist ein Teil von Rungholt".

Das wiederum mag schon wieder verwirren, doch die vermeintlichen Rätsel lösen sich am besten mit hochgekrempelten Hosenbeinen am Rande des Dwarstlochs, wo vor der „groten Mandränke" feuchtes, aber festes Land lag, mit Rungholt und anderen kleinen Siedlungen.

Nachdem das Meer das Land mit Mensch und Tier verschlungen hatte, zeigte es Reue, begann wieder Neuland zu schaffen. Darunter

Brunnenreste im Wattenmeer erinnern an die versunkene Stadt

die heutige Hallig Südfall. 400 Hektar groß war sie einst, und kaum entstanden, begann die Nordsee wieder mit dem Abbau. Ganze 56 Hektar sind übrig geblieben. Auch nur deshalb, weil feste Steinkanten die Rückeroberung endgültig beendet haben.

Schiebt der Wanderer im Watt die zehn Zentimeter dicke Schlickschicht zur Seite, kommt fester Marschenboden zum Vorschein. Er würde für weitere Jahrhunderte konservieren, was die „grote Mandränke" von Rungholt und anderen Siedlungen übrig gelassen hat. Doch was soll ans Tageslicht gebracht werden? Vielleicht noch einige Ziegelsteine im großen Klosterformat, so wie sie in der Museumsecke auf Südfall zu sehen sind. Vielleicht auch noch einige Tonkrüge oder glasierte Schalen, die bestätigen, dass die Leute von Rungholt Fernhandel betrieben haben. Vielleicht sogar noch weitere Schmuckstücke, aus denen sich dieses und jenes deuten ließe.

Wer sich etwas Phantasie erhalten hat, der möge glauben, dass Rungholt tief unter dem Wattenboden noch mit Türmen und Häusern erhalten ist. Und wenn der Reiseführer die Geschichte überzeugend erzählt, vernimmt auch der aufgeklärte Urlauber noch deutlich Glockengeläut und das Stöhnen der auf ewig verdammten Seelen.

# S

## SCHIFFE – IM MOOR ÜBERLEBT

Solange Schleswig-Holstein am Wasser liegt, werden dort Schiffe gebaut. Mal mehr, mal weniger, je nach konjunkturellem Wellenschlag. Wer sich davon überzeugen will, dass das Schiffebauen eine Kunst ist, der besuche eine moderne Werft.

Wer dagegen ein aufregendes Seeabenteuer erleben will, der gehe ins Gottorfer Landesmuseum. Dort liegt das Nydam-Boot, und mit ein wenig Phantasie kann man hier die Zeitmaschine besteigen und 1600 Jahre in die Vergangenheit zurückreisen. Wie dies gelingt, ist einfach zu erklären: Man streiche mit der Hand über die Bordwand des tiefschwarzen hölzernen Kolosses, schließe dabei die Augen und öffne sie nach zehn Sekunden. Dann sieht man nicht mehr die nüchterne Museumshalle, in der dieser ungewöhnliche Fund seinen trockenen Hafen gefunden hat, man sieht nur noch das Boot, wie es durch das Wasser schießt: Fast 23 Meter lang, genau 3,26 Meter breit, aber nur einen Meter vom Kiel bis zur Bordkante messend. 45 Mann sitzen auf den Bänken, davon zerren 18 auf jeder Seite an den Rudern. Waffen, Ballast und Proviant machen das Fahrzeug 176 Zentner schwer.

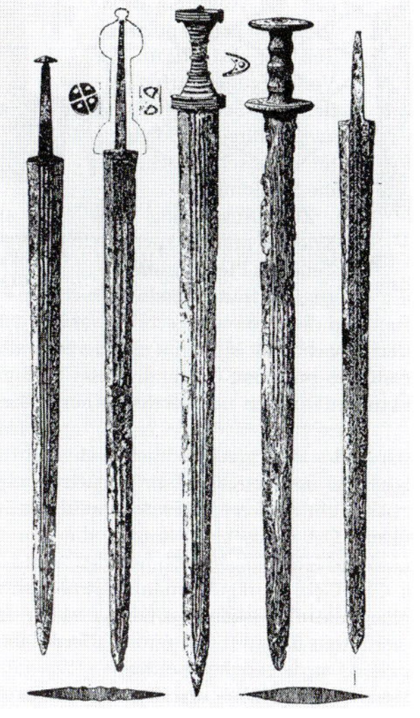

Eisenschwerter – in Nydam ausgegraben

Wen es in grauer Vorzeit über See getragen hat, ist unbekannt. Vielleicht waren es verwegene Männer aus Angeln, die nach Britannien übersetzten, um dort ihr Glück zu suchen. Dies wäre allerdings ein wirklich todesmutiges Abenteuer gewesen, denn das Schiff von Nydam war für damalige Verhältnisse zwar riesig, aber gleichzeitig instabil.

Auf den Laien wirken die nach wie vor festen Eichenplanken sehr solide, aber die Schiffbaustatiker haben errechnet, dass Boden und Kielplanke viel zu schwer sind. Das Boot lag daher zu tief im Wasser, und eine einzige unvorsichtige Bewegung eines Ruderers oder Passagiers hätte es zum Kentern gebracht. Doch nicht diese Konstruktionsschwäche war der Grund dafür, dass es am Westufer des heute dänischen Alsensunds auf dem Meeresgrund landete, sondern dafür sorgten einige bestens erhaltene, offenbar absichtlich in den schwarzen Schiffsrumpf geschlagene, faustgroße Löcher.

Das Nydam-Boot

Nach einem Sieg sei das Boot den Göttern geopfert worden, sagen die Wissenschaftler, und sie sollten es wissen, schließlich wurde der Ozeanriese aus germanischen Zeiten schon 1863 unter dem Garten der Familie Jörgensen entdeckt und anschließend auf dem Dachboden des Flensburger Gerichtsgebäudes wieder perfekt zusammengebaut.

Dieser merkwürdige Aufbewahrungsort war gleich aus mehreren Gründen ungünstig. So schlichen sich immer wieder Kinder auf den Boden, um mit dem Riesenspielzeug als Seeräuber ins Meer zu stechen. 1877 bauten die Wissenschaftler das Schiff wieder auseinander und transportierten die einzelnen Teile nach Kiel, wo in der alten Universität schon ein neuer Dachboden wartete. Wie stabil die germanischen Werftarbeiter gebaut hatten, erkennt man daran, dass das Boot schließlich auch noch den Umzug nach Gottorf unbeschadet überstand.

Was wohl von einem der gesunkenen oder auch „geopferten" neuzeitlichen Supertanker übrig geblieben sein wird, wenn ihn die Wissenschaft in 1600 Jahren wiederentdeckt und rekonstruiert ...

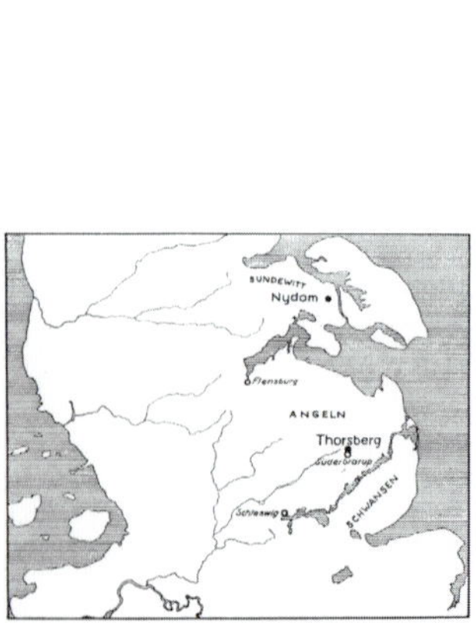


Die Fundorte

## SKANDALE – FALL MIT SPÄTFOLGEN

Ein ganzes Buch müsste an dieser Stelle beginnen, aber da bereits Stapel von Büchern zu der „Affäre Waterkantgate" geschrieben worden sind, folgt hier lediglich eine Anmerkung. Wer wissen will, wie diese Polit-Tragödie genau passiert ist und warum sie überhaupt passieren konnte, der bediene sich im Buchregal mit der entsprechenden Version. Es gibt die ganze und die halbe Wahrheit, es gibt die Drehbuch- und die Bühnenfassung, und wäre die Angelegenheit nicht so tragisch, gewiss würde sich auch noch das Musical der Story annehmen.

Vom Aufstieg und Fall des Uwe Barschel ist die Rede. Nie zuvor hat das Land Schleswig-Holstein derart weltweite Schlagzeilen gemacht wie im Herbst 1987, und die armen Nordlichter fühlten sich überhaupt nicht wohl in diesem grellen Rampenlicht. Warum musste ausgerechnet uns so etwas passieren, hörte man sie klagen. Sind unsere Politiker denn wirklich schlechter als die anderer Länder?

Natürlich sind sie es nicht, aber in dieser Affäre war nun wirklich einmal alles in einer Person vereinigt, was andernorts auf viele oder zumindest mehrere verteilt ist. Da war ein Mann zu schnell und in jungen Jahren auf zu mächtige Positionen aufgestiegen, er war der steilen Karriere charakterlich nicht gewachsen, und es hatte sich in seiner Umgebung jemand gefunden, der erst mitmachte beim schmutzigen Spiel um die Rettung der Macht und der dann auspackte.

Es gab genügend warnende Stimmen, die auf das drohende Unheil hingewiesen hatten, aber denjenigen, die etwas hätten ändern können, fehlte der Mut zum Handeln und zur innerparteilichen Opposition. Später, nach dem Fall, da gab es dann nur Helden, die schon immer gewarnt, schon immer Widerstand geleistet haben wollten. Man kennt das aus einer weiter zurückliegenden Vergangenheit.

Das einzig Erfreuliche an der betrüblichen Geschichte war das gemeinsame Bemühen aller politischen Kräfte, die Hintergründe der Affäre so weit wie möglich aufzuklären. So wurde aus dem politischen Bubenstück schließlich doch noch ein Lehrstück mit der Botschaft: Wer nach den Sternen greift, sollte die Leiter nicht auf morastigen Untergrund stellen. Das gilt für das „richtige" Leben, und das gilt ganz besonders für die Politik.

Bleibt die immer wieder gestellte Frage, ob Uwe Barschels schauriges Ende in Genf vielleicht doch von Mörderhand besorgt wurde?

Die abenteuerlichsten Spekulationen sind darüber zwischen dünnen und dicken Buchdeckeln veröffentlicht worden, und neue „Enthüllungen" werden folgen.

Aber die Beweise für die – auch von der Familie Barschel kräftig unterstützten – Mordthesen sind kläglich und an den Haaren herbeigezogen. Wer miterlebt hat, wie Uwe Barschel sein politisches Leben inszeniert hat, für den kann es keinen Zweifel geben, dass auch beim Ende im Zimmer Nr. 317 des Genfer Hotels Beau Rivage Täter und Opfer identisch waren.

Doch mit dem tragischen Ende der Hauptperson war nur der erste Teil der Polit-Affäre abgeschlossen. Die Fortsetzung begann Anfang 1993, als bekannt wurde, dass der damalige Sozialminister Günther Jansen ausgerechnet Barschels Gehilfen Reiner Pfeiffer mit einer 40 000-Mark-Spende aus der eigenen Schublade unter die Arme gegriffen hatte.

Welch ein Aufschrei der Empörung ging da durch die Parteireihen, und obwohl der inzwischen zum SPD-Bundesvorsitzenden aufgestiegene Ministerpräsident Björn Engholm zunächst wohl wirklich glaubte, seinen langjährigen Wegbegleiter im Amt halten zu können, musste er unter dem Druck der öffentlichen Meinung erst Jansen opfern und wurde anschließend auch selbst von der eigenen Vergangenheit eingeholt.

Dass er vor dem ersten Untersuchungsausschuss des Kieler Landtags bei einer Banalität die Unwahrheit gesagt hatte, ahnten viele, aber das zweite Untersuchungsgremium brachte dann die

Wahrheit an den Tag, und Engholm zog sich am 3. Mai 1993 aus allen Ämtern zurück.

Wieder blickte die Welt nach Schleswig-Holstein und wunderte sich über die „Nordlichter". Nehmen kein Geld von Amigos, sondern geben es ihren Gegnern? Sagen die Unwahrheit, wo keinerlei Anlass bestand, etwas zu verbergen? Welch merkwürdige Sitten herrschen da oben kurz vor der Grenze zum ewigen Eis.

## SPRACHEN – „PLATT“ HEISST „KLAR UND DEUTLICH“

Wenn sich Schleswig-Holsteiner unterhalten, dann kann sie jeder Deutsche verstehen. Ein Sachse ebenso wie ein Bayer oder ein Schwabe. Der Raum Hannover, wo sich die Hochburg der deutschen Sprache befinden soll, liegt eben ziemlich nahe. Schwieriger wird es mit der Verständigung allerdings, wenn „Platt“ gesprochen wird.

Um mit einem Irrtum aufzuräumen, bevor er sich breit macht, sei darauf hingewiesen, dass die Bezeichnung „Platt“ für das Niederdeutsche nichts damit zu tun hat, dass Norddeutschland ein geographisch plattes Land ist. Das Wort kommt vielmehr aus dem niederländischen Sprachraum und bedeutet so viel wie „klar, deutlich, für jedermann verständlich“. Dieser ursprüngliche Sinn entspricht nach wie vor der Sprachwirklichkeit.

Jemand, von dem man es nicht erwartet, hat sehr Zutreffendes über „die Sprache des Meeres“ gesagt. Es war der geistreiche Zyniker Kurt Tucholsky. In seiner literarischen Sommerliebe „Schloss Gripsholm“ liest man im dritten Kapitel, als der Zug mit dem Urlauber Tucholsky gerade Richtung Schweden abgefahren ist: „Das Plattdeutsche kann alles sein: zart und grob, humorvoll und herzlich, klar und nüchtern und vor allem, wenn man will, herrlich besoffen ...“

Ja, so ist es, man kann „so'n Schiet“ sagen, und es klingt doch hochanständig, und auch wenn die Bilder drastisch sind, wirken sie nie ordinär. „Mit Gewalt kannst keen Bullen melken“ darf in der feinsten Gesellschaft gesagt werden.

Wer platt spricht, der benutzt dazu nicht in erster Linie den Kopf, sondern vorwiegend das Herz. Daraus wächst rasch Kontakt über alle Standesgrenzen hinweg. Außerdem machen sich Verständnis und Gemütlichkeit breit, diese soziale Komponente des Plattdeutschen hat seit einiger Zeit auch die Werbung entdeckt.

Wenn zum Beispiel ein Politiker besonders volksnah wirken will, dann baut ihm sein Ghostwriter schon einmal eine plattdeutsche Formulierung in die Wahlkampfrede ein. Nun nimmt es niemand einem

Fritz Reuter

Redner sonderlich übel, wenn er ein fremdsprachiges Zitat mit Dithmarscher oder Lübecker Akzent ausspricht, aber wehe, die leutselig angebotenen plattdeutschen Lebensweisheiten werden mit klar erkennbarem hochdeutschem Zungenschlag ausgesprochen. Dann geht ein unwilliges Raunen durch den Saal. „Mien Gott, he kann keen Plattdüütsch mehr, un he versteiht uns nicht", heißt es sogleich in Anlehnung an den norddeutschen Bänkelsänger Knut Kiesewetter.

Auf die nahe liegende Frage, wie viele Schleswig-Holsteiner Plattdeutsch verstehen, gibt es offizielle Auskunft mit einem überraschenden Resultat: Sprachwissenschaftler haben bei einer Umfrage festgestellt, dass 93 Prozent der über achtzehn Jahre alten „Nordlichter" Plattdeutsch verstehen und 47 Prozent es gut oder sogar sehr gut sprechen können. Dieses Ergebnis ist insofern erstaunlich, als das Plattdeutsche lange Zeit als die Sprache der armen Leute galt, und viele Eltern Wert darauf legten, dass ihre Kinder zumindest außerhalb des Hauses das angeblich feinere Hochdeutsch benutzten. Mit der Begründung: „Dat de Lüüd uns nich so ankiekt." Die Folge davon war, dass aus der „Muttersprache" Plattdeutsch allmählich eine „Oma-und-Opa-Sprache" wurde.

Als das alternative Leben auf dem Lande in Mode kam, geriet in den 70er Jahren auch in Norddeutschland das Plattdeutsche wieder in den Aufwind. Sogar die so genannten gebildeten Kreise „snacken platt", halten sich Hühner und essen unter dem renovierten Reetdach selbst gebackenes Bauernbrot.

Mit Klaus Groth, Fritz Reuter und etwas später Johann Hinrich Fehrs ist seit der Mitte des 19. Jahrhunderts zwar auch das schriftliche Niederdeutsch zu neuen literarischen Ehren gekommen, aber die Zeiten, als das Niederdeutsche Hoch- und Schriftsprache zugleich war, liegen doch gut vierhundert Jahre zurück. Mit der Reformation begann der Siegeszug des Hochdeutschen, und das „Platt" wurde zur Mundart degradiert.

Zuvor, genauer gesagt vom 13. bis 16. Jahrhundert, befand sich die Sprache der „Nordlichter" durchaus in feinster Gesellschaft. Es war dies die Zeit der „Hanse", mit der heimlichen Hauptstadt Lübeck. Die an der Trave, in Brügge, Nowgorod oder in Bergen ansässigen Kaufleute mussten sich in ihren Briefen, Bestellungen und Rechnungen unmissverständlich ausdrücken können. Das taten sie im klassischen Mittelniederdeutsch, der so genannten „Hansesprache". Eines ihrer Kennzeichen waren die „gerundeten Vokale". Der Freund hieß „Vründ", das Silber „Sülver", der Dritte „Drüdde". Ein literarisches Denkmal hat der „Hansesprache" Thomas Mann in seinem Lübecker Buddenbrook-Roman gesetzt. Dort heißt es über die ehrwürdige Madame Buddenbrook: „‚Immer' sprach sie wie ümmer aus."

Womit eindeutig bewiesen ist, dass feine Leute noch vornehmer wirken, wenn sie Dialekt sprechen.

Hier wäre also die schleswig-holsteinische Sprachlehre beendet, gäbe es nicht die Friesen. Sie pflegen bis heute ihre eigene Sprache, die aus nicht weniger als neun verschiedenen Mundarten besteht. Davon werden sechs auf dem Festland zwischen Husum und der dänischen Grenze und die restlichen drei auf den Inseln Sylt, Föhr, Amrum und Helgoland gesprochen.

Doch damit die Verwirrung vollständig wird, sei darauf hingewiesen, dass die Friesen dreisprachig sind. In der Familie verwenden sie die friesische Mundart, im Umgang mit Nachbarn oder am Arbeitsplatz spricht man Plattdeutsch, und wenn es offiziell wird, also etwa bei einer Behörde oder auch im Schriftverkehr, kommt das Hochdeutsche zum Zug.

Johann Hinrich Fehrs

Das Friesische gilt neben dem Isländischen als eine Sprache, in der das urgermanische Element noch besonders rein erhalten ist. Es gleicht folglich in etwa der Fußspur eines Dinosauriers; damit man versteht, was gemeint ist, als Beispiel ein Liedtext:

*De Frasche as enfräen Mon,*
*De ai san Neeke bie kond*
*He altids to ham selew hiird*
*En Slaven het ham niemen liird*
*Derfor, so long we Frasche sann,*
*Fra Fölk en niemens Slaw we wese wan.*

*Übersetzung:*
*Der Friese ist ein freier Mann,*
*Der nicht seinen Nacken beugen kann.*
*Hat immer zu sich selbst gehört*
*Und Knecht sein hat niemand ihn gelehrt;*
*Deshalb, solange wir Friesen sind,*
*Freie Leute und niemands Knecht wir wollen sein.*

## STORM – VOM ADVOKATEN ZUM DICHTER

Was Amerika kann, das können wir schon lange, sagten sich die Schleswig-Holsteiner und schufen sich ein literarisches Zentrum an der Ostküste und ein zweites an der Westküste. Zwar jeweils nur mit einem einzigen Star-Dichter besetzt, aber die Menge allein macht es bekanntlich ja nicht.

Hier Thomas Mann, dort Theodor Storm. Und wer von beiden auf Dauer berühmter ist, lässt sich wahrscheinlich erst in 500 Jahren beantworten.

Ziemlich sicher ist jedenfalls, dass mehr Menschen den „Schimmelreiter" als die „Buddenbrooks" kennen, in Schleswig-Holstein ebenso wie in China, Japan oder Amerika. Die Spuk-Story hinter und auf dem Deich ist schließlich eine unheimliche Geschichte. Dass sie auch noch in mehreren Fassungen mit berühmten Hauptdarstellern verfilmt wurde, hat ihre Popularität zusätzlich erhöht, und selbst viele Schleswig-Holsteiner halten den Schimmelreiter Hauke Haien für eine historische Gestalt. Sogar ein Koog ist nach ihm benannt.

Dabei hat es ihn wirklich nie gegeben, jenen sagenhaften Deichgrafen aus dem nordfriesischen „Nationalepos", Theodor Storm hat ihn aus einem halben Dutzend Vorbildern zusammengesetzt. Ein gewisser Johann Claussen Rollwagen aus den Niederlanden soll zur Erbmasse gehören, außerdem der Franzose Jean Henry Desmercières, nach dem auch ein Koog benannt ist, dessen Namen die Nordfriesen aber trotz mehr als 200-jähriger Übung bis heute nur mühsam über die Lippen bringen, zumal sie Wörter dieser Länge ohnehin nicht lieben.

Jüngste Nachforschungen haben nun aber das beruhigende Ergebnis gebracht, dass auch ein Friese von echtem Schrot und Korn für die berühmteste Romangestalt Modell gestanden hat. Er hieß Hans Momsen, lebte von 1735 bis 1811 im nordfriesischen Fahretoft, hatte so gut wie keine Schulbildung genossen und war doch so etwas wie ein Universalgelehrter, zugleich ein Tüftler, der vom Deichbau ebenso viel verstand wie von der hohen Mathematik. Er war einer, der sich hochgearbeitet hatte, ein Hauke Haien also, der genau berechnete, dass Deiche nicht steil vor das Meer gebaut werden dürfen, sondern ein flaches Profil benötigen, auf das sich die „Mordsee" beim Angriff gegen das Land totlaufe.

Man muss sich ohnehin wundern, warum die ansonsten wirklich gewitzten Nordfriesen fast tausend Jahre lang Deiche gebaut hatten, über die der „Blanke Hans" nur lachen konnte. Noch in Theodor Storms Jugend gab es jene mit Balken abgestützten, etwa zwei Meter hohen und seewärts gerichteten Bretterwände, die mit fettem Marschboden angeschüttet waren und von jeder größeren Sturmflut hinweggefegt wurden.

Theodor Storm

Mit Hauke Haien, alias Hans Momsen, Jean Henry Desmercières und Johann Claussen Rollwagen kam dann die große Deichreform, und wenn sie weit über den Küstenrand hinaus bekannt geworden ist, dann durch Theodor Storm. Dessen Karriere war kaum minder wechselhaft als die des fiktiven Hauke Haien. Ganz im Gegensatz zum Lebenslauf seines Ost-Küsten-Pedants Thomas Mann blieb Theodor Storm allen Ausbruchversuchen zum Trotz ein Sohn der „Grauen Stadt am Meer", und gegen dieses urlaubsfeindliche Image wird der örtliche Fremdenverkehrsverband wohl auf ewige Zeiten vergeblich kämpfen. Aber dafür hat Storm sein Husum schließlich durch den um die Welt galoppierenden Schimmelreiter unsterblich gemacht. Den kleinen Schönheitsfehler an der Geschichte verschweigen die Husumer auch schon einmal, denn sein bekanntestes Werk schrieb Theodor Storm in der Fremde, in Hademarschen. Dieser Marktflecken liegt zwar nur eine Autostunde von Husum entfernt, aber als Storm 1880 seine Geburtsstadt verließ, fuhr man schließlich noch mit der Pferde-Kutsche oder mit der Eisenbahn, und da waren achtzig Kilometer beinahe eine Weltreise. Doch der damals 63-jährige wollte schließlich „aussteigen", den Staub der Provinz abschütteln, den lästigen Dienst als Amtsrichter quittieren, noch einmal ein neues Leben beginnen, nur dichten und mit seinesgleichen verkehren. Aber ausgerechnet in Hademarschen?

Dieser Fluchtversuch erinnert stark an Joachim Ringelnatz' berühmte Ameisen, die von Hamburg aus zur Weltreise nach Australien aufbrachen; aber:

*„Bei Altona auf der Chaussee,*
*da taten ihnen die Beine weh,*
*und da verzichteten sie weise,*
*auf den letzten Teil der Reise."*

Theodor Storm war nun einmal der Dichter der Westküste, und Hademarschen, wo er sich seinen Alterssitz baute, bildete so etwas wie einen Kompromiss. Die kleine Ortschaft lag von der Nordsee zwar entfernt, aber doch wieder nah. Noch einmal in die Fremde ziehen? Nein, die Aussichten lockten ihn nicht.

Im Jahre 1852, rund acht Jahrzehnte bevor Thomas Mann, der Dichterfürst der Ostküste, von den braunen Machthabern in die Emigration getrieben wurde, hatte auch Theodor Storm aus politischen Gründen seine Heimat verlassen müssen. Damals unterstand das Herzogtum Schleswig der dänischen Krone, und nachdem die Schleswig-Holsteiner mit Waffengewalt den Aufstand geprobt hatten und besiegt worden waren, erhielt neben anderen prominenten Befürwortern des Freiheitskampfes auch der dichtende Anwalt Storm Berufsverbot. Somit blieb ihm nur die Emigration ins „Ausland", in die preußische Hauptstadt Berlin.

Man hätte meinen können, der politisch aufmüpfige Intellektuelle von der Küste wäre mit Begeisterung in die große Welt gezogen. Aber das war nicht der Fall. Storm lebte erst wieder auf, als er 1864 nach dem preußisch-österreichischen Sieg über Dänemark in sein Husum zurückkehren konnte. Dort wurde er sogar Landvogt und stand damit auf der obersten Stufe der Honoratioren-Leiter.

Jetzt wäre es eigentlich an der Zeit gewesen, um sein „Nordfrieslandepos" vom Schimmelreiter und vom ewigen Kampf der Marschbevölkerung gegen die wilde Natur in Angriff zu nehmen. Entspre-

Nach der Flucht – Storms Alterswohnsitz in Hademarschen

chende Pläne spukten zwar auch schon in seinem Kopf, doch zur Feder griff Storm erst, nachdem er sich von der Küste abgesetzt hatte.

Ein schon kranker Mann machte sich in dem neuen, bieder gestalteten Haus in Hademarschen an die Arbeit, quälte sich mit diesem wuchernden Thema, konnte nur durch eine Notlüge seiner Ärzte zum Weiterschreiben bewegt werden, und kaum hatte sich Hauke Haien mit seinem Schimmel in die reißenden Fluten gestürzt, da war auch Theodor Storms Leben beendet.

Zu dieser Zeit besuchte in Lübeck ziemlich lustlos der 13-jährige Thomas Mann das „Katharineum", saß vielleicht sogar in der gleichen Bank, die mehr als fünfzig Jahre vorher Theodor gedrückt hatte. Damit ist die Suche nach möglichen Gemeinsamkeiten aber auch schon erschöpft. Zwar hat sich Thomas Mann sehr wohlwollend über den Kollegen Storm vom Westufer geäußert, ihn in gewissem Sinne sogar als literarisches Vorbild bezeichnet, aber wären die beiden bürgerlichen Honoratioren aufeinander getroffen, hätten sie sich wohl nicht allzu viel zu sagen gehabt.

Deichbau und Spukgeschichten, das war nicht Thomas Manns Metier, während andererseits Theodor Storm mit der distanzierten Ironie des Hanseaten sicherlich nicht sonderlich viel anzufangen gewusst hätte.

Aber wen darf das fehlende Verständnis wundern, liegen zwischen Lübeck und Husum doch nicht nur literarische Welten ...

## STRUENSEE – BEKANNT AUS FILM UND FERNSEHEN

Kein Drehbuchautor hätte sich eine bessere Story ausdenken können: Armer Landarzt steigt zum Leibmedicus seines Königs auf, übernimmt nicht nur das Regieren, sondern auch die Königin, wird von neidischen Nebenbuhlern entmachtet und durch Justizmord aus dem Weg geschafft. Der schnelle Aufstieg und das schaurige Ende des Johann Friedrich Struensee ist allerdings mehr als eine filmreife Episode in der an Merkwürdigkeiten nicht gerade armen dänisch-schleswig-holsteinischen Geschichte. Wie so viele politische Affären gewährt auch dieser Fall einen besseren Blick auf das Umfeld der Macht als manche historische Darstellung.

Im Jahre 1758 wird Struensee so etwas wie Amtsarzt für den Raum Altona und Pinneberg. Dieser Posten bringt zwar kaum Geld, aber viel Erfahrung, denn der Zustand des Gesundheitswesens kann zu diesem Zeitpunkt nur als katastrophal bezeichnet werden. Erst zwei Jahre waren seit der letzten Hexenverbrennung auf deutschem Boden vergangen, und auch im medizinischen Bereich war der Aberglaube weiter verbreitet als das Wissen. Eine Ausnahme bildete der gerade 20-jährige Struensee. Er wusste mehr als seine Kollegen und ließ sie es auch merken. Doch damit macht man sich bekanntlich keine Freunde.

Seine medizinischen Erfolge sprachen sich schnell herum, und als „sein" König Christian VII. 1768 eine Reise durch Deutschland, England und Frankreich antrat, wurde Struensee als inoffizieller Leibarzt in die Delegation aufgenommen. Damit hatte er einerseits den Fuß in die Tür zur Macht gestellt, gleichzeitig aber auch ein Himmelfahrtskommando übernommen, denn Majestät waren leider nicht ganz richtig im Kopf, und zwar mit steigender Tendenz.

Das Erbe eines trunksüchtigen Vaters (Friedrich V.) und zusätzlich einer Inzucht zwischen dem britischen und dem dänischen Königshaus (Christians Mutter war eine Tochter George II.) ließen sich bald nicht mehr verheimlichen. Der junge König pflegte nämlich seine

Eskapaden und Scherze mit Vorliebe in aller Öffentlichkeit zu treiben. Dass er nächtliche Sauftouren durch Kopenhagen veranstaltete, wäre vielleicht noch als volkstümlich angesehen worden, doch nebenbei schlug er auch möglichst alle Fensterscheiben ein, an denen er vorbeikam, und wenn er damit fertig war, prügelte er sich mit jedem, der ihm begegnete. Zu seiner Lieblingsbeschäftigung gehörte es außerdem, bei Hinrichtungen und Folter zuzusehen, nachdem er zuvor die Strafe persönlich verschärft hatte.

Zur Kategorie der eher harmlosen Späße zählte noch die feierliche Beförderung seines Lieblingshundes „Gourmand" zum Konferenzrat oder das Zuckerattentat auf seine Großmutter, an die er sich beim festlichen Essen von hinten anschlich, ihr den Inhalt der Zuckerdose auf den Kopf goss und lächelnd fragte, ob er nicht ein ganz Süßer sei.

Johann Friedrich Struensee

Im heutigen Zeitalter der gut entwickelten Kinderpsychiatrie hätte man vielleicht noch etwas retten können, aber mit der Verpflichtung von Detlev Reventlow als Erzieher (er war Haustyrann von Emkendorf und vier weiteren Gütern) wurde auch die allerletzte Chance vertan, aus dem erblich vorbelasteten Christian vielleicht doch noch einen brauchbaren Monarchen zu machen. Schließlich waren im schon immer gemütlichen Kopenhagen die Ansprüche an den Herrscher nie besonders groß.

Man braucht kaum zu erwähnen, dass ein dynamischer und ehrgeiziger Typ wie Struensee, dem die Historiker stets etwas „Dämonisches" anhängen, mit dem kranken Christian leichtes Spiel hatte. Es dauerte jedenfalls nicht lange, da war der Leibarzt zum heimlichen Herrscher aufgestiegen. Hätte er seinen Einfluss in Maßen genutzt, vielleicht wäre der dänische Hof sogar zum Hort der Liberalität und Aufklärung geworden, und die gesamte schleswig-holsteinische Geschichte hätte einen anderen Verlauf nehmen können, doch der in die große Politik verschlagene Medicus war maßlos in seinem Reformeifer. Er wollte alles zugleich und möglichst auch sofort durchsetzen.

So befahl er, nur noch Orden an wirklich verdiente Mitbürger auszuteilen, er ordnete Abrüstung an, weil Dänemark bis über die Ohren verschuldet war, er verbot, dass wichtige Staatsämter an unfähige Männer vergeben wurden, er ließ Fabriken schließen, weil sie unrentabel arbeiteten und Festtage abschaffen oder auf den nächsten Sonntag verlegen, „weil sie mehr zum Müßiggang und zu Lastern als zum Gottesdienst benutzt wurden". Er setzte durch, dass Begräbnisse nur noch nachts zwischen ein und sechs Uhr stattfinden sollten, weil namentlich der Adel bei Trauerfeierlichkeiten einen geradezu aufreizenden Prunk veranstaltete und damit mehr die eigene Eitelkeit als die Verehrung für den Dahingeschiedenen dokumentierte. Daneben nahm er tief greifende Reformen im Gesundheitswesen, in der Justiz und im Erziehungsbereich in Angriff.

Man hätte meinen können, Struensees Mitbürger im noch sehr großen dänischen Reich hätten ihn als ihren Helden auf die Schultern gehoben und gegen jegliches Unrecht in Schutz genommen. Aber das Volk war damals nicht das, was es heute ist. Man denke auch an Uwe Jens Lornsen, der noch sechzig Jahre später mit seinen fortschrittlichen Ideen von den eigenen Landsleuten im Stich gelassen wurde.

Für die Dänen des Jahres 1772 war Struensee „der Deutsche", der den armen König drangsalierte, ihm auch noch Hörner aufsetzte und der alles auf den Kopf stellen wollte, was sich eigentlich bewährt hatte.

In Wirklichkeit hatte das Volk nicht einmal so weit gedacht, sondern sich von Struensees Neidern einreden lassen, was es denken sollte. Das Volk wollte vor allem wieder einmal ein richtiges Fest, und dazu gehörte nun einmal eine Hinrichtung, keine gewöhnliche, in deren Rahmen jemand ordentlich vom Leben zum Tod befördert wurde, sondern ein möglichst grausames Schauspiel.

Die Vorbereitungen dafür wurden in der Nacht zum 17. Januar 1772 getroffen, als Struensee im Anschluss an einen fröhlichen Maskenball auf Schloss Christiansborg gegen 3 Uhr morgens von den Verschwörern aus dem Bett geholt und ins Gefängnis geworfen wurde. Erst eine Stunde später zwangen die den Aufstand probenden Offiziere den König zum Unterschreiben des Haftbefehls (auch gleich gegen die Königin, die später nach Celle verbannt wurde). Der folgende Prozess war dann nur noch eine Formsache.

Am 28. April konnte zu Kopenhagen das versprochene Fest stattfinden. 30 000 waren gekommen, und ihnen wurde wirklich etwas geboten, denn eine Doppelexekution stand auf dem Programm: Erst wurde Struensees Freund Enevold Brandt geköpft und gevierteilt, dann der Hauptschuldige auf gleiche Weise in Stücke geschlagen.

„Niemals ist auf dem Welttheater eine furchtbarere Tragödie aufgeführt worden, als diejenige, die den Namen des Grafen Johann Friedrich von Struensee trägt", schrieb der Schleswig-Holsteiner Friedrich Hebbel.

König Christian VII. von Dänemark

Es waren vor allem die eigenen deutschen Landsleute, die Struensee ans Messer geliefert hatten. In erster Linie dadurch, dass sie Stimmung gegen „den Deutschen" machten, indem sie den (nicht ganz unberechtigten) Vorwurf erhoben, Struensee habe den armen dänischen König entmachtet. Nach der Bluttat im Namen des Volkes ergab sich wieder einmal das Dilemma des Zauberlehrlings, der die Geister nicht loswerden konnte, die er zuvor gerufen hatte. Die antideutsche Haltung vieler Dänen war mit der Beseitigung Struensees nämlich nicht verflogen, sondern steigerte sich und mündete schließlich in die kriegerischen Auseinandersetzungen zwischen Dänemark und den Herzogtümern.

Der arme kranke Christian saß derweil an der königlichen Tafel und bewarf seinen Hofstaat mit Brotkügelchen. Das tat er noch bis 1808, als er bei einem Besuch in Rendsburg endlich starb.

## SYLT – VOM RUBENSMODELL ZUM STRICHMÄNNCHEN

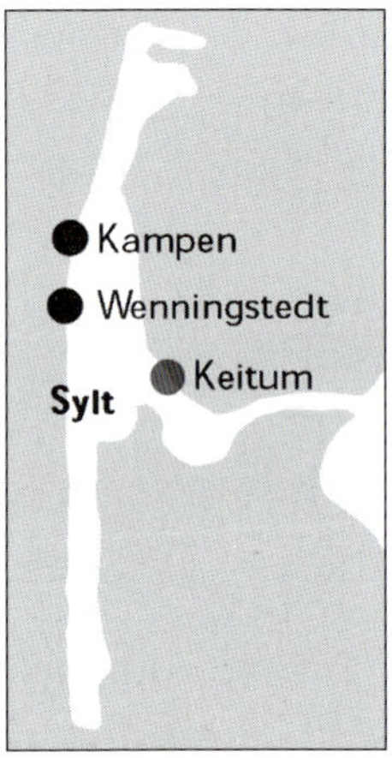


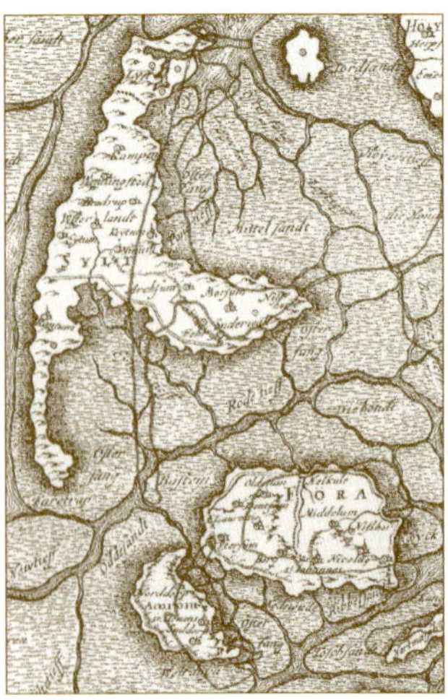

Die „dralle" Insel auf einer Karte von 1652. Darüber die heutige magere Form

Die Angriffe kommen von Land und von der See zugleich: Der „Blanke Hans" hat es auf den Bestand der Insel abgesehen, zusätzlich kratzen die Klischee-Produzenten am Image von Sylt. „Insel der Nackten und der Reichen", „nächtliche Spielstätte der Playboys" und „Landeplatz des Jetset", so lauten einige Nah- und Ferndiagnosen.

Und was daran wahr ist?

Wie so oft bestimmen Minderheiten das Gesamturteil. Natürlich gibt es Leute mit Geld auf der Insel, unter den Bewohnern wie unter den Gästen. Die Mehrheit in beiden Gruppen aber träumt nur vom großen Geld. Es gibt auf Sylt auch Playboys oder was immer darunter zu verstehen ist. Und am FKK-Strand trifft man auf Mitbürger, die der irrigen Ansicht sind, sie seien von Kopf bis Fuß so schön, dass dieser Anblick nicht durch Kleidung verdorben werden sollte.

Also ist Sylt in Wirklichkeit ein ganz normaler Urlaubsort, in den sich nur einige Exoten zu verlaufen pflegen?

Ganz so einfach kann man sich die Erklärung des Phänomens Sylt doch nicht machen. Natürlich ist es kein Zufall, dass Sylt immer wieder die Schlagzeilen beherrscht und die Inselnachbarn Amrum und Föhr publizistisch in den Schatten stellt, obwohl doch beide von der Natur nicht weniger reizvoll ausgestattet worden sind. Der Hauch der kleinen Sünde und der großen weiten Welt streicht nun einmal nur über Sylt.

Vielleicht haben dafür die dort einst ansässigen Seeräuber gesorgt, vielleicht wird die Phantasie auch durch die Vorstellung beflügelt, auf einem Vulkan zu tanzen. Stirbt Sylt? So heißt nämlich nach jedem größeren Wellenschlag die monotone Frage der berufsmäßigen Pessimisten, worauf die Optimisten ebenso stereotyp versichern, die Insel werde ewig leben. Die Frage ist allerdings: in welcher Form, und das ist durchaus wörtlich gemeint.

Alte Karten zeigen Sylt noch als wohlbeleibtes Rubensmodell, während heute nur noch ein Strichmännchen übrig geblieben ist, das sich mit einem dünnen Arm wie Hilfe suchend an das Festland klammert.

Badenixen auf Sylt

Seit Jahrzehnten führen die Küstenschutzexperten einen aussichtslosen Kampf gegen Wellen und Strömungen. Zunächst bauten sie lange Rampen ins Meer und hofften, der „Blanke Hans" werde sich vor Ankunft an der Strandlinie totlaufen. Doch der lacht nur brüllend und höhnisch und reißt sich weitere Stücke aus dem Inselkörper.

Danach versuchte man es mit tonnenschweren Beton-Ungeheuern, Tetrapoden, die ihre mächtigen Beinstummel ineinander verkrallten. Doch wieder war das Meer der Stärkere. Nachdem gewaltsamer Widerstand keinen Erfolg gebracht hatte, sollte der Moloch Nordsee dadurch gefüttert werden, dass man ihm freiwillig zum Fraß vorwarf, was er sich zuvor gewaltsam vom Sylter Strand geholt hatte, nämlich Sand.

Viele Millionen Kubikmeter wurden und werden draußen im Meer angesogen und vor die bröckelnden Strände gespült. Über Erfolg oder Misserfolg dieser Fütterungsaktion wurde noch gestritten, als schon neue Rettungspläne auf dem Tisch lagen. Ein künstliches Riff müsste geschaffen werden, wird empfohlen, und sogar weitere Schutzdämme vom Festland sind immer wieder einmal im Gespräch.

Wä chter vor dem Damenstrand

Dass durch diese Nabelschnüre auch manches Übel auf die „Königin der Nordsee" gezogen wird, zeigt sich an dem 1927 vom Namensgeber Hindenburg höchstpersönlich dem Verkehr übergebenen Eisenbahndamm. Fünf Jahre später wurde an den Personenzug erstmals ein mit Autos beladener „Anhänger" gekoppelt. Inzwischen wird fast eine halbe Million PKW pro Jahr über den elf Kilometer langen Schienenstrang auf die Insel geschafft. Die Folge ist, dass man in Westerland zur sommerlichen Rushhour eine ähnliche Verkehrsdichte wie auf dem Kurfürstendamm erlebt. Und mit den Rädern rollt der Rubel, keine andere Strecke dieser Größenordnung ist für die Bundesbahn ähnlich Gewinn bringend.

Was wohl einer der Stammväter des See- und Heilbades Westerland sagen würde, wenn er sehen könnte, wie sich die verträumte Inselgemeinde entwickelt hat, seitdem im Jahr 1855 ein Fräulein Feddersen auf Krücken vom Festland anreiste und, durch das gute Klima geheilt, tanzend wieder zurückfuhr. Ein solches Wunder musste sich herumsprechen und geradezu notgedrungen zur offiziellen Gründung eines Seebades führen.

Zu diesem Zweck bildeten mehrere Sylter Bürger eine Aktiengesellschaft und errichteten auf einer Koppel ein geräumiges Haus mit Lesezimmer, Billardraum und Speisesaal. Schon in der ersten Saison kamen 263 Gäste, so daß Erweiterungsbauten erforderlich wurden.

Der damals auch für Sylt zuständige dänische König Friedrich VII. gab seine Zustimmung für das sündige Unternehmen übrigens nur mit einigen Bedenken. Obwohl sich namentlich die Damen für das Bad im Meer eher an- als auskleideten. Es war durchaus keine Seltenheit, wenn Badenixen über ihr sackförmiges Wasserkostüm mit Rüschen und Spitzen noch lange Hosen nebst Schuhen und Strümpfen zogen, ehe sie sich in die wilden Fluten wagten. Sicherheitshalber wurden alle an eine lange Leine gelegt. Wagte sich die „Seil-

Wattlaufen um 1910

schaft" tiefer als bis zum Knie ins Meer hinaus, blies die zuständige Badewärterin sofort Alarm. Damit auch von der Landseite keine Gefahr drohte, war der Strand von 6 bis 14 Uhr für das männliche Geschlecht abgesperrt.

Auf Prominenz hat Sylt schon sehr früh eine große Anziehungskraft ausgeübt. Im Sommer 1888 reiste beispielsweise die rumänische Königin Carmen Sylva zu einem dreiwöchigen Urlaub an, belegte zwanzig Zimmer im Hotel „Roth" und stiftete einen Gedenkstein für die an Land gespülten namenlosen Opfer der Nordsee.

Schnell aus der Mode gekommen ist allerdings die Sitte, besonders angesehenen Gästen gleich ein Denkmal zu setzen. Der Chef des Reichspostamtes, Heinrich von Stephan, steht somit etwas einsam im Stadtpark auf seinem Podest. Jedenfalls ist er politisch unverfänglich, was bei anderen früheren, prominenten Urlaubern wie Hermann Göring nebst Gefolge nun wahrlich nicht der Fall ist. Aber Sylt hat schließlich schon vieles überstanden, und auch wenn sich nach jeder Sturmflut die Hiobsbotschaften von neuen Landverlusten häufen, oft Totgesagte sollen angeblich besonders lange leben. Es wird daher wohl noch etwas dauern, ehe der letzte Gast seine Strandburg abschließt und den Schlüssel einem Riesenfisch in den Hals wirft, auf dass dieser ihn in das ebenfalls versunkene goldene Atlantis trägt.

## SYMBOLE – EIN LIED, EIN WAPPEN, EINE FLAGGE

Vor der Richtungsänderung – Die Löwen im alten Wappen

Ein Land ohne Hoheitszeichen, das würde einer Weinflasche ohne Etikett gleichen oder einem Buch ohne Titel. Und was für das Wappen gilt, das gilt auch für die Landeshymne und für die Landesfarben. Da ist jede Note und jede Faser mit Tradition beladen – oft genug auch überladen.

Und zuweilen ist es besser, wenn man nicht weiß, was sich hinter Liedtexten oder Wappentier verbirgt. Doch manchmal geben die Embleme oder Verse auch mehr preis, als eine ganze Landesgeschichte.

Von der schleswig-holsteinischen Geschichte haben wir schon gelernt, dass sie komplizierter ist, als sie eigentlich sein sollte. Dafür wirkt das Wappen auf den ersten Blick besonders einfach. In der Sprache der Heraldiker beziehungsweise der Gesetzesmacher wird allerdings schon wieder Verwirrung gestiftet. Dort heißt es: „Das Landeswappen zeigt in gespaltenem Schild rechts auf goldenem Grund zwei blaue, nach innen gewandte, rot bewehrte, schreitende Löwen, links in Rot ein silbernes Nesselblatt."

In der Umgangssprache ist das Wappen nicht „gespalten", sondern in der Mitte „geteilt", und „rot bewehrt" heißt schlicht, dass die Löwen rote Krallen haben und ihre Zunge in Originalfarbe herausstrecken. Noch verwirrender ist die offizielle Behauptung, die beiden Raubtiere befänden sich auf der rechten Seite, wo doch jedermann sehen kann, dass sie links stehen.

Befürchtungen, dass jede neue Regierung die Löwen in die entsprechende politische Richtung laufen lässt, sind natürlich unbegründet. Die Erklärung liegt vielmehr darin, dass beim Wappenschild noch immer davon ausgegangen wird, dass es auch einen Träger gibt, und aus dessen Sicht ist eben rechts, was für den Gegner, beziehungsweise den friedlichen Betrachter des Schildes, links ist.

Jede historische Erklärung eines Landeswappens beginnt mit der Feststellung: Es hat eine lange Geschichte. Für Schleswig-Holstein stimmt dies sogar. Im Jahre 1386 „verpachtete" die dänische Königin

Margarete dem holsteinischen Grafen Gerhard VI. das Herzogtum Schleswig. Um die Lehnsabhängigkeit auch bildhaft zum Ausdruck zu bringen, war es im Mittelalter üblich, dass der territoriale „Untermieter" das Wappen des Hausherrn teilweise übernahm.

Gerhard Nr. 6 setzte daher neben sein holsteinisches Nesselblatt zwei der drei Löwen des dänischen Königswappens. Das Nesselblatt war vor seiner Vereinigung mit den beiden Löwen ein Schutzschild und hat eine noch längere Geschichte, die aus Gründen der Klarheit aber unerzählt bleiben muss. Nur so viel sei noch verraten: Bis 1891 kehrten die Löwen dem Nesselblatt ihr Hinterteil zu. Wilhelm II. persönlich soll durch Kabinettsorder den Befehl zur Wende gegeben haben.

Außerdem darf gesungen werden. Allerdings erst seit dem 24. Juli 1844. An diesem Tag fand in Schleswig ein großes Sängerfest statt, und das war im Vor-Fernsehzeitalter ein Ereignis von hohem Unterhaltungswert.

Da es zudem noch eine politisch heiße Zeit war und auf der gleichzeitig in Schleswig tagenden Ständeversammlung wieder einmal deutsch-dänische Streitfragen auf der Tagesordnung standen, strömte aus allen Himmelsrichtungen Publikum zu Tausenden herbei. Dem Volk müsse etwas geboten werden, sagte sich der örtliche Gesangsverein, und sein prominenter Leiter Carl Gottlieb Bellmann komponierte persönlich eine hymnenverdächtige Melodie, zu der ein Chormitglied, der Advokat Matthäus Friedrich Chemnitz, den Text schmiedete und zwar in vorsichtiger Anlehnung an Verse des Berliner Dichters Strafs.

Das Ergebnis war – nach heutigem Sprachgebrauch – ein „Hit", und es war die Geburtsstunde des Schleswig-Holstein-Liedes.

Sieben Strophen sind überliefert, aber nur noch folgende drei werden gesungen:

*„Schleswig-Holstein, meerumschlungen,*
*deutscher Sitte hohe Wacht,*
*wahre treu, was schwer errungen,*
*bis ein schönrer Morgen tagt.*
*Schleswig-Holstein, stammverwandt,*
*wanke nicht, mein Vaterland.*

*Ob auch wild die Brandung tose,*
*Flut auf Flut von Bai zu Bai:*
*O, laß blühn in deinem Schoße*
*deutsche Tugend, deutsche Treu.*
*Schleswig-Holstein, stammverwandt,*
*bleibe treu, mein Vaterland.*

*Teures Land, du Doppeleiche,*
*unter einer Krone Dach,*
*stehe fest, und nimmer weiche,*
*wie der Feind auch dräuen mag!*
*Schleswig-Holstein, stammverwandt,*
*wanke nicht mein Vaterland."*

Titelblatt des Erstdruckes der Landeshymne aus dem Jahr 1844

Zugegeben, der Text ist für unsere Zeit reichlich pathetisch, aber da die Melodie nichts von ihrer mitreißenden Frische verloren hat, fällt gar nicht richtig auf, dass die „Doppeleiche" (die Herzogtümer Schleswig und Holstein) schon lange nicht mehr „unter einer Krone Dach" (unter der dänischen Herrschaft) steht.

Bleibt die Würdigung des Hoheitszeichens, das einem Land erst die richtige Farbe gibt. Von der Fahne ist die Rede, die sich im häufig sturmgepeitschten Schleswig-Holstein seit dem erwähnten Sängerfest im Wind bläht.

Die Farben sind dem Wappen entnommen: zunächst blau-gelb-rot, doch im Laufe der Jahre wurde das Gelb allmählich weiß gewaschen.

Alle Versuche, zunächst der Dänen und später der Preußen, den Schleswig-Holsteinern ihre „Aufruhrflagge" zu verbieten beziehungsweise auszureden, ließen die Treue zu der in die Waagerechte gerükkten französischen „Trikolore" nur noch fester werden.

Die offizielle Beförderung der blau-weiß-roten Farben zur Landesflagge erfolgte durch die schleswig-holsteinische Landesregierung nebst Landtag erst 1949, nachdem zuvor die britische Militärregierung nach sorgfältigem Studium der Farbenlehre ihr Jawort gegeben hatte.

Und da gerade die Fahne eine zu ernste Angelegenheit ist, um sie dem Zufall zu überlassen, ist ihr Status offiziell festgelegt. In der erwähnten gemeinsamen Erklärung von Regierung und Parlament heißt es: „... Neben der Bundesflagge können die überlieferten blau-weiß-roten Farben Schleswig-Holsteins gezeigt werden, doch gebührt der Bundesflagge nach Größe und Anordnung unter allen Umständen der Vorrang ..."

Den beiden grimmig dreinblickenden Wappen-Löwen scheint diese verordnete Bevorzugung des Bundesadlers allerdings überhaupt nicht zu gefallen.

# T

## THEATER – PROMINENZ IN DER PROVINZ

Macht und Kultur enthalten die denkbar größten Gegensätze, gleichzeitig ziehen sie sich offenbar unwiderstehlich an. Dadurch wird erklärlich, dass es die Kultur gerade dort oft zur schönsten Blüte brachte, wo sich Residenzen und Regierungszentren befanden.

Nicht erst seit dem Umzug von Parlament und Regierung nach Berlin, auch schon in früheren Zeiten übte der Hof, sei es auch nur der eines ziemlich gewöhnlichen Fürsten, eine heftige Anziehungskraft auf Gaukler und ernsthaftere Künstler aus.

Da Kiel erst nach dem Zweiten Weltkrieg mit der Landesregierung sein Machtzentrum erhielt, ist es nicht verwunderlich, wenn Kunst, und gemeint ist an dieser Stelle das Theater, ein Spätentwickler war.

Spielte am Kieler Theater: Clara Schumann-Wieck

Schlimmeres verhütete nur die Entwicklungshilfe aus Schleswig, wo zu Gottorf über Jahrhunderte mäßig mächtige, aber teilweise sehr kunstsinnige Herrscher residierten. Dort wurde um die Mitte des 17. Jahrhunderts das Schleswig-Holsteinische Musiktheater aus der Taufe gehoben.

Herzog Christian Albrecht wollte nämlich nicht nur durch die Gründung der Kieler Universität etwas für die Bildung tun, sondern auch für gute Unterhaltung sorgen.

Nach dem Tod des kunstversessenen Herrschers (1694) bemühten sich zwar andere von Rang und mit Geld um die Entwicklung des Theaterlebens, aber die Geschichte dieser frühen Fuhrmänner des Thespiskarrens besteht vorwiegend aus skurrilen und auch betrüblichen Kapiteln, die meistens mit dem Wort „Konkurs" endeten.

Erst 1841 erhielt Kiel ein richtiges Theater, und schon im Jahr darauf kam Prominenz an die Förde: Clara Schumann-Wieck gab ein bejubeltes Konzert. Die durch ihr Klavierspiel und ihren Mann Robert gleichermaßen bekannt gewordene Pianistin kam auch in den folgenden Jahren wiederholt nach Kiel.

Allerdings nicht so sehr der Kunst wegen, sondern weil sie sich von dem berühmten Chirurgen Friedrich von Esmarch behandeln ließ und außerdem sommerliche Knetkuren genoss.

Während Schauspiel- und Gesangsprominenz heutzutage schon aufgrund der lukrativen Fernsehverpflichtungen nur in seltenen Fällen in die Provinz findet, verrät ein Blick in die Kieler Theatergeschichte, dass in früheren Jahren am Nordpol der Kultur auch große Namen ihre Spuren hinterlassen haben.

Tilla Durieux, Albert Bassermann und Bernhard Minetti traten auf, und in der Saison 1921/22 gehörte auch ein gewisser Gustav Gründgens zum Ensemble. Er war einundzwanzig Jahre alt, verdiente 1000 Mark und spielte in seinem Kieler Jahr einundzwanzig Rollen, darunter schon den Mephisto. Als er im Sommer 1922 sein schleswig-holsteinisches Gastspiel beendete, um sich in die große Theaterwelt nach Berlin zu begeben, sorgte er im biederen Kiel für einiges Aufsehen. Mit seinem Gepäck in der Hand marschierte Gründgens zum Bahnhof, und als er in der belebten Holstenstraße in einem Café einige Kollegen aus dem Ensemble sitzen sah, öffnete er den Koffer, nahm eine lange weiße Unterhose heraus und winkte damit allen ein herzliches Adieu zu.

Ausgesprochen bieder nahm sich dagegen die Kieler „Eigenproduktion" Hans Söhnker aus. Ehe er zum Herzensbrecher des deutschen Films aufstieg, stand er nicht nur auf den noch reichlich ungehobelten Brettern, die die Welt bedeuten, sondern war zugleich von 1907 bis 1912 Kieler SPD-Vorsitzender.

Während die damaligen Stadtoberen sowie die Theaterleitung das Talent der erwähnten Nachwuchskünstler durchaus erkannten und würdigten, gereichte die Behandlung einer anderen Berühmtheit den Kielern nicht gerade zur Ehre. Der Mann hieß Carl Zuckmayer und war Anfang der 20er Jahre als Dramaturg und Schauspieler engagiert worden. Nach gut einem Jahr wurde er von der Theaterkommission der Stadt wegen Unfähigkeit mit einer Abfindung von 930 Billionen Reichs-

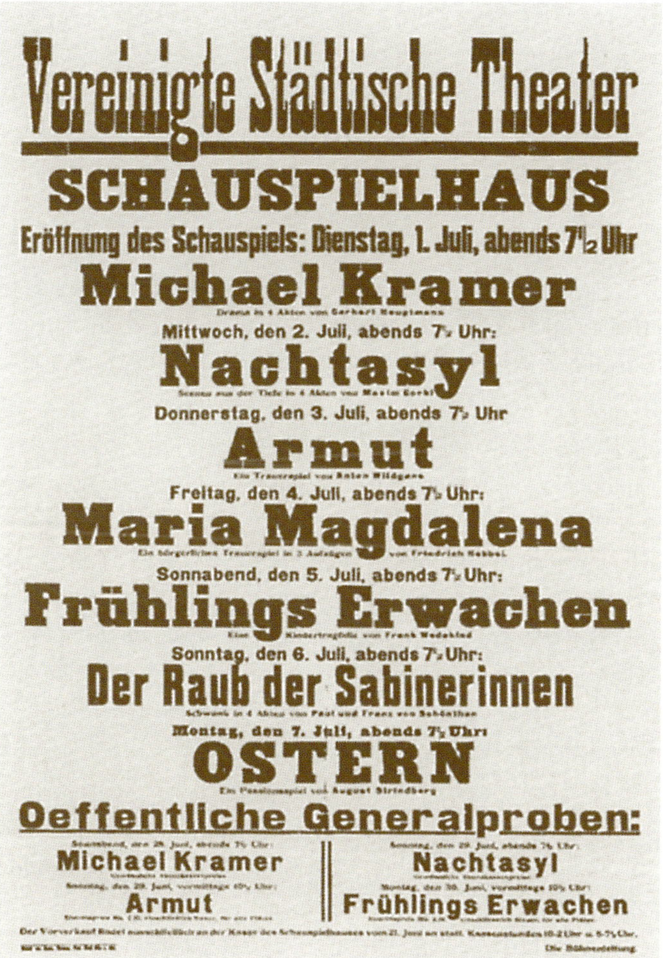


Spielplan der Vereinigten Städtischen Theater Kiel, 1919

mark entlassen. Nicht zuletzt deshalb, weil Zuckmayer mit dem Stück „Der Eunuch" des römischen Dramatikers Terenz einen Eklat provoziert hatte, als er eine Sklavin völlig nackt auftreten ließ. Fünf Jahre später durfte der inzwischen berühmt gewordene „Versager", nun allerdings bejubelt, zur Aufführung seines „Schinderhannes" wiederkommen.

Dass es mit der Liberalität im Lande doch nicht so weit her war, zeigte sich allerdings 1931, als in Kiel Zuckmayers' späterer Bestseller „Der Hauptmann von Köpenick" aufgeführt wurde. Die bürgerliche „Kieler Zeitung" beklagte jedenfalls mit Strenge „die Verspottung des Geistes von Potsdam" und den „tendenziösen antimilitärischen Einschlag".

Es erübrigt sich festzustellen, dass es mittlerweile auch auf den schleswig-holsteinischen Bühnen freimütig wie überall im Theaterleben zugeht. Eine Grenze setzt dabei wenn schon nicht der gute Geschmack, dann jedenfalls das stets knappe Geld.

Dennoch leistet sich das Land drei eigene Ensembles, nämlich in Kiel, in Lübeck sowie in den drei Filialen Schleswig, Rendsburg und Flensburg, die vom Landestheater bedient werden.

Versuche, durch Kooperation die Ausgaben zu senken, sind ziemlich kläglich gescheitert. Theaterleute sind nun einmal Individualisten, das ist in der vermeintlichen oder wirklichen Provinz nicht anders als in den Theaterhochburgen.

Gescheitert sind übrigens auch Versuche einiger politischer Kulturbanausen, in Zeiten der finanziellen öffentlichen Not die Subventionen für die Theater drastisch abzubauen: Landesweit erhob sich ein derartiger Sturm der Empörung, dass die Deiche zu brechen drohten. Würde auch nur die Hälfte der Protestierenden einigermaßen regelmäßig in ihr Theater gehen, dessen chronische Geldnot wäre damit geheilt.

# U

## U-BOOT – DAS ERSTE BLIEB UNTER WASSER

Das Dirndl und die Lederhose hat schließlich auch kein Preuße erfunden. Warum um alles in der Welt kam gerade ein bayrischer Unteroffizier auf die Idee, das erste deutsche U-Boot zu bauen?

Es muss wohl daran gelegen haben, dass die schleswig-holsteinischen Seefahrer einfach zu betriebsblind waren und erst ein Mann aus den Bergen anreisen musste, um auf das Naheliegende zu kommen, nämlich darauf, nicht nur von den Vögeln, sondern auch von den Fischen zu lernen.

Während Leonardo da Vinci schon um das Jahr 1500 seine ersten Versuche mit von Muskelkraft bewegten Flügeln unternahm, vergingen 350 Jahre, ehe nach der Flugmaschine auch der handgetriebene Tauchapparat entdeckt wurde. Von Sebastian Wilhelm Valentin Bauer, geboren anno 1822 zu Dillingen an der Donau. Er war gelernter Drechsler, dabei Spezialist für Elfenbein, und da er auf diesem Arbeitsfeld scheiterte, stieg er bis zum Korporal im bayrischen Heer auf. Dort wäre er gewiss als Nobody vergessen worden, wenn ihn nicht der Zufall, genauer gesagt der Aufstand der Schleswig-Holsteiner gegen die dänische Oberherrschaft, als kämpfendes Mitglied im deutschen Bundesheer nach Schleswig verschlagen hätte. Dort sah Artillerist Bauer zum ersten Mal das Meer.

Wilhelm Bauer

Es wurde vom Feind beherrscht, worauf der Mann aus den bayrischen Bergen auf die nun wirklich nahe liegende Idee kam, den Gegner dadurch das Fürchten zu lehren, dass man seinen Schiffen Bomben unter den Kiel band.

Mit dieser Idee war der „Brandtaucher" so gut wie erfunden, er musste nur noch gebaut werden. Doch dieses Kunststück gelang dem begabten Tüftler erstaunlich schnell, vielleicht auch deshalb, weil die norddeutschen Marineleute den Bayern gar nicht verstanden, nur etwas von einer Wunderwaffe hörten, und die war ihnen 30 Taler wert.

Dieser Betrag reichte zwar nur für das Modell, das Bauer später im Zorn auch noch platt schlug, weil es vom Ministerium eingezogen werden sollte, aber der Durchbruch war dennoch gelungen. Im Sep-

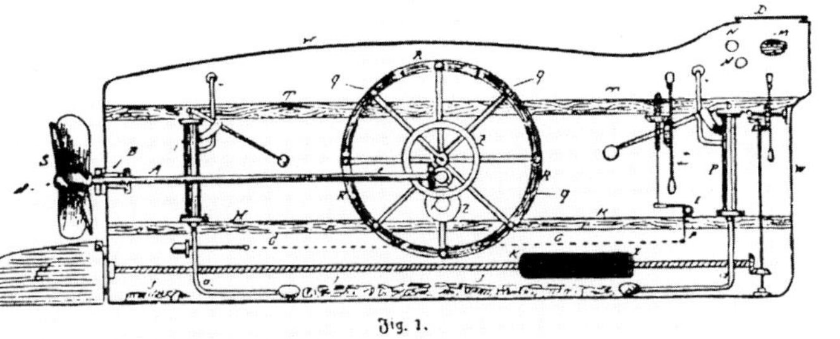

Fig. 1.

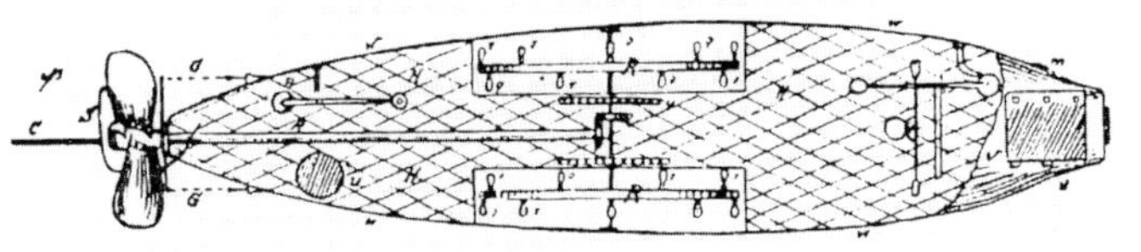

Fig. 2.

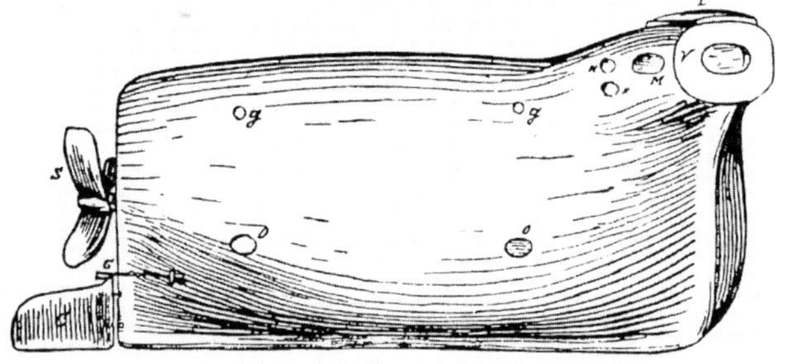

Fig. 3.

tember 1850 begann man in der Kieler Eisengießerei Schwefel und Howaldt mit dem Bau des „Brandtauchers". Die Arbeiten mussten mehrfach unterbrochen werden, weil das Geld ausgegangen war. Im Vergleich zu einem modernen U-Boot war der erste Tauchapparat ausgesprochen preisgünstig. Auch deshalb, weil er noch mit Menschenkraft über zwei Treträder angetrieben wurde.

Kaum war die neue Wunderwaffe fertig, da versank sie auch schon das erste Mal. Allerdings ohne Besatzung an Bord.

Dramatischer verlief dagegen die eigentliche Jungfernfahrt. Diese Aktion kann kurz und schadenfroh unter dem Motto „Ein Bayer geht baden" abgehandelt werden.

Der „Brandtaucher" beim Stapellauf in Kiel

Als der „Brandtaucher" am 1. Februar 1851 im Kieler Hafen zum Tauchversuch aufbrach, verlief zunächst alles planmäßig: Das acht Meter lange und zwei Meter breite Tauchschiff verschwand vorschriftsmäßig in den Fluten. Durch den kontrollierten Zulauf von Wasser sollte das U-Boot in mäßiger Tiefe gehalten werden. Doch es strömte mehr Wasser ein als geplant war, und der „Brandtaucher" sank in 13 Meter Tiefe auf den Fördegrund. Unter dem Druck verformte sich der Bootskörper, Nieten sprangen heraus.

Während Bauer die Nerven behielt, waren seine beiden Mitreisenden sicher, dass ihr letztes Stündlein geschlagen habe. Einer – er war auch noch Nichtschwimmer – wollte sofort ertrinken, der andere wurde in seiner Todesangst handgreiflich. Bauer überzeugte seine in Panik geratene Besatzung jedoch zu warten, bis so viel Wasser in den Bootskörper gedrungen war, dass ein Druckausgleich erfolgte und die Luken geöffnet werden konnten.

Der „Brandtaucher“, ausgestellt in Genua

An der Oberfläche hatte sich mittlerweile eine Rettungsmannschaft versammelt, und sechs Stunden lang versuchte man vergeblich, den Stahlapparat zu heben. Dann wurde die Bergung aufgegeben. Ein gewisser Professor Johannes Christiansen stimmte das Totengebet an, und just in diesem Augenblick schossen der Korporal aus Bayern und seine beiden Besatzungsmitglieder zum allgemeinen Schrecken prustend und fast erfroren doch noch aus der Tiefe empor.

Die Hebung des „Brandtauchers“ gelang erst 36 Jahre später. Wilhelm Bauer hat es nicht mehr erlebt. Hätte er für jede Million, die Kieler Werften seither in den U-Boot-Bau investiert haben, auch nur eine Mark bekommen, aus dem armen bayrischen Korporal wäre ein reicher Mann geworden.

V

## JULES VERNE – EINE REISE NACH KIEL

Was kann jemanden noch aufregen, der in achtzig Tagen um die Erde gereist ist, 20 000 Meilen unter dem Meeresspiegel war und auch schon den Mond besucht hat? Der französische Science-fiction-Autor Jules Verne fand die Lösung: Er entschloss sich zu einer Reise durch Schleswig-Holstein.

Das sei aber ein reichlich biederes Abenteuer, wird sich seine Fan-Gemeinde etwas enttäuscht äußern. Ja, am wilden Amazonas oder am Kongo, da hätte man den Meister der frühen utopischen Geschichten vermutet, aber an der träge dahinfließenden Eider?

Vielleicht sollte dieser Abstecher in die Normalität auch gar nicht publik werden, denn nur einem Zufall ist es zu verdanken, dass Einzelheiten dieser ungewöhnlichen Reise überhaupt bekannt geworden sind. Sie stammen auch nicht aus der Feder des berühmten Schriftstellers, sondern aus der seines jüngeren Bruders Paul, der in einem Reisebericht Einzelheiten über die Nordland-Fahrt der „Saint Michel" festgehalten hat.

Die dreiunddreißig Meter lange Dampfyacht hatte Jules Verne schon wiederholt zu ausgedehnten Seereisen genutzt, und für das Frühjahr 1881 war die Fahrt England-Kopenhagen beschlossen worden. Durch die Nordsee und um das sturmgepeitschte Skagen, so jedenfalls sahen es die Pläne vor, denn einen Nord-Ostsee-Kanal gab es ja noch nicht.

In Wilhelmshaven machte die illustre Ausfluggesellschaft die Bekanntschaft eines Marineingenieurs, der eine Änderung der beabsichtigten Route mit der Begründung empfahl, es gebe da zwischen Tönning und Kiel einen sehr empfehlenswerten kleinen Kanal, und wenn sich die „Saint Michel" etwas kürzer mache, passe sie bestimmt hindurch.

Was auch wirklich funktionierte, und auf diese Weise lernte Jules Verne nach dem Mond und der Tiefsee auch die preußische Provinz Schleswig-Holstein kennen.

Noch ist nicht erforscht, in welchen späteren Romanen Jules Verne seine Eindrücke von der beschaulichen Flussfahrt durch eine landschaftliche Idylle verarbeitet hat, sicherlich war er ebenso begeistert wie Bruder Paul. Liest man dessen Schilderung, man könnte meinen, die verwöhnten Weltenbummler seien versehentlich ins Paradies abgetrieben:

*„Von der Pracht der Vegetation dieser nordischen Lande macht sich derjenige, der sie nie selbst gesehen hat, kaum eine richtige Vorstellung. Es scheint, als ob die Natur nach sechsmonatigem Winterschlaf hier desto schneller erwacht.*

*Sie beeilt sich gleichsam, den grünen Frühlingsschmuck anzulegen, um die düsteren, traurigen Tage der strengeren Jahreszeit vergessen zu machen. Die Feldblumen warten nicht einmal das Schmelzen des Schnees ab, die Baumknospen sprengen die dünne Eiskruste, welche die durch den aufsteigenden Saft belebten Zweige etwa noch bedeckt und alles entwickelt sich mit einem Ungestüm, das in dem wärmeren Klima Frankreichs unbekannt ist. Von Rendsburg bis Kiel führt der Kanal durch einen wirklichen Park, eine Art Saint Cloud, aber mit zweihundert Fuß hohen Bäumen, vorzüglichen Buchen, welche an Stelle der Eichen und Weidenbäume der Vorzeit getreten sind. Hier erweitert sich die Eider zu einem ausgedehnten und ruhigen Wasserbecken, welches das Bild ihrer anmutigen Ufer unverändert widerspiegelt; weiterhin zieht sich der Fluß zusammen und windet sich in zahllosen Biegungen unter gigantischen Bäumen hin, deren Kronen sich über seinem Bett berühren und ein für die Sonnenstrahlen undurchdringliches Blättergewölbe bilden. Die Yacht gleitet ruhig durch den geheimnisvollen Laubengang, zwischen hölzernen Baken und geflochtenen Uferwänden hin. Die Fahrt scheint nach unbekannten Welten zu gehen. Rings um das Schiff säuselt und zittert ein Blättermeer und das Ufer verschwindet gänzlich unter dem dunkelglänzenden Grün. Rosenstöcke neigen sich bei unserem unerwarteten Erscheinen; Wasserpflanzen mit grünen, still daliegenden Blättern scheinen zu erschrecken und tauchen in die schützende Tiefe, dagegen bleiben – wie um der bezaubernden Landschaft einen bestimmten Stempel aufzudrücken –, während Buchfinken und Stieglitze eilends entfliehen, die Störche furchtlos stehen, wenn wir*

*vorüberfahren, erheben sich dann raschen Fluges und suchen einen Platz auf den Gipfeln der Bäume oder auf dem Radnest der originellen Bauerngehöfte."*

Der alte Eider-Canal, wie ihn Jules Verne sah

Während der über einige Strecken noch erhaltene alte Eiderkanal nach wie vor manche Idylle aufweist, hat sich die Kieler Förde seit Jules Vernes Ankunft doch erheblich zu ihrem Nachteil verändert. Im Reisebericht heißt es:

*„Zahlreiche Landhäuser schimmern auf den die Bucht umgebenden Hügeln lachend aus dem dunklen Grün hervor, während verschiedene Punkte des Hafens durch flinke kleine Dampfer in bequeme Verbindung gesetzt sind. Man kann sich kaum einen freundlicheren, erquickerenden Anblick denken als den jener Häuschen von oft phantastischer Bauart, die das schöne, abwechslungsreiche Ufer schmücken. Ohne Zweifel entwickelt sich dieses bevorzugte Stückchen Erde in nicht ferner Zeit zum Stelldichein der vornehmen deutschen Gesellschaft, zu einem unendlich viel grüneren, schattigeren, waldesduftigeren Platz als jenes Brighton an der englischen Küste ..."*

Diese Prognosen haben sich leider nicht erfüllt, aber wenn auch die Natur ihre paradiesische Unschuld verloren hat, die Zufahrt von See her ist friedlicher geworden. Die Brüder Verne erlebten an der Kieler Förde noch eine martialisch gesicherte Einfahrt, die „von furchtbaren Batterien beherrscht" war. Offensichtlich beeindruckt notierte der Chronist:

*„Die berühmte Kanone – von Preußen 1867 zur Internationalen Pariser Ausstellung geschickt –, die ein Geschoß von zehn Zentnern schleudert, ist auf einer Bastion an der engsten Stelle des Hafeneingangs aufgestellt. Ein feindliches Schiff, das diesen Weg zu forcieren suchte, würde zweifelsohne binnen weniger Minuten zerschmettert sein."*

Als die Feinde später kamen, da kamen sie nicht auf dem Wasser, sondern aus der Luft, und zwar mit einer Vernichtungskraft, die sich selbst ein Jules Verne wohl kaum hätte vorstellen können.

## VOGELFLUGLINIE – VERBINDUNG ÜBER SEE

Ob es etwas Vergleichbares noch einmal auf der Welt gibt? Da blicken mitten im Zeitalter der hoch entwickelten Technik die Menschen in den Himmel, sehen, welche Richtung die Zugvögel bei ihrem Weg nach Norden einschlagen und bauen unter deren Flugroute mit gewaltigen Geldsummen ihre eigene Wegstrecke.

Allerdings hat es reichlich lange gedauert, ehe die himmlische Linienführung ihr irdisches Pendant erhielt. Schon im 12. Jahrhundert zogen die Pilger über Kopenhagen, Fehmarn und Lübeck in den sonnigen Süden. Diese Ausflüge in die Fremde können kein Vergnügen gewesen sein, mussten die frommen Männer doch von einer Insel zur nächsten springen, ehe sie bei Großenbrode endlich Festland unter den Füßen spürten. Heute machen gewaltige Brücken das Reisen auf der befahrbaren Vogelfluglinie bequemer.

Im Hafen von Puttgarden – auch Fähren schlagen Brücken

Vor allem für die rund 13 000 Bewohner der 185 Quadratkilometer großen Insel Fehmarn hat die Anbindung an das Festland erhebliche Veränderungen gebracht. Ehe 1963 der 1 300 Meter breite Fehmarnsund durch eine Brücke überquert wurde, war die nach Rügen größte deutsche Ostseeinsel ein in sich geschlossener „Kontinent". Aber wer weiß, wie lange noch, denn in den Schubladen der Architekten liegen bereits fertige Pläne für eine feste Verbindung mit Dänemark. Optimisten rechnen damit, dass im Jahr 2012 ein Tunnel oder eine Brücke den 20 Kilometer breiten Fehmarn-Belt „quert".

Wie die Briten pflegten auch die Fehmarner das Festland jenseits des Wassers als „Europa" zu bezeichnen. Doch während die Engländer ihre Straftäter Anfang des 19. Jahrhunderts nach Australien verbannten, schickten die Ostseeinsulaner ihre Gesetzesbrecher aufs nahe Festland. Der Richter persönlich geleitete den Verurteilten zur Anlegestelle, zahlte dem Fährmann die Kosten der Überfahrt und verabschiedete sein Opfer mit einem symbolischen Tritt ins Hinterteil.

Fehmarnsundbrücke – Die Vögel wiesen den Weg

Auch wenn Fehmarn mittlerweile zu Europa gehört, eigensinnig und zugleich selbstbewusst sind die Bewohner bis auf den heutigen Tag geblieben. Und wehe, in Kiel oder gar in Berlin wird etwas entschieden, was den Insulanern wirklichkeitsfremd erscheint, dann wird schon einmal der diskrete Hinweis laut, dass man ja mit den Dänen über Jahrhunderte sehr gut ausgekommen sei und sich bei derart schlechter Behandlung überlegen müsse, ob man nicht doch wieder dem Königreich beitreten werde.

Allein diese Drohung reicht in der Regel aus, dass sich die Fehmarner wieder einmal durchsetzen.

# W

## WALFÄNGER – INSULANER ALS GASTARBEITER

Am 21. Februar lodern überall vor und an der schleswig-holsteinischen Westküste die Scheiterhaufen. Es ist der Tag des „Biikebrennens", es wird gut gegessen und getrunken, und am nächsten Morgen muss manch einer vom Mannsvolk mit dickem Kopf zur Arbeit. Der Tag kann lang werden, aber was sind die wenigen Stunden im Vergleich zur Länge der Dienstreisen vor 200 oder 300 Jahren. Damals brach die gesamte seetüchtige männliche Bevölkerung der nordfriesischen Inseln am 22. Februar zum Walfang nach Grönland auf. Es war ein Abenteuer, von dem es nicht selten keine Rückkehr gab.

Die „Biike", das friesische Wort für Feuerzeichen, hatte somit einen sehr ernsten Hintergrund: Es war ein Abschiedsgruß für die Walfänger, böse Geister sollten vertrieben und der sich dem Ende neigende Winter sollte gleich mitverbrannt werden.

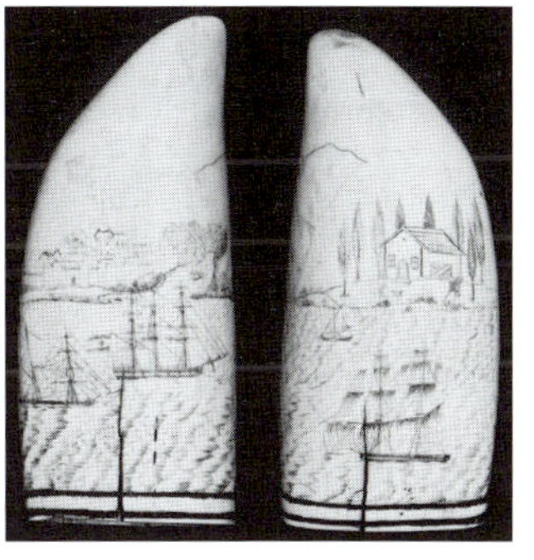

Kunst auf Walzähnen

Im Jahr 1701 beteiligten sich etwa 3600 Nordfriesen am Walfang, als gerne gesehene Gastarbeiter auf Hamburger und holländischen Schiffen, und viele schafften den Aufstieg zum Commodore oder wurden gar Schiffseigner. Wer hoch hinaus wollte, musste früh anfangen. Folglich war es keine Seltenheit, dass bereits 12-jährige Kinder anheuerten. Schon die Fahrten von der heimatlichen Insel zum Ausgangshafen müssen sehr schaukelige Angelegenheiten gewesen sein, die Boote waren klein und überfüllt. Da viele der „Lehrlinge" noch keineswegs seefest waren, legte man ihnen für den Fall der Fälle einen Stiefel neben das Kopfkissen. Bei mehr als hundert Mann, die auf engstem Raum nebeneinander lagen, lässt sich denken, wie die Stimmung und vor allem die Luft war, nämlich zum Schneiden.

Die berühmtesten Walfänger jener Zeit stammten von den Inseln Sylt und Föhr, was vielleicht daran lag, dass sie ihr Handwerk wirklich von der Pike auf lernten.

Absoluter Star und Rekordhalter mit 373 erlegten Walen war Matthias Petersen aus Oldsum auf Föhr. Wie stolz er seine Erfolge im Eismeer zur Schau trug, zeigt sich daran, dass er die Fangquote auf seinem

Walfangschiffe im Packeis, ein Kupferstich aus dem Jahre 1720

Grabstein einmeißeln ließ und in den Chroniken als der „glückliche Matthias" bezeichnet wird. Mit dem Glück war auch beträchtlicher Reichtum verbunden, den man noch immer in und an den Häusern der Grönlandfahrer erkennen kann. Allein bis zu 12 000 niederländische Fliesen wurden in manchen dieser Häuser verbaut. Würde man sie heute verkaufen, mit dem Erlös ließe sich eine Luxusvilla finanzieren.

In den Siebzigerjahren des 18. Jahrhunderts ging die „goldene Zeit" der Walfänger zu Ende. Aus mehreren Gründen: Die Erträge ließen nach, die aufkommende Handelsschifffahrt versprach noch schnelleren, vor allem weniger lebensgefährlichen Gewinn und hinzu kam, dass die Wehrpflicht zum Seedienst in der Königlich Dänischen Flotte eingeführt wurde.

Friedhof auf Föhr – Prächtige Grabsteine erzählen Lebensgeschichten

Glaubt man dem Prediger von St. Johannes in Nieblum auf Föhr, dann begann mit dem Wechsel zur Handelsschifffahrt auch ein Niedergang der Sitten. Im Jahr 1795 stellte der fromme Mann fest: „Der Walfischfang erhielt uns die Einfalt und Unschuld der Sitten. In Grönland gibt es keine Gelegenheiten zur Verführung und Ausschweifung; selbst die Handelsstädte Hamburg und Amsterdam, von welchen sie aussegeln, lernten viele kaum kennen ... Jetzt geht so mancher Seemann ... bekannt mit den Thorheiten, dem Luxus, den Lastern der großen Städte zu den Seinigen zurück."

## WATTENMEER – JEDER SCHRITT EIN VERGNÜGEN

Wattwandern

Wer ganz genau wissen will, was das Wattenmeer ist, der sollte die Schuhe ausziehen und zum Wattwandern aufbrechen. Selbst Bundespräsidenten haben das schon gemacht und auch viele andere Prominente.

Kein einziger der Barfüßler war nicht begeistert. So etwas Schönes, hört man sie jauchzen, und wie das schmatzt, wenn man die Füße aus dem Schlamm zieht, um sie einen Schritt weiter schon wieder hineinzustecken, und diese gesunde Luft und die vielen Tiere und der weite Blick ...

Über alle Parteigrenzen hinaus sind sich die Wanderer einig: Das Watt darf nicht untergehen. Anschließend geht es dann doch unter. Allerdings nur für die Dauer einer Flut.

Auch für die Naturschützer ist das Watt etwas Einmaliges und nur vergleichbar mit den Alpen. Das klingt zunächst sonderbar, denn wer in den Alpen wandert, der zieht die Schuhe nicht aus, sondern an, und auch die Überflutung der südlichen Bergwelt findet nicht bei jeder normalen Flut, sondern nur bei der sehr seltenen Sintflut statt.

Die offizielle Gemeinsamkeit besteht darin, dass es sich sowohl bei den Alpen als auch beim Wattenmeer um ökologische Großlandschaften handelt. Es sind die letzten in Mitteleuropa, und gemeinsam ist beiden außerdem, dass sie vom Menschen stark bedroht sind.

Etwa 750 000 Hektar Watt gibt es insgesamt und zwar grenzüberschreitend von Den Helder in den Niederlanden bis nach Esbjerg in Dänemark, das sind immerhin 450 Kilometer. Und wer weiß eigentlich schon, dass auch Hamburg im Besitz von Watt ist? An dieser Stelle ist leider der Kalauer nicht zu vermeiden, der die Geschäftstüchtigkeit der hanseatischen Kaufleute kennzeichnen soll: Sie verkaufen das Watt kiloweise als Strom.

Das Besondere am richtigen Watt besteht darin, dass man es fühlt und sieht und dass man doch nur wenig erkennt. Watt wird nämlich erst unter dem Mikroskop richtig schön. Da der Wattwanderer in jeder Hand einen Schuh trägt, kann er natürlich nicht auch noch den Vergrößerungsapparat mitschleppen. Deshalb ist es am bequemsten, den Wissenschaftlern zu glauben, die festgestellt haben, dass das Wattenmeer viel belebter ist als die Wüste, und zwar milliardenfach in etwa 1700 Arten. Vom Seehund bis zum kleinsten Krebs.

Sehr geschätzt ist das Wattengebiet auch von jährlich etwa neun Millionen Vögeln. Von den gefiederten Gästen entfallen 1,3 Millionen auf den schleswig-holsteinischen Teil, wer immer das auch ausgezählt haben mag. Einige Vögel brüten dort, andere ruhen sich auf der Durchreise nur aus.

Den Vogelarten, die ihren Lebensunterhalt aus dem Wattenmeer bestreiten, haben die Wissenschaftler Stress bescheinigt, und zwar mit der Begründung, die Tiere könnten sich nie richtig sattfressen, weil die nächste Flut komme, ehe der Magen gefüllt sei. Das sei so ähnlich, sagen die Forscher, als wenn ein Mensch seine Mittagsmahlzeit nur jeweils drei Minuten genießen könne und dann wieder eine halbe Stunde auf den nächsten Bissen warten müsse.

Dass das Watt auch in anderer Hinsicht lehrreich ist, zeigt sich bei den Fischen. Wer weiß schon, dass sie, ähnlich wie einige Vogelarten, je nach Jahreszeit ihren Wohnsitz ändern. Der Hornhecht zum Beispiel verlässt im Winter das Wattenmeer und kommt erst im Frühjahr zurück. Dagegen wandert die bekanntere Scholle bereits in jungen Jahren im Watt ein, regelt die Fortpflanzung aber außerhalb ihres ständigen Wohnsitzes, nämlich im tieferen Teil der Nordsee.

Seitdem das schleswig-holsteinische Wattenmeer 1985 in den Rang eines Nationalparks erhoben worden ist, lebt es sich dort für Pflanzen und Tiere gewiss wie im Paradies auf Erden. So jedenfalls könnte man vermuten. Aber das ist leider nicht der Fall, denn mit der

Buttfang im Wattenmeer

Gründung des Reservats brach nicht Freude, sondern Streit aus: Wie kann es erlaubt sein, einen Nationalpark zu schaffen und dort gleichzeitig das Ölbohren oder das Ausprobieren neuer Waffen zu gestatten, riefen empört die Naturfreunde.

Darauf antworteten nicht minder heftig die Küstenbewohner mit dem Argument: „Generationen von Dithmarschern und Friesen hatten freien Zugang zum Meer, und jetzt sollen wir vor heruntergelassenen Schranken stehen?" Die unmittelbar Betroffenen, also Heringe, Flundern und Austernfischer, können leider nicht nach ihrer Meinung befragt werden.

## WEBER – EIN ZEICHNER UND EIN MUSIKER

Das einzige, was sie verbindet, ist der Name und der Nachruhm. Zwischen ihrem künstlerischen Wirken dagegen liegen Welten, zwischen ihren Charakteren auch.

Wenn die beiden ungleichen Weber in ihrem Geburtsland weit über den Kreis der eigentlichen Kunstszene hinaus populär sind, dann deshalb, weil ihr Erbe besonders gepflegt wird. Das des Komponisten Carl Maria von Weber durch Festspiele, das des Grafikers A. Paul Weber durch regelmäßige Ausstellungen.

Verbindet man den Besuch einer Weber-Oper im Eutiner Freilichttheater mit einem Abstecher in das Weber-Haus neben dem Ratzeburger Dom, Seele und Gemüt werden einem Wechselbad ausgesetzt. Dem romantischen Komponisten steht der vorwiegend pessimistische Grafiker gegenüber.

Die meisten Menschen denken in Worten, A. Paul Weber (1893-1980) dagegen dachte in Bildern. Wie ein Schriftsteller seine Gedanken zu Sätzen formt, so drückte er sich eben bildlich aus. Auf Stein, auf Papier, auf Leinwand. Das machen zwar auch andere Künstler, aber das Besondere an Weber war, dass er zugleich ein aktueller Kommentator, vor allem aber ein Visionär war. Er konnte Bilder malen, die eine Wirklichkeit zeigten, die es noch gar nicht gab, aber die genauso eintreten sollte, wie er sie dargestellt hatte.

A. Paul Weber im Selbstporträt

Kein anderer konnte wie er in einer Mischung von Satire, Karikatur und Allegorie einen abstrakten Begriff derart aufrüttelnd darstellen. Etwa in seiner wahrscheinlich bekanntesten Graphik „Das Gerücht." Sie zeigt ein Furcht erregendes Ungeheuer, das sich wie eine Schlange mit menschlichem Kopf durch die Lüfte windet und dem aus tausend Fenstern neue Augen und neue Spürnasen zufliegen. Zugleich ist diese Darstellung eine beißende Kritik an der unmenschlich monotonen Architektur der Großstädte mit ihren zellenartigen Wohnungen als Brutstätten von Verleumdung, übler Nachrede und Geschwätz.

A. Paul Weber beim Zeichnen auf dem Stein

Weber ist oft vorgeworfen worden, er habe keinen eigenen Stil entwickelt, sondern sich vorwiegend an berühmten Vorgängern orientiert. Bemängelt wird auch, dass er einige Motive und Figuren wie Versatzstücke behandelte und immer wieder neu, oft nur leicht variiert, zusammengesetzt hat. Den Fuchs und den Narren, den Schachspieler und den Eulenspiegel.

All dies trifft zu, dennoch waren die Wiederholungen stets Weiterentwicklungen, und das Besondere an den besten Zeichnungen bestand eben darin, dass sie zugleich aktuell und doch zeitlos waren. „Der Denunziant" zum Beispiel, jener Riesenkopf am Schlüsselloch, entstand bereits 1934. Und er hat nichts an Aussagekraft verloren.

„Der Denunziant", Graphik von A. Paul Weber

Oder der „Sterbende Hecht" (1957), mit dem Weber das Umweltthema aufgriff, noch ehe es irgend eine Partei in ihr Programm geschrieben hatte. Und wenn gerade dieses anklagende Bild so lange Bestand hat, dann deshalb, weil es handwerklich vorzüglich gemacht ist und weil seine Botschaft so eindeutig ist: Aus einem Fabrikgebäude ragen Abwasserrohre in den vorbeiführenden Fluss, und darin schwimmt – tot oder halbtot – der Riesenfisch. Da gibt es keinen Zweifel über Täter und Opfer, und jeder Betrachter weiß, dass Wirklichkeit dargestellt worden ist.

Das A. Paul Weber-Haus
in Ratzeburg

Da Weber auch schon früh das Verhängnis der NS-Herrschaft dargestellt hatte, etwa mit einer Graphik, die einen offenen Sarg zeigt, in den eine das Hakenkreuz schwingende Menschenmasse marschiert, wurde er von der Gestapo verhaftet, kam aber bald wieder frei und durfte sogar im unpolitischen Bereich weiterarbeiten. Wahrscheinlich unbeabsichtigt lieferte er den braunen Machthabern mit seinen „Britischen Bildern" Propagandamaterial. Einiges spricht allerdings dafür, dass Weber am Beispiel der britischen Kolonialmacht wirklich nur die Erniedrigung der Armen und Schwachen durch die Reichen und Mächtigen darstellen wollte.

Man erkennt, dass bei Weber Nummer eins der Geist beansprucht wird, beim Namensvetter Carl Maria von Weber (1786 bis 1826) ist es vorwiegend das Gemüt. Dem scharfsinnigen Gesellschaftskritiker steht der zumindest in jüngeren Jahren äußerst leichtlebige „Musik-Produzent" gegenüber.

Carl Maria von Weber

Gedenktafel am Geburtshaus von Carl Maria von Weber

Schon das Adelsprädikat ist dubios. Alles deutet darauf hin, dass Vater Anton sich die Standeserhöhung selbst zugelegt hat. Titel galten eben schon immer als gute Türöffner, und ein komponierender Kapellmeister des 19. Jahrhunderts war auf die Gnade der Landesfürsten angewiesen, wenn er Ansehen und damit Geld erlangen wollte. Manchmal musste man sich durch die Hintertür zum erhofften Ruhm empordienen, konnte dabei aber auch stolpern, wie es Carl Maria von Weber beinahe passiert wäre, nachdem er beim verschwenderischen Herzog Ludwig von Württemberg als Geheimsekretär eingestellt worden war. Plötzlich hatte sich eine nicht unbeträchtliche Geldsumme verflüchtigt. Vater Weber war vermutlich der Schuldige, aber der Sohn geriet in Verdacht. Nur mit Mühe kamen beide ungeschoren davon, mussten allerdings Stuttgart sofort verlassen.

„Tingelnd", so würde man heute sagen, zog Weber junior daraufhin durch die Lande, dirigierte hier, baute dort ein Orchester auf, scheiterte an sich selbst und an anderen, komponierte mit Erfolg und Misserfolg. Neben der Oper „Oberon" ist es vor allem der „Freischütz", der Carl Maria von Weber populär hält. Noch in den 60er Jahren bestand der Musikunterricht an einem Gymnasium darin, dass sich der Lehrer am Anfang des Schuljahres ans Klavier setzte und mit brüchiger Stimme „Durch die Wälder, durch die Auen" und durch die unheimliche Wolfsschlucht eilte, um gerade rechtzeitig zum Schuljahresende das „Happy End" zu erreichen.

Mittlerweile werden die Freischütz-Evergreens professioneller als früher und vor deutlich aufmerksamerem Publikum in Carl Maria (von) Webers Geburtsstadt Eutin vorgetragen. Im alljährlichen Jubel um den berühmt gewordenen großen Sohn der kleinen Stadt ist inzwischen ganz offiziell vergessen worden, dass der Eutiner Hof die Familie Weber einst vor die Tür gesetzt hatte. Man wollte das Geld für den Kapellmeister sparen.

## WETTER – EIN LAUNISCHER GESELLE

Wenn die Leute vom Wetter reden, kann man sicher sein, dass sie etwas anderes meinen. Diese wirklich kluge Erkenntnis verdanken wir dem englischen Schriftsteller Oscar Wilde.

Aber was meinen die Leute wirklich, wenn sie sagen: „Ist das schön heute, hoffentlich ist es morgen auch so".

Vielleicht wollen sie den eigenen Gemütszustand beschreiben? Denn andere bedeutende Denker haben ermittelt, dass zwischen dem Wetter und der Stimmung nebst Gesundheitszustand ein enger Zusammenhang besteht. Schon Goethe hat verraten, dass er bei hohem Barometerstand leichter arbeite als bei tiefem, und sein Kollege E.T.A. Hoffmann war überhaupt nur tätig, wenn die Sonne schien. Beide und viele andere Geistesgrößen hätten somit das Arbeitsklima in Schleswig-Holstein als für sie ungünstig eingestuft.

Der große Staatsphilosoph Montesquieu dagegen behauptete, im kühlen Klima habe der Mensch mehr Energie, sei übrigens auch magerer, weil sich bei Kälte bekanntlich alles zusammen ziehe.

Man sieht, die Ansichten über Auswirkungen des Wetters sind ebenso vielseitig wie es das Wetter selbst ist. Schleswig-Holstein liegt damit zwischen den Extremen. Denn hier herrscht nach Auskunft der Meteorologen ein ständiges „Reizklima". Dies ist eine höfliche Umschreibung der Tatsache: Im Norden ist das Wetter teils gut, teils schlecht.

Glaubt man den Fachleuten, dann ist die Voraussage von Sonnenschein oder Regen in Schleswig-Holstein deutlich schwieriger als in anderen Ländern. Die vorbeugende Entschuldigung klingt sogar einigermaßen plausibel. Es gibt nämlich kein anderes Bundesland, das an zwei Seiten vom Meer umgeben ist. Wasser aber beeinflusst das Klima und zwar launisch. Es sorgt jedoch gleichzeitig dafür, dass die Witterung während des ganzen Jahres einigermaßen milde, allerdings gleichzeitig ziemlich feucht ist. Heiße Sommer und knackig kalte Winter gelten in Schleswig-Holstein daher als Ausnahme.

Westwind

Früher, da habe es sie aber noch gegeben, erinnert sich die ältere Generation. Da die Wetterforscher gleichzeitig auch Psychologen sind, sagen sie nur: Ja, ja, früher ... Und dann geben sie eine einleuchtende Erklärung: Sommer mit großer Hitze und Winter mit Eis und Schnee bleiben tiefer und länger im Gedächtnis haften als die ewig gleiche Schmuddellage alias Reizklima.

Da Meteorologen sorgfältige Statistiken anfertigen, können sie glaubhaft nachweisen, dass Schleswig-Holstein als Skigebiet wenig taugt, weil es in den vergangenen 40 Jahren nur sieben Winter gab, in denen länger als vier Wochen eine geschlossene Schneedecke lag. Einen Rekord brachte der Winter 1969/70, als vom 25. November bis zum 18. März und damit 113 Tage die Nachricht lautete: Ski und Rodeln landesweit gut. Von dieser Ausnahme einmal abgesehen, sind die Chancen auf weiße Weihnachten ausgesprochen schlecht. Zehn bis 20 Prozent, so verrät die Statistik.

Über den Charakter des schleswig-holsteinischen Sommers äußern sich die Meteorologen nicht allzu gern. Nur mäßig vereinfacht haben sie ermittelt: Die drei Monate Juni, Juli, August können zwischen Nord- und Ostsee wunderbar, manchmal jedoch auch ziemlich unangenehm sein. Nun könnte man vermuten, in einem so kleinen Land wie Schleswig-Holstein gebe es jeweils nur ein Wetter, also Regen, Sonne oder irgend etwas dazwischen.

Dies ist ein Irrtum. Es besteht nämlich eine Wasserscheide, also eine Linie, hinter der sich das Wetter verändert. Sei es zum guten oder zum schlechten. In Schleswig-Holstein ist dieser Trennungsstrich besonders gut zu erkennen, weil es der Nord-Ostsee-Kanal ist.

Es ist jedoch nicht der 120 Meter breite Wassergraben, der die Wolkenbildung beeinflusst. Würde man den Nord-Ostsee-Kanal zuschütten, die Wasserscheide bliebe dennoch erhalten. Die erwähnte Linie stimmt nämlich nur zufällig mit dem Lauf des Kanals überein. Sie beginnt schon an der Ems, läuft über die Elbmündung erst an der Küste entlang, quert anschließend das Festland, streift noch den Nordzipfel von Fehmarn und verschwindet in der Ostsee.

Leider, leider kann man nicht sagen, an welcher Seite der Trennungslinie das Wetter besser ist.

Es gibt allerdings einige Gegenden im Lande, die nach den langjährigen Ermittlungen der Meteorologen mit ihrem Klima um Touristen werben können und dies auch tun. Auf den nordfriesischen Inseln sind die Winter deutlich milder als im Rest des Landes. Auf Helgoland fällt die Temperatur sogar nur an wenigen Tagen unter den Gefrierpunkt. Wer die Sonne liebt, der ist auf der gegenüber liegenden Seite gut aufgehoben. Mit durchschnittlich 1726 Sonnenstunden pro Jahr ist Fehmarn absoluter Spitzenreiter, und die offizielle Erklärung klingt geradezu lustig. Der Bungsberg, mit sensationellen 168 Metern Schleswig-Holsteins höchster Berg, bietet Fehmarn nicht nur Windschatten, sondern hat auch noch einen „Wolken auflösenden Effekt".

Auf Helgoland –
Einst Leuchtturm,
heute Wetterstation

Und sollte angesichts der zugegeben peinlich geringen Berghöhe ein Bewohner des bayrischen Alpenvorlandes in höhnisches Gelächter ausbrechen, er möge vorsichtig sein. Man könnte ihm als nächstes Urlaubsquartier die flache Umgebung der Stadt Schleswig empfehlen. Dort nämlich gab es im Durchschnitt der vergangenen 40 Jahre mit 925 Liter pro Quadratmeter die heftigsten Niederschläge in ganz Schleswig-Holstein.

## WIKINGER – RAUHE GESELLEN AUS DEM NORDEN

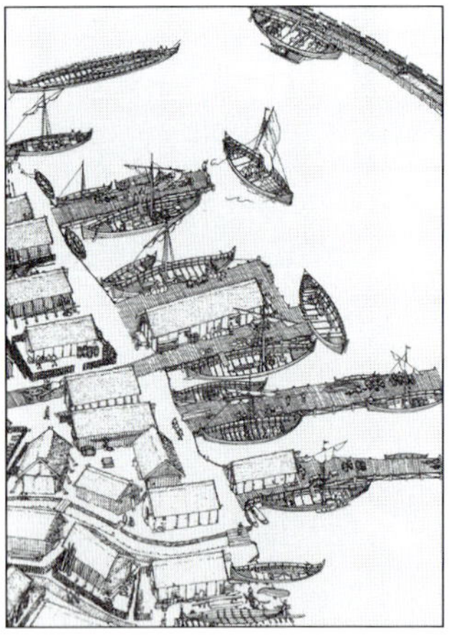

Hafen von Haithabu

Das Ansehen der Wikinger ist nicht gut. Doch da ihre Missetaten mehr als tausend Jahre zurückliegen, sind sie natürlich verjährt. Daher dürfen die Räuber von einst im Haithabu-Museum inmitten der historischen Wallanlagen der Jugend als Vorbild vorgeführt werden.

Es gehört allerdings schon sehr viel Phantasie dazu, sich die heutige Wald- und Wiesenlandschaft am Rande Schleswigs als Weltstadt mit Handel und Wandel, ja sogar mit König und Bischof vorzustellen.

Nachdem die Wissenschaftler jahrzehntelang heftig gegraben und eifrig in den Keilschriften gelesen haben, konnte auch der Ruf der Nordmänner ein wenig aufpoliert werden.

Inzwischen wissen wir, dass nicht alle mordende und raubende Banditen waren und einige sogar als ordentliche Siedler auftraten. Nachdem sie rund zweihundertfünfzig Jahre für Angst und Schrecken gesorgt hatten, sollen sogar fast alle zu ehrenwerten Mitbürgern geworden sein. Handelte es sich folglich nur um Jugendsünden?

Wohl kaum, dafür waren die Gräueltaten der Seeräuber aus Skandinavien wirklich verwerflich. Man stelle sich vor: Eine wilde Bande von Ungläubigen würde heute die römische Vatikanstadt überfallen, die Bewohner erschlagen, Feuer legen und mit kostbarer Beute davoneilen. So ähnlich muss auf die gesamte Christenheit (zugegeben, sie steckte noch in den Kinderschuhen) anno 793 der Wikingerüberfall auf das an der englischen Nordostküste gelegene Kloster Lindisfarne gewirkt haben. Das einzige, was an diesem Verbrechen Hochachtung erweckte, war die seemännische Leistung der Täter. Waren sie doch nonstop von Südnorwegen angereist, hatten dann den Überraschungscoup gelandet und waren anschließend mit der Beute auf gleichem Fluchtweg wieder verschwunden.

Diesem spektakulären Überfall folgten andere, und zwar in viel größerem Umfang. Zweihundert oder mehr Schiffe sollen bei den einzelnen Unternehmungen eingesetzt worden sein, und die alten Chroniken enthalten ausführliche Schilderungen über das un-

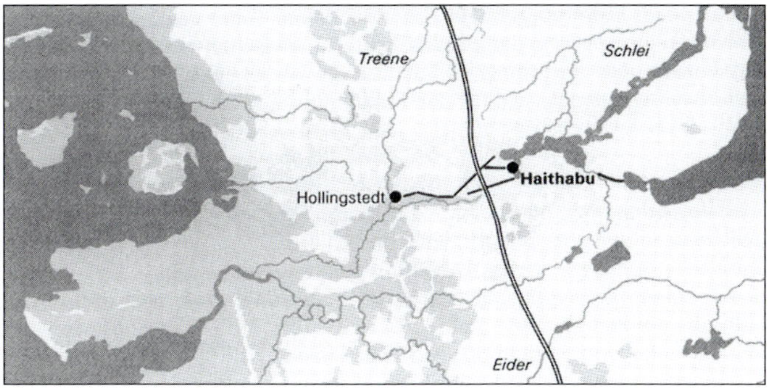


Nur etwa sieben Kilometer betrug die Landenge zwischen Haithabu und Hollingstedt

menschliche Treiben der Nordmänner, die Hamburg ebenso wenig verschonten wie Paris. Mehr als fünfhundert Jahre vor Kolumbus drangen sie sogar bis Amerika vor, am Schwarzen Meer waren sie ebenso zuhause wie in Spanien oder an der Küste Grönlands.

Nach den genauen Gründen für diesen teils friedlichen, vorwiegend aber gewalttätigen Aufbruch aus den skandinavischen Stammlanden wird immer noch wissenschaftlich gesucht. Mitentscheidend war vermutlich ein zu eng gewordener Lebensraum.

Doch bevor aus dem Norden die Räuber kamen, waren von dort bereits die Kaufleute gekommen, und damit ist die Verbindung zu Haithabu hergestellt. Etwa um das Jahr 800 soll der Ort vom dänischen König Göttrik gegründet worden sein, was man sich nicht so vorstellen darf, dass der Monarch erklärte, „es werde Haithabu", und dass damit die „Stadt" vorhanden war. Der Aufbau erfolgte vielmehr erst im Laufe vieler Jahre.

Wichtiger ist allerdings die Frage, warum gerade in dieser einst von Sümpfen und undurchdringlichen Wäldern bedeckten Gegend am äußersten Rand der Zivilisation eine „Weltstadt" von tausend Einwohnern aus dem Boden gestampft wurde.

Die Antwort ist ausnahmsweise einfach: Die geographische, militärische und wirtschaftspolitische Lage war optimal. Dafür hat, wie man heute zu sagen pflegt, das „Zusammenfallen von mehreren Faktoren" eine Rolle gespielt. Weil sich aus Richtung Römerreich (dessen Vorposten lagen bei Utrecht und Mainz) ein lebhafter Handel nach Skandinavien und in die östliche Ostsee entwickelt hatte, wurde in dieser Gegend ein Umschlagplatz benötigt.

Der militärische Wert der Ansiedlung ist auch von Nichtstrategen leicht erkennbar, lag Haithabu doch an der Nahtstelle zwischen dem dänischen Reich und den „deutschen" beziehungsweise slawischen Stämmen. Hier befanden sich außerdem die ersten Befestigungsanlagen des berühmten Danewerkes, das wie eine verkleinerte chinesische Mauer das dänische Reich vor Angreifern aus dem Süden schützen sollte und mit seinen insgesamt dreißig Kilometer langen Wällen noch heute als größtes archäologisches Denkmal Nordeuropas gilt.

Haithabu galt als „Weltstadt"

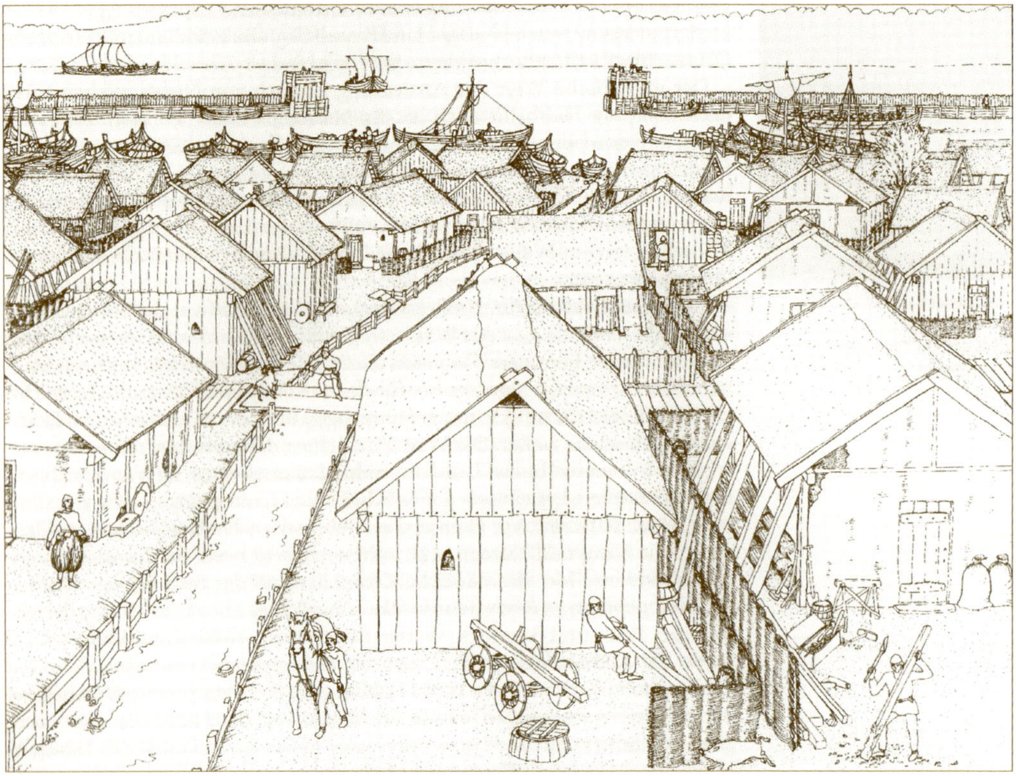

Ganz entscheidend für die Gründung des Ortes aber war die Tatsache, dass sich an dieser Stelle eine Art Wasserweg zwischen Nord- und Ostsee befand. Von der Ostsee kommend, konnten die Schiffe über die Schlei bis nach Haithabu fahren, von der Nordsee her führte die Route über Eider und Treene bis nach Hollingstedt, mit kleineren Fahrzeugen über die Rheider Au, vielleicht sogar noch etwas weiter. Die Waren brauchten dann nur noch über eine wenige Kilometer breite Landverbindung transportiert zu werden.

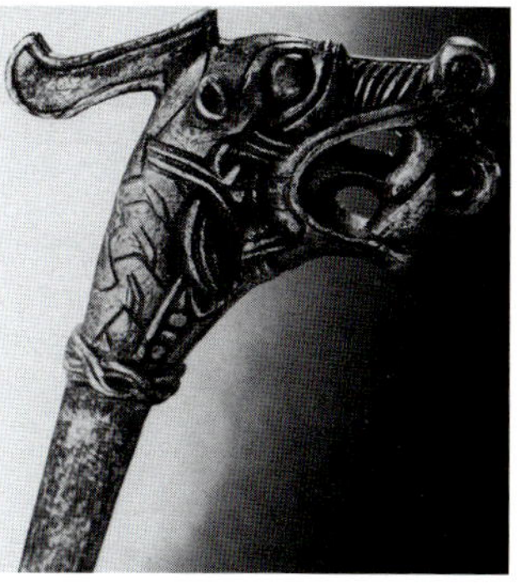

Schmuckstück aus der Wikingerzeit – Drachenkopf als Bronzenadel

In seiner Blütezeit war Haithabu ein internationaler Treffpunkt von Menschen, die Rang und Namen und wohl auch Geld besaßen. Zumindest zeitweise residierte hier der dänische König, hier saß der Bischof, hier wurden Münzen geprägt, und hier wurde alles umgeschlagen, was es an Handelsgütern gab. Pelze und Schmuck, Waffen und Stoffe, Gewürze und Vieh.

Für die Archäologen ist Haithabu ein aufregender Arbeitsplatz, weil ein Erfolgserlebnis das nächste jagt. Nachdem die Stadt nach etwa 250-jährigem Leben wieder aufgegeben wurde (vielleicht weil der Hafen für die neuen, größeren Schiffe zu flach geworden war, vielleicht weil sich die Handelsströme einen anderen Weg gesucht hatten), blieb das Gelände unbebaut, und der moorige Untergrund legte sich als Schutz über alles, was in ihm versunken war: ganze Schiffe, kleine und größere Schmuckstücke, Werkzeuge, Knochen, Reste der Häuser und des Inventars.

Erst ein Bruchteil der vierundzwanzig Hektar umfassenden Gesamtanlage ist von den archäologischen Maulwürfen untersucht worden, doch schon jetzt weiß man ziemlich genau, wie diese erste stadtartige Siedlung Nordeuropas ausgesehen hat: mit ziemlich modernen Häusern, mit einem zumindest in der Rekonstruktion malerisch wirkenden Hafen, mit teilweise befestigten Wegen und mit einer halbkreisartigen Wallanlage.

Dort, wo einst Haithabu stand, sind heute auf leerer historischer

In Form Kiel oben liegender Schiffe – Das Haithabu-Museum

Bühne nur noch einige überdimensionale, kieloben liegende Schiffskörper zurückgeblieben. Keine echten versteht sich. Moderne Architekten haben in Anlehnung an die Formen der Wikinger-Boote ein Museum gebaut, das die Reste vom „Troja des Nordens" beherbergt.

Von den Schätzen, die die Wikinger vor tausend Jahren zusammengeraubt haben, ist leider nicht sehr viel übrig geblieben. Was auch daran gelegen haben mag, dass in Haithabu vorwiegend ordentliche und keine raubenden Nordmänner gelebt haben. Sie waren übrigens im Durchschnitt 165 Zentimeter groß und starben am häufigsten im Alter zwischen dreißig und vierzig Jahren. Diese Angaben nur als Beweis dafür, dass die Wissenschaft Haithabu und die Wikinger wirklich voll im Griff hat.

# X

## XENOPHOBIE – NUR EIN FREMDWORT

Natürlich sind die Schleswig-Holsteiner nicht fremdenfeindlich. Dreizehn Millionen Gäste, die pro Jahr ins Land kommen, um in Hotels, Privatquartieren, auf Campingplätzen und in Jugendherbergen ihren Urlaub zu verbringen, sind der beste Beweis.

Zugegeben, die Menge sagt nichts darüber aus, was man über die Gäste denkt. Quantität kann sogar zur Xenophobie, sprich zur Fremdenfeindlichkeit, führen. Wir kennen das vom privaten Besuch. Kommt Verwandtschaft zu zweit, kann das angenehm sein. Fallen Großfamilien ein, kommt schnell Missmut auf.

Doch ein Urlaubsland wie Schleswig-Holstein kann es sich ohnehin nicht leisten, etwas gegen Leute aus der Fremde zu haben; aus nahe liegenden Gründen.

Die Aufgeschlossenheit gegenüber Nicht-Einheimischen bedeutet aber noch lange nicht, dass jeder Zugezogene im Handumdrehen in die Gemeinschaft der Alteingesessenen aufgenommen wird. Das gilt jedenfalls für den ländlichen Raum. Wenn von der „neuen Lehrerin" die Rede ist, kann durchaus eine Dame im besten Alter gemeint sein, die bereits zehn oder fünfzehn Jahre im Ort ansässig ist. Eine Ausgrenzung ist damit aber keineswegs verbunden. Man denkt eben in größeren Zeiträumen, lässt Beziehungen reifen wie einen gut abgelagerten Wein.

Wenn ein Bundesland den Umgang mit Fremden geübt hat, dann Schleswig-Holstein. Eine Million Flüchtlinge fanden hier nach dem Krieg eine neue Heimat, so daß sich die Bevölkerungszahl des Landes fast verdoppelte.

Außerdem hat die Jahrhunderte alte Verbindung zu Dänemark bei allen Gegensätzen doch auch so etwas wie Weltoffenheit zur Folge gehabt. Regierungssitz für die Bewohner der Herzogtümer war Kopenhagen, und wer es zu etwas bringen wollte oder schon gebracht hatte, suchte Stellung am königlichen Hof.

Umgang mit fremden Religionsgemeinschaften konnten die Schleswig-Holsteiner schon seit dem 17. Jahrhundert üben. Noch ehe in Brandenburg, der Keimzelle Preußens, die vielgerühmte Toleranz gegenüber Andersgläubigen zum Staatsprinzip erhoben wurde, fanden in den Herzogtümern aus religiösen Gründen Verfolgte eine Aufnahme. Herrnhuter und Quäker, Juden, Hugenotten, Remonstranten und Mennoniten.

Allerdings erfolgte die Aufnahme nicht so sehr aus Gründen der Liberalität, sondern eher aus wirtschaftlichen Überlegungen, waren die Mitglieder dieser religiösen Minderheiten doch gute Kaufleute oder Handwerker, Ärzte oder Deichbaumeister. Damit die „revolutionären" Glaubensgrundsätze dieser Minderheiten nicht ansteckten (die Quäker lehnten beispielsweise Krieg und Sklaverei ab und forderten sogar die Gleichberechtigung der Frau), wurde ihre Bewegungsfreiheit auf so genannte Freistätten beschränkt. Auf Friedrichstadt, Glückstadt oder Altona.

Dennoch kann man nicht sagen, dass die einheimische Bevölkerung diese aus damaliger enger Sicht exotisch wirkenden Fremdlinge aus Frankreich, den Niederlanden, Spanien oder Portugal mit Begeisterung aufgenommen hätte. Oft genug mussten die Herrscher erst ein Machtwort sprechen, um ein gewisses Maß an Gastfreundschaft herzustellen.

Psychologen verbreiten die Ansicht, Misstrauen gegenüber Fremden sei angeboren und damit normal. Toleranz dagegen sei eine Kulturleistung.

Das klingt sehr gut, ein Blick in die jüngste deutsche Geschichte zeigt allerdings, dass auch in Schleswig-Holstein Intoleranz und Hass auf Andersartige zu beklagen sind. In der Nacht zum 23. Dezember 1992 starben in Mölln drei türkische Frauen nach einem Brandanschlag auf das Wohnhaus ihrer Familien, und in der Nacht zum 18. Januar 1996 kamen bei einem Brand in einem Lübecker Heim für Asylbewerber zehn Menschen ums Leben, 38 wurden zum Teil schwer verletzt.

Während die Schandtat von Mölln aufgeklärt werden konnte, blieb das Lübecker Verbrechen ungeklärt.

Y

## YACHTCLUB – DER KAISER SEGELTE ALLEN VORAN

Nur Binnenländer schreiben Yacht mit einem „J" und denken möglicherweise sogar, der edle Segelsport habe etwas mit dem „Um-die-Wette-Jagen" zu tun.

Gerade das „Y" im Kieler Yacht-Club ist das Kennzeichen für Tradition, und wenngleich der Name in der mehr als einhundertjährigen Geschichte dieser renommierten Vereinigung als Folge äußerer Umstände mehrfach gewechselt werden musste, die Abkürzung „KYC" hat Kaiser, Führer und Änderungen der Rechtschreibung überlebt. Aus dem ursprünglich „Kaiserlichen Yacht-Club" wurde einfach ein „Kieler Yacht-Club", und die alte Abkürzung war damit in die neue Zeit hinübergerettet worden.

Der Kaiser in einer Simplicissimus-Karikatur

Der „KYC", das ist kein Club wie jeder andere, er ist eine Institution, die sich mit keinem anderen Verein vergleichen lässt, mögen die Mitglieder auch immer wieder versichern, es handele sich um eine ganz normale Vereinigung von Freunden des Segelsports. Im Prinzip ist das zwar richtig, aber zumindest insgeheim gilt noch immer die 1891 beschlossene Bestimmung, der zu Folge „alle gebildeten Männer jeglichen Standes und Ranges" Mitglied werden können. Seit 1929 sind sogar Frauen zugelassen.

Dass der Umgang mit Yachten und anderen Segelschiffen an der Ostseeküste im Allgemeinen und im alten Reichskriegshafen Kiel im besonderen Maße traditionsbeladen ist, lässt sich an der Geschichte des ehrwürdigen Yacht-Clubs sehr gut erkennen. Natürlich wurde Majestät persönlich zum I. Kommodore des KYC erkoren. Das war 1891, in dem Jahr, als Wilhelm II. sich in England, wo man nicht nur mit der Demokratie, sondern auch beim Segeln den Deutschen voraus war, seine erste „Meteor" kaufte (vier weitere sollten folgen). Und der Kaiser blieb auch Präsident, als er von den Republikanern zum Holzhacken ins holländische Exil geschickt wurde.

Wie eng die Bindung des KYC zu seinem bekanntesten Mitglied war, zeigte sich noch 1928, als die Hauptversammlung es ablehnte,

Die Kieler Förde zur Kaiserzeit

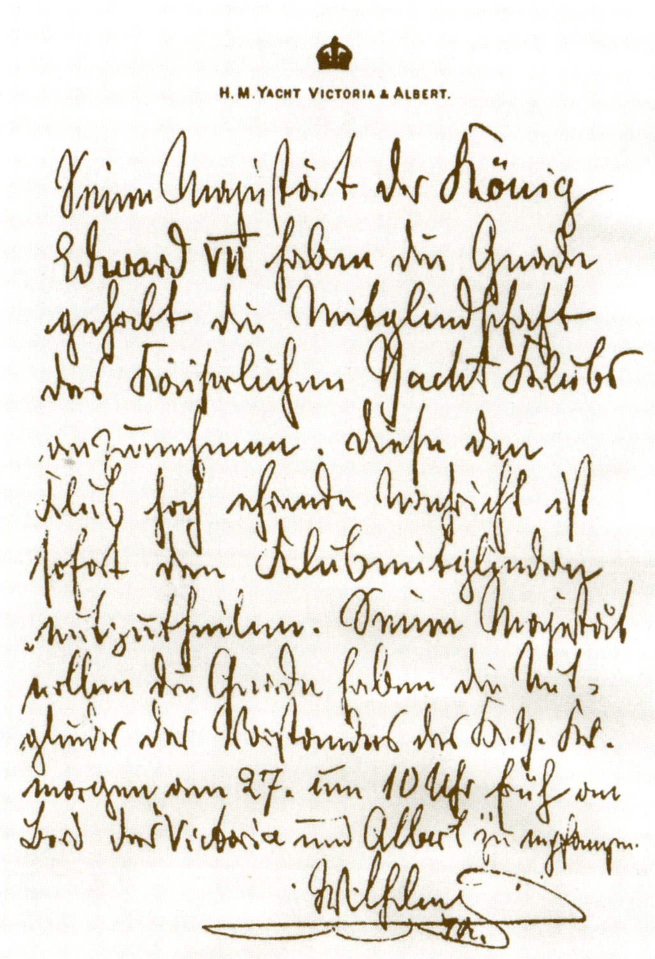

H. M. YACHT VICTORIA & ALBERT.

Seine Majestät der König Edward VII haben die Gnade gehabt die Mitgliedschaft des Kaiserlichen Yacht Klubs anzunehmen. Diese den Klub hochehrende Nachricht ist sofort den Klubmitgliedern mitzutheilen. Seine Majestät wollen die Gnade haben die Mitglieder des Vorstandes des K.Y. Kl. morgen am 27. um 10 Uhr früh an Bord der Victoria und Albert zu empfangen.

Wilhelm I.R.

Persönliches Schreiben Wilhelm II. an seinen Yacht-Club. Der Wortlaut: Seine Majestät der König Edward VII. haben die Gnade gehabt, die Mitgliedschaft des Kaiserlichen Yachtclubs anzunehmen. Diese den Klub hochehrende Nachricht ist sofort den Klubmitgliedern mitzutheilen. Seine Majestät wollen die Gnade haben die Mitglieder des Vorstandes des K.Y.C. morgen am 27. um 10 Uhr früh an Bord der „Victoria und Albert“ zu empfangen. Wilhelm I.R. (Imperator Rex)

der neuen Zeit Tribut zu zollen und den „Kaiser“ aus dem Clubnamen zu entfernen. Erst zehn Jahre nach Ausbruch der Republik verbot die Marineleitung ihren Offizieren die Mitgliedschaft, doch 1933 wurde dieses Verbot wieder aufgehoben, obwohl Wilhelm nach wie vor der Kommodore war.

Drei Jahre später (und damit achtzehn Jahre nach seiner Abdankung) ließ sich der Kaiser im Yacht-Club nicht länger halten, und der Verein, der in seinen besten Vorkriegsjahren über 3 500 Mitglieder aus allen Teilen des Reiches zählte, beschloss seine Auflösung.

Da auf der Förde aber weiter heftig gesegelt wurde, ließ die Neugründung nicht lange auf sich warten. Doch der „Yachtclub von Deutschland" war nur ein Zwischenspiel, und nach dem Krieg sorgten die vom Segelsport begeisterten Briten für eine schnelle Wiederbelebung der alten Yacht-Club-Tradition.

Auch wenn der Glanz, wie er in kaiserlichen Zeiten herrschte, mittlerweile verblasst ist, das repräsentative Club-Lokal am Hindenburgufer ist sowohl für Landratten als auch für Segler noch immer eine Attraktion. Zum einen wegen des seemännischen Interieurs einschließlich der metergroßen maritimen Bildkunst, zum anderen wegen der vor dem Hause „parkenden" Yachten. Einige im Wert von Mehrfamilienhäusern in bester Wohnlage und am „Hinterteil" mit den Initialen K.Y.C. als stolzer Besitz des Clubs ausgewiesen.

# Z

## ZARENEXPORT – PETER WAR LEIDER EIN VERSAGER

Peter III., ein Enfant terrible auf dem Zarenthron

Die Geschichte ist sehr peinlich für die Schleswig-Holsteiner. Sie ist aber auch gleichzeitig sehr ehrenvoll, vor allem aber ist sie ein wichtiger Bestandteil der Geschichte. Wie also geschah es, dass ein Twen aus Kiel den russischen Zarenthron bestieg?

Da dieser Aufstieg wirklich ungewöhnlich ist und sich gewiß niemals wiederholen wird, sei der Fall von Anfang an geschildert. Und ein Fall war es wirklich, wenngleich eher ein medizinischer.

Da residierte im Kieler Schloss als Oberhaupt eines hoch verschuldeten Zwergstaates ein Herzog namens Karl Friedrich, dem im Jahre 1725 etwas in den Schoß fiel, was man heute einen Sechser im Lotto nennen würde: Der arme Herzog heiratete die Lieblingstochter des Zaren Peter, genannt der Große. Aus dieser Ehe ging ein Sohn hervor. Er hieß Karl Peter Ulrich und war leider ein Schwachkopf. Doch ganz im Gegensatz zur Gegenwart, wo wirklich nur die Besten der Besten in höchste Regierungsämter aufsteigen, waren zur damaligen Zeit die verwandtschaftlichen Bande entscheidend. Für Karl Peter Ulrich bestanden sie in der kinderlosen Erbtante Elisabeth, die Zarin wurde und ihren Neffen 1742 so gut wie unbesehen zum Thronfolger ernannte. Mit vierzehn Jahren sei er schon ein menschliches Wrack gewesen, berichten Zeitgenossen, und er habe nicht die geringste Eignung als Herrscher eines Riesenreiches besessen.

Leider war das noch nicht einmal alles. Der Knabe hatte auch andere Defekte, und da seine Ehefrau und Nachfolgerin, die berühmte Große Katharina, eine Art Tagebuch geführt hat, ist über das arme „Nordlicht" mehr bekannt geworden, als nötig gewesen wäre. Statt sich um seine Braut zu kümmern, spielte er auch noch mit achtzehn Jahren lieber auf der Bettdecke mit hölzernen Soldaten und erteilte bis zwei Uhr in der Frühe brüllend Kommandos.

Doch damit nicht genug. Da er sich in den Kopf gesetzt hatte, ausgerechnet ein Dutzend Pudel zu Jagdhunden abzurichten, wurde es im ehelichen Schlafzimmer nicht gerade gemütlicher. Und als er schließlich auch noch Ratten persönlich verurteilte und hängte, weil sie zwei seiner aus Mehlteig geformten Spielzeugsoldaten angefressen hatten, da war der noch regierenden Tante klar geworden, dass sie eine absolute Niete als Nachfolger engagiert hatte. Zu ändern war an der Wahl aber nichts mehr, und als Tante Elisabeth starb, da hieß der neue Herrscher Peter III., alias Karl Peter Ulrich.

Zuweilen sind es ja die Frauen, die aus schwachen Männern starke Herrscher machen. Aber bei dem verrückten Nordlicht auf dem Zarenthron waren Hopfen und Malz verloren. Nach der richtigen Machtübernahme trieb er es noch schlimmer als zuvor. Statt Holzsoldaten auf der ehelichen Bettdecke, kommandierte er jetzt richtige Armeen und brachte mit seinen Befehlen die gesamte, damals noch einigermaßen überschaubare, Weltpolitik völlig durcheinander.

Gerade noch hatte Russland an der Seite Österreichs die Preußen im Siebenjährigen Krieg militärisch derart in die Enge getrieben, dass der Sieg wie eine reife Frucht zu ernten gewesen wäre, da befahl der neue Herrscher, den bisherigen Feind ab sofort als verehrten Freund zu behandeln.

Nicht nur, dass der verrückte Peter mit dem Glas in der Hand (so ganz nebenbei war er auch noch ein Säufer) vor dem Bild des preußischen Königs niederkniete und rief: „Mein Bruder, vereint werden wir das Weltall erobern!", er steckte die russischen Soldaten auch noch in preußische Uniformen und ernannte einen Kumpanen aus dem heimatlichen Holstein zum Oberbefehlshaber.

Man kann sich vorstellen, wie die Stimmung in der Truppe war, und sie wurde nicht besser, als der Fremde auf dem Zarenthron einen neuen Krieg anzettelte – gegen die Dänen, an denen Russland nun wirklich nichts gelegen war. Für den kindlichen Peter dagegen war der Waffengang so etwas wie eine Privatfehde. Der über Jahrhunderte als schleswig-holsteinischer Erzfeind geltende dänische König hatte nämlich dem Gottorfer Clan Macht und Besitz im Landesteil Schleswig genommen, und diesen Verlust wollte das an die Moskwa verschlagene Nordlicht zurückholen.

An dieser Stelle nun wollen wir die Geschichte abbrechen, droht doch die Gefahr, allzu weit in die Ferne zu schweifen, schließlich geht es um die Schleswig-Holsteiner und nicht um die Russen. Und dass Peter III. aus dem Hause Gottorf am 17. Juni 1762 eines unnatürlichen Todes starb, gehört zu den einigermaßen bekannten Details der Landesgeschichte. Ob es nun ein klassischer Mord mit der vorgeschriebenen Heimtücke war oder ob die Bluttat vielleicht als Totschlag durchgehen kann, ist nicht mehr zu ergründen. Unklar wird auch bleiben, welche gewiss dunkle Rolle die ebenso ehrgeizige wie willensstarke Katharina bei der Beseitigung ihres Gatten gespielt hat.

Durch ihre Thronbesteigung polierte sie allerdings das durch Karl Peter Ulrich ziemlich verdorbene Image der Schleswig-Holsteiner wieder etwas auf. Genau genommen war Katharina zwar keine echte Schleswig-Holsteinerin, denn geboren wurde sie in Pommern, aber die Mutter entstammte dem Holsteiner Herzogshaus, und damit war dann auch „Figchen", wie man sie nannte, und Sophie Friedericke Augusta, wie sie richtig hieß, fast ein Nordlicht.

Eine mörderische Frau – Katharina II

Ihr persönlicher Leumund ist zwar nicht der beste, da sie, wie man heute sagen würde, nichts anbrennen ließ, aber für die Entstehung des heutigen Schleswig-Holsteins hat Katharina mehr getan als in den Geschichtsbüchern berichtet wird.

Im Jahre 1773 verzichtete sie, beziehungsweise ihr Sohn Paul, auf die russischen, genauer gesagt Gottorfer Rechte im Landesteil Schleswig. Damit waren die zerrissenen Herzogtümer Schleswig und Holstein wieder in einer Hand, wenngleich in der des dänischen Königs. Und da Einigkeit bekanntlich stark macht, war damit der Grundstein für den Mitte des 19. Jahrhunderts ausbrechenden Unabhängigkeitskampf der Schleswig-Holsteiner gegen die dänische Herrschaft gelegt.

Diese These ist vielleicht ein wenig gewagt, und die ehrwürdigen Landeshistoriker werden sich die Haare raufen, aber sollen sie doch erst einmal beweisen, dass der verrückte Karl Peter Ulrich nicht mehr zur Entstehung des nördlichsten deutschen Landes beigetragen hat als etwa Junker Bismarck. Vieles spricht sogar dafür, dass er ganz Preußen vor dem Untergang gerettet hat, denn als er 1762 Tantchen Elisabeth nachfolgte, waren die Preußen unter ihrem Großen Friedrich so gut wie besiegt, und nur, weil der neue Zar ein absoluter Fan des Alten Fritz war, überlebte der Preußenkönig samt seines Militärstaates. Und wäre Peter Nr. 3 nicht ein so verrücktes Huhn gewesen, dann hätten die russischen Offiziere, die sich unter Katharinas Bettdecke gewärmt hatten, sicherlich nicht den Mut gefunden, den Herrscher aller Reußen umzulegen.

Hätte er aber weitergelebt, wären die Dänen schnell besiegt worden. Das wiederum hätte zur Folge gehabt, dass keiner das in winzige Herrschaftsgebiete zerfallene Schleswig-Holstein geeint hätte, und wer nicht vorhanden ist, kann schließlich auch nicht seine Freiheit erkämpfen ...

Sollte also Karl Peter Ulrich, alias Zar Peter III., möglicherweise gar nicht verrückt gewesen sein? War er doch ein großer Staatsmann? Waren nicht gerade die vermeintlichen Narren oft die wirklich Weisen an den Königshöfen?

Überall im Lande ehren Straßen, Plätze und Statuen den Reichsgründer Otto von Bismarck, dabei hat er doch die Schleswig-Holsteiner fast gewaltsam zu Preußen gemacht und damit eigentlich abgeschafft.

## ZUKUNFT – MIT VIEL WASSER

Prognosen sind bekanntlich dann besonders schwierig, wenn sie die Zukunft betreffen. Einiges deutet aber darauf hin, dass es in Schleswig-Holstein in gar nicht so ferner Zukunft einen neuen Berufsstand geben wird: den Gondoliere. Zwar sind sich die Klimaforscher noch nicht ganz einig, wann den Schleswig-Holsteinern das Wasser bis zum Knie oder weiter reicht, Übereinstimmung besteht allerdings darüber, dass der Wasserspiegel von Nord- und Ostsee steigen wird.

Von durchaus seriösen Wissenschaftlern angefertigte Karten für das Jahr 2050 zeigen ein stark abgemagertes Schleswig-Holstein: An der Westküste sind neben den meisten Inseln und Halligen bereits ganze Küstenstreifen vom Meer verschlungen, darunter die Badeorte Büsum und St. Peter Ording. Dagegen liegen Städte wie Rendsburg und Itzehoe nicht mehr im sicheren Binnenland, sondern direkt an der Nordsee. Der gute alte Kaiser-Wilhelm-Kanal wird daher nur noch im letzten Drittel zwischen Rendsburg und Kiel benötigt.

Der Dichter Günter Kunert hat im „Tagebuch einer Zukunft" sehr anschaulich nachempfunden, wie es in Schleswig-Holstein nach dem Abschmelzen der antarktischen Eismassen aussehen könnte:

*„Heute, am 8. Juni, im Archipel Schleswig-Holstein angekommen. Während der Bahnfahrt nach Itzehoe über Dämme und Aufschüttungen weiter Blick nach beiden Seiten über die Meere. Falle durch meine inländische Kleidung auf und werde gefragt: Woher – wohin? Erkläre, dass ich aus München anreise und muß sofort über die heurige Bananenernte Auskunft geben, welche in diesem Jahr die des vorigen zu übertreffen scheint, da die überdachten Anbauflächen vergrößert worden sind. Ich reise zu meinem Sohn, der endlich eine Anstellung in Itzehoe bekommen hat und mich am Bahnhof erwartet. Nachdem der Zug eingelaufen ist, steigt man direkt von den Wagen auf Gondeln um; nur die Fracht wird auf flache Kähne umgeladen, die, wie vor langen Zeiten sogenannte „Straßenbahnen", an Oberleitungen mittels eines Rollensystems in die Straßenkanäle der Stadt hineingezogen werden.*

*Eine Gondel hält unmittelbar am Trittbrett: Mein Sohn Heribert holt mich ab. Er konnte nach längerer Probezeit den Posten eines verstorbenen Gondoliere übernehmen, was ihn glücklich gemacht hat. Sein Gesicht strahlt unter der Schutzmaske, als er mir in seine Gondel hilft. Er reicht mir einen Reflexionsumhang mit Kapuze, da das Wetter außerordentlich schlecht ist: Absolut klarer Himmel, völlig unbewölkt, so daß die Sonne ungehindert ihre verheerende Wirkung ausüben kann."*

Und wenn das Wasser kommt, dann gehen die Menschen. Wohin? In die höhergelegenen Regionen. Folglich ist eine erneute Abwanderung schleswig-holsteinischer Stämme nach dem Vorbild der Angeln und Sachsen nicht auszuschließen. Doch gewiss nicht mehr gen England werden sie ziehen, sondern auf Nummer sicher gehen. Somit könnten sich die Flachland-Bewohner zum Bergvolk entwickeln.

Die Bayern sollten sich also durchaus dafür interessieren, ob und wie schnell das Antarktis-Eis schmilzt. Denn davon wird es abhängen, wann die Preußen bei ihnen vor der Tür stehen: Mit nassen Füßen zwar, aber ansonsten sehr unternehmungslustig ...

## BIBLIOGRAPHIE

Unter den vielen Büchern, die für das vorliegende Buch benutzt wurden, waren die folgenden besonders Gewinn bringend:


*Michael Augustin/Friedrich Johannsen*, Vom Boßeln, Klootschießen und Bowlplaying, Verlag Lührs & Dirks, St. Peter Ording, 1978

*Paul Barz*, Der wahre Schimmelreiter, Die Geschichte einer Landschaft und ihres Dichters Theodor Storm, Ernst Kabel Verlag, Hamburg, 1982

*Paul Barz*, Doktor Struensee, Rebell von oben, Ullstein-Verlag, Frankfurt/M., 1989

*Paul Barz*, Wo die Musen frieren, Westholsteinische Verlagsanstalt Boyens & Co, Heide, 1987

*Robert Bohn – Uwe Danker, Jörgen Kühl (Hrsg.)*, Zwischen Hoffnung, Anpassung und Bedrängnis. Minderheiten in der NS-Zeit. Verlag für Regionalgeschichte, Bielefeld, 2001

*Johann Adrian Bolten*, Ditmarsische Geschichte, Dritter Theil, Kortens Buchhandlung Flensburg und Leipzig, 1784

*Otto Brandt*, Geistesleben und Politik in Schleswig-Holstein um die Wende des 18. Jahrhundert, Walter G. Mühlau Verlag, Kiel, 1927, Neuauflage 1981

*Otto Brandt*, Geschichte Schleswig-Holsteins, Walter G. Mühlau, Kiel, 1966, 8. Auflage 1981

*Brandt/Wölfle*, Schleswig-Holsteins Geschichte und Leben in Karten und Bildern, Ein Nordmark-Atlas, Walter G. Mühlau, Kiel, Köbner-Verlag, Altona, 1928

*Dirk Dähnhardt*, Revolution in Kiel, Der Übergang vom Kaiserreich zur Weimarer Republik 1918/ 19, Karl Wachholtz Verlag, Neumünster, 1978

*Peter Dannenberg*, Immer wenn es Abend wird, Dreihundert Jahre Theater in Kiel, Hans Christians Verlag, Hamburg, 1983

*Christian Degn*, Die Schimmelmanns im atlantischen Dreieckshandel, Gewinn und Gewissen, Karl Wachholtz Verlag, Neumünster, 1974

*Renate Delfs*, Ohaueha was'n Aggewars, sdv-Buchverlag, Schleswig, 1979

*Inge Diersen*, Thomas Mann, Episches Werk, Weltanschauung, Leben, Aufbau-Verlag, Berlin, 1975

*Wilhelm Ehlers/Wilhelm Arens*, Aus Schleswig-Holsteins Vergangenheit II, Von der Reformation bis zur Gegenwart, Georg Westermann Verlag, 1954

*Hildegard Elsner*, Wikinger-Museum Haithabu, Schaufenster einer frühen Stadt, Karl Wachholtz Verlag, Neumünster, 1989

*Fritz Endres*, Geschichte der Hansestadt Lübeck, Verlag Wolfgang Weidlich, Frankfurt/M., 1926, Nachdruck 1981

*Antje Erdmann-Degenhardt*, Im Dienste Holsteins: Katharina d. Große und Casper von Saldern, Verlag Heinrich Möller Söhne, Rendsburg, 1986

*Harald Eschenburg*, Prinz Heinrich v. Preußen, Westholsteinische Verlagsanstalt, Boyens & Co., Heide, 1989

*Karl Esmarch*, Die Legitimität in Schleswig-Holstein, Gedrängte Darlegung der historischen Ereignisse auf welchen das Staatsrecht und die Staatserbfolge der Herzogtümer beruhen, Verlag H. Dominicus, Prag, 1927

*Walter Fiedler*, Sylt, Inselführer, Breklumer Verlag, 1976, Neubearbeitung 1983 Fritz Fischer, Griff nach der Weltmacht, Droste Verlag, Düsseldorf, 2. Aufl. 1962

*Gerhard Gadow*, Der Atlantis-Streit, Fischer-Verlag, Frankfurt, 1973

*Carl Gehrcke*, Theodor Mommsen als schleswig-holsteinischer Publizist, Verlag Ferdinand Hirt, Breslau, 1927

*Klaus-Detlev Godau-Schüttke*, Die Heyde/Sawade Affäre, Nomos Verlag, Baden-Baden, 1998

*Otto Gotsche*, Die Hemmingstedter Schlacht, Mitteldeutscher Verlag, Halle/Leipzig, 1982

*Sebastian Haffner*, Preußen ohne Legende, Gruner & Jahr, Hamburg, 1978

*Jörn Hagemeister*, Rungholt, Sage und Wirklichkeit, Verlag Lührs & Dircks, St. Peter Ording, 1989

*Hans Ulrich Hamer*, Harro Harring, Bojens-Verlag, Heide, 1998

*Georg Hanssen*, Die Aufhebung der Leibeigenschaft, Zentralantiquariat der DDR, Leipzig, Nachdruck der Originalausgabe von 1861, 1975

*Jan Herchenöder*, Typisch Schleswig-Holstein, Verlag Weidlich, Frankfurt, 1983

*Franz Herre*, Moltke, Der Mann und sein Jahrhundert, Deutsche Verlags-Anstalt, Stuttgart, 1984

*R.H. Hodgin*, A History of the Anglo-Saxons, Bd. I und II, Oxford University Press, 1935

*Hans Hoffmann*, Carl Maria von Weber, Leben und Werk, Husum Druck- und Verlagsgesellschaft, 1978

*Edward Hoop*, Geschichte der Stadt Rendsburg, Verlag Heinrich Möller Söhne, Rendsburg, 1989

*A. Höppner*, Lübeck, eine Hansestadt macht Geschichte, Verlag Weiland Nachf., Lübeck, 1990

*Karl Jansen*, Uwe Jens Lornsen, Beitrag zur Geschichte der Wiedergeburt des Deutschen Volkes, Verlag Heinrich Eckardt, Kiel, 1893

*Herbert Jankuhn*, Haithabu, Ein Handelsplatz der Wikingerzeit, Karl Wachholtz Verlag, Neumünster, 1986

*Herbert Jankuhn*, Nydam und Thorsberg, Moorfunde der Eisenzeit, Karl Wachholtz Verlag, Neumünster, 1987

*Reinhold Janus*, Schleswig-Holsteinisches, Geschichte in Geschichten, Verlag Heinrich Möller Söhne, Rendsburg

*K. E. Kaminski*, Die Geschichte des Kaiser-Wilhelm-Kanals 1887-1914, Heinrich Möller Söhne, Rendsburg, 1980

*Ilse Kleberger*, Der Wanderer im Wind, Ernst Barlach, Erika Klopp Verlag, 1984

*Johannes Hugo Koch*, Schleswig-Holstein Kunst-Reiseführer zwischen Nord- und Ostsee, DuMont-Verlag, Köln, 1978

*Jutta Kürtz*, Aus Kanne, Faß und Buddel, Kleine norddeutsche Trinkgeschichte(n), LN-Verlag, Lübeck, 1986

*Horst Kutzer* (Hrsg.), Wildes Wetter, Reclam Verlag, Leipzig, 2000

*F. Donald Logan*, Die Wikinger in der Geschichte, Philipp Reclam jun., Stuttgart, 1987

*Dieter Lohmeier/Wolfgang J. Müller*, Emkendorf und Knoop, Kultur und Kunst in schleswig-holsteinischen Herrenhäusern um 1800, Verlag Boyens & Co., Heide, 1984

*Ernst Lüth*, Helgoland, die unzerstörbare Insel, Ernst Kabel Verlag, Hamburg, 1979

*Erich Maletzke*, Dichter in ländlicher Idylle, Lühr und Dircks, Hamburg, 1996

*Erich Maletzke*, Der Tod des Kammerherrn, Malik-Verlag, 1991

*Erich Maletzke*, Spurensuche, Schleswig-Holstein auf den Weltausstellungen von 1851 bis 2000. Edition sh:z, Flensburg, 2000

*Thomas Mann*, Buddenbrooks, Verfall einer Familie, Gesammelte Werke in Einzelbänden, S. Fischer-Verlag, Frankfurt/M., 1981

*Günther Meier*, Die Vogelfluglinie und ihre Schiffe, Koehlers Verlagsgesellschaft mbH, Herford, 1988

*Hubertus Neuschäffer*, Schleswig-Holsteins Schlösser und Herrenhäuser, Husum Druck- und Verlagsgesellschaft, 1989

*Nis R. Nissen*, Landwirtschaft im Wandel der Zeit, Natur und Technik einst und jetzt, Boyens, Heide, 1989

*Nis R. Nissen*, Kleine Geschichte Dithmarschens, Verlag Boyens & Co., Heide, 1986

*Emil Nolde*, Mein Leben, DuMont Buchverlag, Köln, 1976

*Eckardt Opitz*, Schleswig-Holstein, Landesgeschichte in Bildern, Texten und Dokumenten, Rasch und Röhring Verlag, Hamburg, 1988

*Johannes Paulsen*, Schleswig-Holstein, Ein Heimatbuch, Antäus-Verlag, Lübeck, 1952

*Norbert F. Pötzl*, Der Fall Barschel, Anatomie einer deutschen Karriere, Erweiterte Neuauflage, Rowohlt Verlag GmbH, Reinbek bei Hamburg, 1989

*Hans Helmuth Qualen*, Die von Qualen, Geschichte einer schleswig-holsteinischen Adelsfamilie, Walter G. Mühlau Verlag, Kiel, 1987

*Rudolf Rietzler*, Kampf in der Nordmark. Das Aufkommen des Nationalsozialismus in Schleswig-Holstein, Karl Wachholtz Verlag, Neumünster, 1982

*Alexander Rost*, 100 Jahre Kieler Woche, Eine Segelgeschichte, *Delius*, Klasing & Co., Bielefeld, 1982

*Klaus Rudat*, Bernstein, Ein Schatz an unseren Küsten, Husum Druck- und Verlagsgesellschaft, 1985

*Jürgen Rust/Gotthard E. Köppen*, Die Männer der schleswig-holsteinischen Reformation, Cobra-Verlag, Garding, 1982

*Ernst von Salomon*, Deutschland deine Schleswig-Holsteiner, Hoffmann und Campe, Hamburg, 1971

*Willy Sanders*, Sachsensprache, Hansesprache, Plattdeutsch, Vandenhoeck & Ruprecht, Göttingen, 1982

*Peter Sax*, Werke zur Geschichte Nordfrieslands und Dithmarschens, Bd. IV, Verlag H. Lührs & Dircks, St. Peter Ording, 1986

*Alexander Scharf*, Schleswig-Holstein in der deutschen und nordeuropäischen Geschichte, Gesammelte Aufsätze, Ernst Klett Verlag, Stuttgart, 1969

*Alexander Scharff*, Schleswig-Holsteinische Geschichte, Ein Überblick, Verlag Ploetz, Freiburg/Würzburg, 1982

*Otto Schlenzka*, 100 Jahre Kieler Yachtclub, 1987

*Kurt-Dietmar Schmidtke*, Auf den Spuren der Eiszeit, Die glaziale Landschaftsgeschichte Schleswig-Holsteins, Husum Druck- und Verlagsgesellschaft, 1985

*Kurt-Dietmar Schmidtke*, Berge in Schleswig-Holstein, Husum Druck- und Verlagsgesellschaft, 1986

*Christian von Schöneich/Christian H. Heinecken*, Institut für Heil- und Sonderpädagogik der Justus-Liebig-Universität Gießen, 1980

*Thomas Steensen*, Die Friesische Bewegung in Nordfriesland im 19. und 20. Jahrhundert, Karl Wachholtz Verlag, Neumünster, 1986

*Joachim Steffen*, Strukturelle Revolution, Von der Wertlosigkeit der Sachen, Rowohlt-Verlag, Reinbek bei Hamburg, 1974

*Jochen Steffen*, Da kanns auf ab, Kuddl Schnööfs noiste achtersinnige Gedankens un Meinungen, Hoffmann und Campe, Hamburg, 1981

*Gerd Stolz*, Das deutsch-dänische Schicksalsjahr 1864 in seinen Ereignissen, Entstehung, Verlauf, Nachklang, Husum Druck- und Verlagsgesellschaft, 1988

*Hans-Jürgen Stöver*, Westerland auf Sylt, Das Bad im Wandel der Zeiten, Husum Druck- und Verlagsgesellschaft, 1980

*Heinz Stolte*, Matthias Claudius, Leben und Werk, Husum Druck- und Verlagsgesellschaft, 1988

*Henri Troyat*, Die große Katharina, Droemersche Verlagsanstalt Th. Knaur Nachf., München, 1980

*Kurt Tucholsky*, Schloß Gripsholm, Rowohlt-Verlag, Hamburg, 1950

*Claus Ulrich u.a.*, Der schwarze Trompeter von Plön, Eutin, 1996

*Paul Verne*, Jules Vernes Baltische Reise, Cobra-Verlag, Husum, 1987

*Michael Wagner*, Das S.-H. Wetter, Boyens Verlag, Heide, 1998

*Winfried Vogel*, Entscheidung 1864, Das Gefecht bei Düppel im Deutsch-Dänischen Krieg und seine Bedeutung für die Lösung der deutschen Frage, Bernard & Graefe Verlag, Koblenz, 1987

*Peter Wiepert*, Fehmarn, Die Krone im blauen Meer, Karl Wachholtz Verlag, Neumünster, 1971

*Stefan Winkle*, Johann Friedrich Struensee, Arzt – Aufklärer – Staatsmann, Gustav Fischer Verlag, Stuttgart, 1983

*Ingelore M. Winter*, Mein geliebter Bismarck, Droste Verlag, Düsseldorf, 1988

*Gerd Wolandt*, A. Paul Weber, Künstler und Werk, Gustav Lübbe Verlag, Bergisch-Gladbach, 1983

*Zeitschriften der Gesellschaft für Schleswig-Holsteinische Geschichte*, Karl Wachholtz Verlag, Neumünster

*Lebende Bräuche in Schleswig-Holstein*, Westholsteinische Verlagsanstalt Boyens & Co., Heide, 1975

*Kreis Herzogtum Lauenburg*, Konrad Theiss Verlag, Stuttgart, 1983

Die Bonn-Kopenhagener Erklärungen von 1955, Deutscher Grenzverein e. V., Flensburg, 1985

*Heimatschriften des Schleswig-Holsteiner-Bundes*, Verlag des Schleswig-Holsteiner-Bundes, Flensburg 1925-1927

Dokumentation *Lehre und Forschung an der Chr.-Albrechts-Universität zum Nationalsozialismus*, Ralph Uhlig, 1990

*Die vergessenen Deutschen*, Schleswig-Holsteiner in Nordamerika, Bd. III der Kieler Beiträge zur Erweiterung der Englischen Philologie, Kiel, 1983

*Bornhöved, Festschrift zur 700-Jahrfeier der Schlacht von Bornhöved*, Chr. Donath Verlag, Kiel 1927

*750 Jahre Schlacht von Bornhöved*, Festschrift, 1977

*Landgemeindeordnung nebst Einführungsgesetz für die Provinz Schleswig-Holstein*, H. Eckardts Verlag, Kiel, 1892

*Bericht zur Pflege der niederdeutschen Sprache*, Schleswig-Holsteinischer Landtag, Schmidt & Klaunig, Kiel, 1987

*Thomas Mann, geboren in Lübeck*, Gustav Weiland Nachf., Lübeck, 1975

*Schleswig-Holsteiner unter sich über sich*, Verlag Weidlich Frankfurt/M., 1979

*Geschichte und Gegenwart Schleswig-Holsteins*, Husum Druck- und Verlagsgesellschaft, 1986

*Erinnerung und Auseinandersetzung zum 150. Todestag Uwe Jens Lornsens und zur 140. Wiederkehr der schleswig-holsteinischen Erhebung im Februar/März 1988*, Schleswig-Holsteinischer Heimatbund, 1988

*Dat se bliven ewich tosamende ungedelt*, Festschrift der Schleswig-Holsteinischen Ritterschaft zur 500. Wiederkehr des Tages von Ripen, 5. März 1960, Karl Wachholtz Verlag, Neumünster

*500 Jahre Vertrag von Ripen* (Reden zur Gedenkfeier im Kieler Stadttheater), Karl Wachholtz Verlag, Neumünster, 1960

*Preußen-Ploetz*, eine historische Bilanz in Daten und Deutungen,Ploetz Verlag, Freiburg/Würzburg, 1983

*Unentbehrlicher Begleiter für Eisenbahnreisende* auf König Christian VIII. Ostseebahn zwischen Altona und Kiel, Gustav Esch, Altona, 1844

*Der deutsch-dänische Frieden von 1864*, Gedenkreden zum 125. Jahrestag am 30. Oktober 1989, Schleswig-Holsteinischer Heimatbund e.V. Kiel, 1990

*Im Namen des deutschen Volkes*, Justiz und Nationalsozialismus, Verlag Wissenschaft und Politik Bernd von Nottbeck, Köln, 1989

Archäologische Nachrichten, Heft 11, 2000

*Offa*, Band 36, Berichte zur Ur- und Frühgeschichte, Wachholtz Verlag, Neumünster,1979

Archäologisches Landesmuseum in der Stiftung Schleswig-Holsteinische Landesmuseen Schloss Gottorf, Schleswig: S. 223, 267, 268
Archiv Schleswig-Holsteinischer Landtag, Kiel: S. 185, 187 188 259
Archiv in der Stiftung Schleswig-Holsteinische Landesmuseen Schloss Gottorf, Schleswig: S. 36, 39, 87, 287
Bildarchiv Preussischer Kulturbesitz: S. 62
Andreas Birresborn: S.135
Bismarck-Stiftung, Friedrichsruh: S. 37 42
Astrid Boelter: S. 15, 21 33, 41, 55, 67, 79 81 85 113, 114, 115, 117, 118, 120, 121, 122, 145, 149, 153, 158, 177, 178, 183, 185 Mitte, 196, 231, 251 254, 271, 279, 300, 308, 309, 315
Buddenbrook-Haus, Lübeck: S. 203 205
Bundesbank, Frankfurt/M.: S. 293
Dänische Zentral-Bibliothek, Flensburg: S. 207 210
Dithmarscher Landesmuseum, Meldorf: S. 146, 168
Archiv Kai Dohnke: S. 275
Stadtarchiv Eutin: S. 247
Hans Fallada-Archiv, Feldberg: S. 180
Stadtarchiv Geesthacht: S. 76
Firma Hahn, Lübeck: S. 73
Institut für Zeitgeschichte und Regionalforschung, Schleswig: S. 61, 62
Stadtarchiv Kiel: S. 25, 89, 156, 159, 161 163
Kieler Kunsthalle: S. 19
Kieler Stadt- und Schiffahrtsmuseum: S. 139, 162, 297, 298, 299, 328
Kieler Yachtclub: S. 329
Margit Kiosz: S. 21 140 174 239, 241 319
Diether Kressel: S. 36
Landesamt für Denkmalpflege, Kiel: S. 37, 49, 147
Schleswig-Holsteinische Landesbibliothek, Kiel: S. 29, 34, 38, 51, 57, 58, 59, 64, 68, 71, 72, 74, 87, 89, 91, 93, 94, 97, 99, 103, 108, 128, 132, 133, 137, 141, 152, 167, 176, 179, 182, 187, 189, 195, 198, 199, 202, 208, 217, 221, 245, 253, 277, 281, 283, 288, 291, 303, 311, 331, 333
Archiv Landeszeitung: S. 125
Rüdiger Ley: S. 305, 206
Archiv Maletzke: S. 75, 249
Stadt Mölln: S. 229
Nationalhistorisches Museum auf Frederiksborg, Hilleroed: S. 213
Nolde-Stiftung Seebüll: S. 230, 232
Nordfriisk Instituut, Bredstedt: S. 219, 284
Nordfriesisches Museum Nissen-Haus, Husum: S. 87, 130, 263, 264, 265, 307

Stadtarchiv Rendsburg: S. 94
Fritz Reuter-Museum, Stavenhaven: S, 273
Peter Sax, Chronik Bd. 5, Lühr & Dierks: S. 54
Historische Sammlung Werner Scharnweber: S. 30
Kurt-Dietmar Schmidtke: S. 32, 65
sh:z-Archiv: S. 84
Staatliche Kunstsammlung Dresden: 129
Transparent Records: S. 243
Verwertungsgesellschaft Bildkunst: S. 312, 314
Otto Vollert: S. 47, 316
Wachholtz-Archiv: S. 18, 23, 26, 44, 45, 69, 86, 105, 106, 111, 112, 127, 144, 155, 171, 172, 173, 193, 201, 226, 234, 237, 255, 257, 295, 315 (unten)
Manfred Wedemeyer: S. 285, 286
Verlag Weidlich, Frankfurt/M.: „Die Nordseeinseln", Federzeichnung von Ernst Petrich S. 318
Wikinger-Museum, Haithabu: S. 31, 320, 321, 322, 323, 324
Hans-Jürgen Wohlfahrt: S. 313

WACHHOLTZ VERLAG
24537 Neumünster · Rungestraße 4

info@wachholtz.de
www.wachholtz.de